Futbol: El juego infinito

Futbol: El juego infinito

El nuevo futbol como símbolo de la globalización

Jorge Valdano

conecta Más

Futbol: El juego infinito

Segunda edición en México: marzo, 2020

www.megustaleer.mx

ISBN: 978-607-318-988-0

Impreso en México – *Printed in Mexico*

El papel utilizado para la impresión de este libro ha sido fabricado a partir de madera procedente de bosques y plantaciones gestionadas con los más altos estándares ambientales, garantizando una explotación de los recursos sostenible con el medio ambiente y beneficiosa para las personas.

Penguin
Random House
Grupo Editorial

Índice

Introducción

Escribir sobre fútbol es escribir sobre hombres que juegan o ven jugar. Escribir sobre fútbol es escribir sobre una pasión y las pasiones son exageradas por naturaleza. En definitiva, escribir sobre fútbol es escribir sobre un juego exageradamente humano.

Si el fútbol fuera una persona, se moriría de risa de los teóricos como yo. Porque, aunque desmontemos el juego con un destornillador, nunca sabremos todo lo que hay dentro. Es un recipiente gigantesco en el que cabe todo: emociones, ilusiones, cataclismos, sueños, pesadillas, opiniones, desencuentros, polémicas… Todo vuelve a empezar en cada partido, en un ejemplo de energía renovable que convierte el fútbol en un juego incierto, en un espectáculo maravilloso, en una industria creciente y en un fenómeno social inagotable. *Fútbol: el juego infinito* es un título que le robé a Juan Sasturain con todo el derecho que me da la admiración que le tengo. Un homenaje, si lo prefieren. La primera vez que se lo oí fue en un estupendo documental sobre la final de la entonces llamada «Copa Intercontinental» entre Boca Juniors y Bayern Munich en Japón. Juan acompañó a su querido Boca con una cámara. Cruzó medio mundo, recabó opiniones, hurgó en la cultura japonesa, en los contrastes entre lo alemán y lo argentino cuando la pelota gira, en los desvelos de los hinchas. Boca perdió y, en circunstancias así, el viaje de regreso es una condena. El documental termina una semana más tarde, cuando Juan sube la escalera de la Bombonera con el rugido de la afición de fondo para ver un partido más de Boca. Fue entonces cuando dijo la feliz frase: «El fútbol es infinito», que sonó entre resignada por la reciente frustración y esperanzada por el futuro. Juan es un intelectual que abraza lo popular con ideas que siempre miran un poco más lejos. También cuando habla, y lo hace con frecuencia, de fútbol. Como es natural, por supuesto le pedí permiso. Respondió con su humanidad de siempre. Gracias, querido Juan.

Lo que sí sabemos del fútbol es que se trata de una aventura colectiva en la que, en distinta medida, triunfan y fracasan todos, aunque nos encante santificar o crucificar a uno solo. Aunque nos encante tener razón. Bastan apenas algunos segundos para que, en medio de la guerra de nervios que todo partido crea, se desate un terremoto emocional. Lo que provoca ese espectacular temblor sentimental es una fuerza imprevisible que se llama fútbol y que, ya verán por qué, no nos deja en paz. Me falta una fórmula concluyente, pero mi teoría merece ser validada científicamente porque la comprobé miles de veces: el fútbol es un juego emocionante que, sin embargo, no tiene corazón. El que aspire a un mundo justo, que no vaya al campo. Al fútbol, como a la vida misma, le resultamos indiferentes. En ocasiones nos hace creer que somos felices, en otras que somos desgraciados, pero siempre parece reírse de nosotros... Solo son sugestiones. No hay nada personal.

Pero ¡qué fuerza más impresionante! Va a empezar un gran partido de interés planetario. Los jugadores vuelcan sus inseguridades en distintas supersticiones. Los entrenadores dudan entre la realidad y la ficción: ¿se jugará el partido que se imaginaron o el fútbol dispondrá otra cosa? Los árbitros parecen igual de nerviosos que los futbolistas y les sobran razones: se encontrarán con gente mucho mejor dispuesta para el insulto que para el aplauso. Los directivos se sienten importantes porque, aunque su influencia en el partido será igual que la de cualquier aficionado, se sentarán en un lugar de honor y creerán que lo sustancial depende de ellos (si ganan;

si pierden, ya encontrarán un responsable). Un hincha llega al campo con el ánimo dispuesto para la comedia o para el drama: está nervioso, pero la entrada que tiene en la mano le hace experimentar una inexplicable sensación de poder.

El partido se verá por televisión en todos los rincones del planeta, de modo que alguien trasnochará o pondrá el despertador para ver a sus lejanos ídolos. Decenas de periodistas en distintos países se sentarán rodeados de notas para traducir el partido a distintos idiomas. Un muchacho que no tiene televisión por cable y ni siquiera puede soñar con una entrada, intentará piratear alguna señal. A otros, no les quedará ni ese consuelo… Lo lamentarán.

Va a empezar un gran partido y millones de personas tendrán un motivo para escapar de la aplastante rutina. Se movilizarán bajas y altas pasiones. Lo que sientan será tan auténtico e imprevisible, que siempre parecerá la primera vez.

Dentro de la cancha, el juego se ha ido haciendo más táctico y menos técnico o, lo que es lo mismo, más colectivo y menos individual. Aunque basta con la aparición de un Messi para entender que las armas de desequilibrio más sofisticadas que existen son las de toda la vida. Para decirlo con las palabras de Johan Cruyff: «No hay sistema defensivo que pueda con un regate». Se dice que el fútbol de estos días es más difícil y más exigente que nunca. Quizá. Pero cada futbolista empieza una nueva aventura que contiene el mismo desafío de siempre: controlar el balón, burlar al rival, levantar la cabeza, elegir una idea entre muchas, resolver con precisión.

La gran revolución futbolística se produjo del campo hacia fuera. No existe fenómeno social que, como este deporte, se haya adaptado con más naturalidad a la globalización. Es curioso que un juego tan primitivo, alérgico en su práctica a la tecnología, se haya subido con tanta facilidad a todos los medios de comunicación: prensa, radio, televisión, internet y cada una de las variables de redes sociales existentes y por venir.

Durante mi niñez solo tenía una obsesión: la pelota. Estoy convencido de que a mi nieto lo desvelará una camiseta de su equipo, porque la fascinación que producen los héroes tiene ya más fuerza que el juego mismo. Mi nieto no sabrá que en el instante en que compre esa camiseta, pasará de hincha a cliente para activar un negocio cada vez más grande.

¿Qué hace al fútbol tan atractivo?, ¿por qué seduce de parecida manera en los cinco continentes con independencia de la edad, el sexo, la raza y la condición social? Si los sentamos a todos en un mismo sofá para ver un partido que les importe, responderán de la misma manera ante una genialidad, un error, un gol o una injusticia arbitral. La primera razón no tiene que ver con la razón. Lo que iguala a un mexicano, a un sueco, a un camerunés, a un chino y a un australiano es la emoción.

Pero vayamos más atrás aún. Estamos ante un juego simple, cuyo reglamento está al alcance intelectual de un niño de cinco años. Un juego barato, que sociabiliza a veinte chicos sin otro gasto que un balón. Un juego desafiante, porque hay que manejar la pelota con la superficie más indócil del cuerpo. Un juego rebelde, donde David puede ganar a Goliat. Un juego bello, si los amigos del control y la brutalidad no lo impiden. Ingredientes de siempre que aún provocan debate.

Pero ¿qué hay nuevo para que la pasión y el negocio sean cada día mayores? Algunas tendencias, como la infantilización de la sociedad, han contribuido a entronizar el fútbol. Al fin y al cabo, como dice mi admirado Javier Marías, «el fútbol es la recuperación semanal de la infancia». Pero también es un elemento compensador. De la cotidianidad como rutina, de la seriedad como condena, del individualismo como nueva religión que, inevitablemente, produce una nostalgia de la tribu… Este último factor requiere que nos detengamos un poco en la ceguera de cada país, de cada club, por lo suyo. Eso que con alguna ligereza llamamos «identidad», convierte el fútbol en un peligro inflamable. Es increíble la capacidad de enfoque que tiene el juego, de qué manera tan particular apunta con una mira telescópica, en cada región, a las propias obsesiones.

Para todo esto, el fútbol es de una eficacia freudiana. Bien mirado, es una inversión: el dinero que gastamos en una entrada nos lo ahorramos en psicólogos.

La televisión, que empezó enseñándonos los partidos enteros con una sola cámara, ahora los trocea en análisis interminables y nos permite mantener con los jugadores una relación casi íntima. Sabemos de sus talentos, pero también de las botas que estrenan, de sus alegrías desbocadas, de sus fastidios teatrales y, cuando termina el partido, de sus novias, sus peinados y sus opiniones, que se difundirán como si la humanidad dependiera de ellas.

Porque los héroes ya no tienen fronteras y las identificaciones tampoco. Sabemos que el único carnet sentimental de un hincha siempre ha sido el escudo de su equipo, pero estos son tiempos en los que también se activan identidades remotas. Hay países con campeonatos locales poco atractivos (se me ocurre El Salvador, Panamá, Costa Rica) que dividen su entusiasmo entre el Madrid o el Barça y se paralizan cuando se juega el «Clásico». Otros, sobre todo en países más inmaduros donde el fútbol les entró por la televisión, entre Ronaldo y Messi, que es una variable de lo mismo. Un niño mexicano puede ser del América y, al mismo tiempo y con parecido entusiasmo, del Real Madrid. Mientras, los medios de comunicación dedican cada vez más espacio al fútbol internacional en un intento de adaptarse al interés general.

Pero el fenómeno es más amplio, porque la cultura ha ampliado sus fronteras y ha integrado las emociones a su ámbito de influencia. Hoy el diseño, la cocina o el fútbol son parte de la cultura popular. Esta nueva tendencia ha tenido una consecuencia inmediata: los intelectuales le han perdido el miedo al fútbol y nos han ayudado a seguir sin entenderlo. Ahora sabemos, gracias a ellos, que este juego es más complejo que una simple expresión muscular y más simple que una compleja teoría filosófica.

Sin embargo, nunca hay que olvidar la esencia de este deporte: el fútbol es un juego que puede provocar interés desde muchos puntos de vista, pero que, sobre todo, aspira a entretener. Está del otro lado de lo serio. Nadie lo ha medido, pero quizá el fútbol sea el primer agitador de emociones y generador de conversación del mundo. En todo caso, siempre me ha parecido evidente que, aunque el fútbol disponga de su propio alfabeto, es poca cosa sin la palabra.

Este juego tiene muchas maneras de verse, y todas subjetivas. No es de extrañar: ¿quién puede pedirle objetividad a una pasión? Si quisiéramos sintetizar todas las opiniones que giran alrededor del fútbol deberíamos buscar una frase inconcreta e indiscutible. Por ejemplo: El fútbol es infinito.

Sobre lo infinito, les dejo algunas ideas. Subjetivas, como las de cualquier aficionado. Al fin y al cabo, este libro es una pelota cuadrada que habla de fútbol. Y el fútbol es un juego que nunca nos deja en paz.

1
El juego

De la intensidad al «tiqui-taca»

Del Barcelona y del Real Madrid podemos decir muchas cosas, excepto que sean aburridos. Los dos grandes del fútbol español tienen un compromiso con el espectáculo: como sus cracks están por encima del sistema, juegan un fútbol abierto, rítmico, que reclama protagonismo contra cualquier rival. Conviene decirlo porque lo que se ve por ahí, en ocasiones, asusta. O aburre, que es aún peor tratándose de fútbol, un espectáculo entretenido para los neutrales y dramático para los hinchas. En primer lugar, el orden está derivando hacia una auténtica obsesión. Algunos equipos son como esos cuadros de inmóviles mariposas de colores: da la sensación de que sus jugadores estén clavados con alfileres a sus posiciones. Esa lectura colectiva del fútbol obliga a reparar más en los espacios que en el balón o los futbolistas. Un lenguaje aburrido acompaña esa tendencia: «equipos cortos», «basculaciones defensivas», «separación de líneas», «presión baja, media o alta»... Cuando alguien dice «espacios libres» dan ganas de brindar con champán.

La televisión pone condiciones

Los futbolistas piensan cada día menos (cuestión de suma importancia) y corren cada día más. Aquí llegamos al segundo punto: estamos pasando del «orden y el talento» al «orden y la velocidad». La televisión tiene mucho que ver con esa demanda, y también algunos comentaristas, que solo distinguen dos matices: partidos rápidos o lentos.

Un día leí una entrevista de Amílcar Brusa, célebre preparador argentino de boxeo ya fallecido. Brusa ya había cumplido los ochenta cuando hizo unas declaraciones en las que analizaba su deporte, para culminar con esta sentencia sobre los boxeadores actuales: «Si no tiran golpes, la televisión los rechaza». Pues en el fútbol, si no corres mucho, la televisión te rechaza. Y si no corres ordenado, el que te rechaza es el entrenador. Lo diré con nombres propios de jugadores ya en retirada. Siempre impresionó Gerrard (del Liverpool) porque hacía muchas cosas y con mucho ritmo. En cambio, desconcertaba Riquelme, un gran talento que jugaba a cámara lenta; tenía velocidad mental, pero la televisión no muestra el interior del cerebro.

De la actitud a la intensidad

Para exprimir a los jugadores un poco más, la palabra de moda es «intensidad». En uno de los apasionantes encuentros Atlético de Madrid-Real Madrid de la era Simeone, está el ejemplo que buscaba. Un partido con muchas interrupciones, brusco y algo desagradable, pero los protagonistas parecían orgullosos porque habían jugado un partido «intenso». En las páginas del diario deportivo *As* del día siguiente el término «intensidad» se repetía en cinco titulares, algunos como declaraciones de los jugadores y otros como comentarios de los críticos. Nadie mentía. Efectivamente, el partido había sido intenso.

Hace algún tiempo la palabra que dejaba tranquilo a todo el mundo era «actitud»: «El partido no fue bueno, pero mostramos actitud». En ocasiones, daban ganas de reclamar un poco menos de actitud y que de vez en cuando le pasaran la pelota a un compañero. Pero si los futbolistas corren y se matan por la causa, hasta la afición se vuelve indulgente porque entiende que a sus jugadores no puede reprochárseles nada. ¿Cómo que no? Puede pedírseles que jueguen un poco mejor. Pero la palabra «intensidad» ahora —como «actitud» antes— es un buen hallazgo que ayuda a los futbolistas a esconder los errores y salvar la mala conciencia.

La internacionalización de las palabras

Después de aquel partido en el Vicente Calderón, algunos se animaron a decir que les había encantado el clásico. ¿Cómo va a ser malo si fue «intenso»? Soy de la idea de que un buen partido es aquel en el que la mayoría de los jugadores están a su nivel o por encima de su nivel. Todo futbolista tiene un valor, que se le asigna después de verlo jugar durante cierto tiempo. Hay veces que juega por encima, otras por debajo y en ocasiones a su nivel. La media sería su valor. En un encuentro Atlético-Real Madrid, donde la mayoría de los jugadores son internacionales y promedian los siete, ocho, nueve y hasta diez puntos, uno tiene la expectativa de estar ante un gran partido. Pero cuando todos ellos apenas juegan para el aprobado, el partido solo puede calificarse de decepcionante.

La globalización uniformiza las culturas, de modo que la palabra «intensidad» se emplea ya en todos los países y en todos los idiomas. De hecho, al primero que se la oí fue a Capello: «*intensità*». En algunos países se impone de manera exagerada, como en Argentina, donde los equipos prefieren no tener la pelota para así poder correr, saltar, tirarse al suelo y demostrar sin género de dudas lo intensos que son. En tal proyecto, la pelota interfiere; más que un objeto de disfrute o desequilibrio, es un problema.

¿Y LA PAUSA?

Si lo bueno de la intensidad es que aplaca las conciencias, lo malo es que ha dado al traste con uno de los conceptos que más han contribuido al buen fútbol: la pausa. Para jugar bien hay que correr, por supuesto, pero también hay que saber frenar. Como esto se está llenando de jugadores que, en su afán por ser intensos, se mueven a una velocidad por encima de la que pueden permitirse, el atentado contra la precisión es permanente. Si no hay precisión, la jugada no tiene continuidad y, si no hay pausa, no hay sorpresa. Precisión y pausa han sido siempre los componentes esenciales del gran juego, y la intensidad va en contra de ambos conceptos. Así que empecemos a poner en duda la palabra «intensidad» como sinónimo de eficacia. Sería como pensar que un reloj es bueno porque avanza más deprisa que los demás.

Imaginemos al Manchester City sin Silva; al Barça sin Iniesta; al Madrid sin Benzema, James o Isco; al Arsenal sin Özil ni Cazorla... No son jugadores vertiginosos sino pensantes que, cuando pisan el freno, logran que aparezcan los espacios que tanta velocidad innecesaria había ocultado. Cuando ellos intervienen es como si la jugada respirara.

Que no se lea esto como un alegato contra la velocidad bien entendida, porque auténticos genios como Johan Cruyff la utilizaban para engañar con simples pero incontenibles cambios de ritmo. Hay que aclarar que el secreto estaba más en el engaño que en el cambio de velocidad. Pero la nostalgia de la pausa perdida es extensiva también al engaño como modo de desequilibrio. Mi crítica va dirigida hacia la velocidad pura y dura que, ante equipos desorganizados, es muy necesaria, pero que frente a equipos ordenados (la mayoría en estos tiempos de tanta aplicación táctica) solo sirve para chocar antes. He leído que Usain Bolt tiene intención de jugar con la Selección de Jamaica, seguramente porque no le avisaron de que en el fútbol, cuando uno llega a la meta, que es la pelota, el problema no termina, sino que empieza.

Del vicio a la virtud

La pelota siempre ha gozado de prestigio. Cuentan que en los años sesenta, cuando el Peñarol acudía al campo en calidad de visitante, los jugadores preguntaban al utilero del equipo contrario: «¿Ustedes tienen pelotas?». El hombre se quedaba desconcertado: «¿Por qué?». La respuesta definía el gusto de la época: «Porque la que saca el árbitro es solo para nosotros». El uruguayo es un pueblo discreto, de modo que esta historia puede que forme parte de las muchas leyendas que inventa el tiempo. Pero las leyendas se alimentan de verdades y, en Sudamérica, la única verdad es que la pelota es sagrada. Por esa razón, el Barcelona de Guardiola alcanzó tanto reconocimiento de México hacia abajo.

En el posguardiolismo, Gerard Piqué llegó a declarar en el *Extra Time Gazzetta* que el Barça había sido «un poco esclavo del tiqui-taca». Los extremistas de los dos bandos lo entendieron como una crítica al estilo que ha sido la línea de flotación del juego del Barça y de la Selección Española en los últimos tiempos. Las palabras de Piqué no añadieron gran cosa al debate, pero al menos lo refrescaron.

La vida secreta de las palabras

Empiezo por aclarar que acepto de mala gana el término «tiqui-taca», porque su sonoridad no le hace justicia a lo que nombra y porque conozco demasiado bien el origen de la expresión. Es increíble que se haya convertido en una marca registrada del buen fútbol, cuando nació como un sarcasmo frente a una nueva propuesta que empezaba a asomar en España en los años ochenta y los noventa. Durante el largo franquismo, España se olvidó de pensar, también en el ámbito futbolístico, en el cual la palabra «furia» pretendía abarcar toda la complejidad del juego. Cuando tras la muerte del dictador el país se abrió al mundo, los alérgicos al cambio se asustaron. Lo nuevo siempre angustia al poder establecido, así que directivos, entrenadores y periodistas de la vieja guardia se sintieron amenazados por las nuevas tendencias que llegaron de la mano de Cruyff, de la «Quinta del Buitre» y de un buen número de periodistas que combatieron en defensa de las nuevas ideas. Quienes no se habían formado en la cultura del debate respondían con insultos o, en el mejor de los casos, con ironía a las nuevas tendencias.

Fue Ángel Cappa, en vísperas del Mundial de Estados Unidos, el que se aproximó al término en el diario *El País*, con un artículo titulado «El tiqui y el toque», en donde atacaba la cultura de la inmediatez y el utilitarismo, que para ahorrar tiempo consagraba el pelotazo «eliminando intermediarios y siglos de buen gusto y talento... Un despropósito desde el punto de vista de la eficacia y una grosería se mire como se mire». Cappa terminaba el artículo diciendo que «siempre es mejor jugar y se juega con la pelota. Nunca es mejor correr para tratar de alcanzarla». En estos tiempos esos conceptos son ya obviedades, pero en 1994 todavía escocían. Fue Javier Clemente, seleccionador español entre 1992 y 1998, y sus partidarios, quienes empezaron a hablar de «tiqui-taca». Siempre con intención burlesca. El término pretendía reducir las virtudes del toque a algo intrascendente, poco serio. Pero, años más tarde, el periodista Andrés Montes, amigo de los apodos y de las definiciones impactantes, comenzó a usarlo para adornar sus retransmisiones cada vez que un equipo alcanzaba la excelencia. Andrés tuvo la virtud de desprejuiciar y popularizar la nueva palabra. Desde entonces, el «tiqui-taca» ha hecho un largo viaje en el que ha ido acaparando prestigio hasta convertirse en algo fascinante y eficaz que, entre otras cosas, permitió a la Selección Española levantar dos Eurocopas y una Copa del Mundo. Como todos sabemos, la vida de las palabras, igual que la de los seres humanos, está llena de cambios y contradicciones. El «tiqui-taca» es un buen ejemplo de esa transformación.

En España la RAE aún no ha aceptado el neologismo, pero me apunta el periodista Enrique Ortego que países como Italia e Inglaterra le han dado certificado de autenticidad. *Lo Zingarelli*, diccionario italiano de máxima autoridad, lo denomina *tiki-taca* y lo define como un «*spagnolismo*» que alude a «un tipo de juego basado en una serie de pases repetidos». La edición digital del *Oxford*, el diccionario más importante del léxico inglés, también la incorporó a su nueva edición: «"tiki-taka": estilo de juego consistente en repetir pases cortos para asegurar la posesión de la pelota», y se permite decir que es «la base de los éxitos de España». Quienes crearon el término sin duda se sentirán hoy orgullosos, aunque trataran la pelota y las palabras con parecido desprecio.

No hay buena idea sin buenos intérpretes

El «tiqui-taca», como el rock o la tortilla de patatas, depende de quien lo haga. El mismo Piqué terminó la declaración que comentábamos antes diciendo que «no es malo tirar dos balones en largo si nos aprietan y cierran las salidas». Cierto, que el Barça juegue en largo algunos balones ni siquiera es un pecado venial. Entre otras cosas porque no se trata de tirar pelotazos sin destino para ir a pelear un improbable rebote. El Barça no tiene presencia física para proponer una solución de la peor escuela británica. Se trata de salvar la presión alta que proponen algunos adversarios con envíos a los extremos, o a los medios más adelantados, para reencontrarse con la pelota algunos metros adelante. No entiendo qué genera tanto espanto hacia esa propuesta: ya la practicó Cruyff con Koeman, o Guardiola con Rafael Márquez, en el origen y la Edad Media del «tiqui-taca» barcelonista.

Intensidad y «tiqui-taca» luchan por imponer su autoridad. ¿Qué nos deparará el futuro? Preguntas, siempre preguntas… El gran secreto del fútbol es que nunca termina de desvelar todos sus misterios. Entretanto, sigo prefiriendo la opción española, que en lugar de creerse que los jugadores deban ser intensos, se lo hacen creer a la pelota, a la que obligan a correr de un jugador a otro con ritmo endiablado. Esa es la única intensidad que conviene al fútbol. Y lo llaman «tiqui-taca».

El pase despide al regate

Los mundiales marcan pautas por su celebridad y por la fuerza emuladora que genera el ganador. España creó tendencia tras el Mundial de Sudáfrica y en Brasil se ha fortalecido esa línea de juego con el triunfo de Alemania. Se trata de dos selecciones caracterizadas por practicar un juego reposado, que diferencian las velocidades en las distintas zonas del campo.

España en Sudáfrica y Alemania en Brasil tuvieron algo en común: centrocampistas que proclamaron la importancia del pase. Futbolistas que parecen exploradores y van buscando espacios y, si no los encuentran, los crean con paciencia y distracciones. Saben que el camino más corto hacia la portería no es el recto, porque ese está vigilado por una legión de rivales carnívoros. De manera que el explorador emprende su búsqueda a la espera de encontrar el lugar y el momento. Pensemos en Xavi, tocando y tocando mientras su cuello gira a un lado y a otro husmeando soluciones colectivas. Pensemos en Kroos, mezclando los pases cortos con los largos siempre con intención de encontrar algún pasillo donde el rival haya bajado la guardia. Tienen estilos diferentes pero algo en común: son auténticos centrocampistas. No debe de ser fácil, porque en la actualidad les salen pocos imitadores.

Los mediocampistas puros han desaparecido

La tendencia son los mediocampistas muy defensivos o muy ofensivos. Hombres mucho más preocupados por las áreas que por el juego. Un buen ejemplo es el brasileño Luiz Gustavo. Cuando el equipo logra recuperar la pelota y le toca intervenir, por cada pase que da hacia delante dará dos hacia atrás y tres laterales. Le enseñaron a dar prioridad a la seguridad, cosa que ha convertido en una obligación que atenta contra la construcción del juego.

Cuando Brasil ganó los primeros partidos de «su» Mundial, Luiz Gustavo fue elogiado como «el entrenador dentro de la cancha».

Me pareció justo porque su estilo de juego era coherente con las ideas de Luiz Felipe Scolari. En ese inicial clima de optimismo, Luiz Gustavo contaba a los periodistas que, en la única ocasión en que había marcado un gol con la Selección en un partido amistoso, Scolari le había esperado en el vestuario para conversar. El entrenador acompañó la felicitación por el gol con un consejo: «Usted ya sabe lo que se siente cuando se marca un gol con la Selección. A partir de hoy, ya no tiene ninguna razón para pisar el área contraria». Muy gráfico, pero cuando Alemania humilló a Brasil en las semifinales, la historia ya no tuvo tanta gracia.

Ese tipo de centrocampista ha proliferado desde que se hizo costumbre jugar con una doble contención. En el mejor de los casos, uno defiende algo más y el otro juega un poco más; en el común de los casos, los dos defienden igual de bien. A partir de ahí, encontraremos otros dos o tres futbolistas con matrícula de medio campistas, pero que salen escopeteados como delanteros hacia la portería contraria cada vez que reciben la pelota. Pensemos en Neymar y Hulk en el mismo Brasil, pero también en buenos ejemplos como los de Kevin De Bruyne en Bélgica, Herrera en México o Cuadrado en Colombia. Son jugadores importantes porque, aunque el pase sea la base del juego colectivo, el desequilibrio lo producen sobre todo los regateadores.

En la mayoría de los equipos, el deseo de ganar (o de no perder) ha acentuado el protagonismo de las áreas en detrimento del centro del campo (o sea, en detrimento de un juego más reposado). Por lo común, el miedo a perder la pelota en el centro del campo provoca dos tipos de precauciones. Una es la de tocar muy seguro para no asumir riesgos, lo que hace que el tránsito sea lento y no tenga sorpresa; y la otra es despejar el peligro a la menor dificultad, lo que obliga a rifar la pelota. En ambos casos, el regate queda descartado como opción.

El viejo prestigio del regate

La Argentina que terminó el Mundial de Brasil es un buen ejemplo de ello. Sin duda, las precauciones dieron una gran seguridad defensiva. Pero tampoco se duda de que eso penalizó a Messi, que se encontraba con la pelota de uvas a peras, solo como un náufrago y rodeado de enemigos que lo tenían identificado como el peligro que había que desactivar. Messi es un buen ejemplo de lo extraordinarios y temidos que son los regateadores en estos días. Siempre ha tenido encima a un rival, y a otro, y a un tercero, si lograba escapar de los dos primeros. Pero sus compañeros lo aprovecharon menos de lo que los rivales le temieron.

Durante el Mundial nos encantó James, que acostumbra eliminar a un rival cuando recibe la pelota abriendo un panorama nuevo, más despejado, al juego de su equipo. James tiene el talento y la valentía de intentar afrontar el mano a mano, y eso no es ajeno al nivel de eficacia que ha mostrado Colombia y él mismo (en goles y en asistencias). Algo excepcional hoy día. Rareza que, por lo visto, vale setenta o más millones de dólares.

Lo cierto es que los regateadores escasean. Han desaparecido a la misma velocidad en que desapareció la calle como escuela, la astucia como asignatura obligatoria y el juego como territorio abierto al riesgo. Cuando el fútbol era un juego pobre, simbolizaba la lucha por la vida. En el campo, gente humilde que había encontrado en el fútbol un modo de expresión y hasta una aproximación a la belleza, exhibía su talento ante miles de tipos igualmente humildes (en su mayoría) que sabían apreciar la destreza, la originalidad y la picardía. En ese ámbito, el regate tenía un prestigio casi artístico que contenía (contiene) muchas virtudes: manejo del cuerpo, de las velocidades y de la pelota, además del conocimiento de todas las variables del engaño. El arte que los pobres podían permitirse. ¿Se acuerdan de la palabra «amague»? Se la debemos fundamentalmente al regate.

Su atractivo era planetario. Por esa razón no se discute el mejor gol de la historia del fútbol: el segundo de Maradona a los ingleses.

Cincuenta metros en diez segundos no es un tiempo que impresione a nadie en términos atléticos, pero no se trataba de una carrera. En aquella jugada el freno fue tan importante como la aceleración, y mostrar la pelota tanto como esconderla. Es el proceso creativo de un genio en acción, donde muchas ideas son aprovechadas y otras muchas descartadas, donde el recuerdo de cientos de partidos jugados en el barrio queda sintetizado en eso que llamamos «instinto», y donde se demuestra la confianza del crack, que se mete dentro de un lío desconocido sabiendo que el talento encontrará la salida. El mecanismo puede ser simple y previsible como el de Messi, o chaplinesco como el de Garrincha. Lo cierto es que todos se las arreglan para deshacer el nudo que se encuentran. Aún hoy, pocas cosas son más apreciadas por los aficionados.

Y el ganador es... el pase

El regate ha sido sustituido por el pase a medida que las individualidades han dado paso al juego colectivo. Y se refleja hasta en las tribunas. Antes, un caño o un regate burlón era acompañado por un «oléeeeeee» así de largo; ahora se corea con «olés» una cadena de pases. Es una pena que entre la maraña de estadísticas que nos ha dado la FIFA tras el Mundial de Brasil, hayamos encontrado un dato muy serio: que están terminándose los sofisticados regateadores. Eran tan divertidos que es posible que no encajen dentro de la seriedad del fútbol actual. O, simplemente, con España y Alemania al frente de la tendencia, hemos entrado en la era del pase.

El peligro de las obsesiones

Un Mundial deja muchas lecciones sobre el inabarcable mundo del fútbol, que sigue sin admitir pronósticos fiables. Hay ocasiones en que en un partido toma preponderancia la técnica, en otras la táctica, o el espíritu competitivo, o el físico, o el talento individual, o el árbitro, o la presión del ambiente, o la suerte… A todo eso lo llamamos fútbol.

En función de la importancia que demos a uno u otro aspecto del juego, los equipos nos parecen más o menos temibles, más o menos interesantes, o más o menos aburridos. Tener equilibrio es intentar compensar todos los elementos que hacen el juego, pero cada jugador posee singularidades y picos de rendimiento que obligan a cambiar permanentemente la ecuación.

Enciclopedia de obsesiones

¿Cómo puede hablarse de preparación física sin discriminar entre jóvenes y veteranos, entre defensores y delanteros, entre titulares y suplentes? No son preguntas gratuitas. Yo mismo viví esa locura de concentrar la eficacia del juego solo en el aspecto físico. Hubo un tiempo en que esa obsesión terminó encontrando soluciones para el fútbol en la esfera del atletismo, provocando una masacre de jugadores. Era como entrenar a nadadores fuera de la piscina. Aquella revolución llevó al quirófano a una legión de futbolistas con lesiones hasta entonces desconocidas, como la de pubis. Pero sobre todo nos alejó del juego, del balón como objeto de disfrute y desequilibrio. De la esencia del fútbol.

Más tarde, la obsesión táctica puso al entrenador por encima de los jugadores. El 1-4-3-3, 1-4-4-2, el 1-5-3-1-1 y todos los «números de teléfono» (como suele decir Menotti) parecían cobrar vida propia, como si los jugadores fueran piezas intercambiables de un ajedrez que solo entendían los entrenadores. En lugar de simplificar la complejidad del fútbol en el campo, a fin de prepararse para las dificultades del próximo partido, poníamos a los jugadores ante una pizarra como si en ella residiera la verdad del juego. Esas modas que exageran hasta la deformación cualquier aspecto del fútbol pueden ser exitosas un tiempo pero, como todo lo que nos aleja del sentido común, no suelen terminar bien.

La última obsesión

Brasil, en su propio Mundial, ha sido víctima de la exageración psicológica, anímica, espiritual o como ustedes quieran llamarla. A medida que la Selección Brasileña mostraba mayores dificultades de funcionamiento, Scolari convocaba a más psicólogos. Como los obsesionados con el físico, que piensan que los problemas futbolísticos se resuelven en un gimnasio, o los obsesionados con la medicina, que piensan que el fútbol cabe dentro de una jeringa, o los obsesionados con la táctica, que piensan que los problemas futbolísticos se resuelven en una pizarra, Felipão olvidó que dichos problemas se arreglan en el campo y no en un diván.

Era tentador subirse a ese carro de pasión. Se trataba de aprovechar la euforia de doscientos millones de brasileños, de entonar el himno como si lo que iba a afrontarse fuera una batalla y no un partido de fútbol, de hacer declaraciones apelando al espíritu, al esfuerzo, a la pasión competitiva.

Hasta Neymar, que es una bailarina, cayó en la trampa de confundir el fútbol con una guerra repitiendo esa frase que ya ha perdido toda gracia: «El que quiera espectáculo que vaya al teatro». ¡Neymar, que alcanzó su celebridad por ser un futbolista espectáculo y que durante el Mundial salió tanto en periódicos deportivos como en *Vanity Fair*! Pero no me extraña, esas corrientes pasionales son como las aguas de un río desbordado: arrastran todo lo que encuentran. Neymar fue, a la vez, víctima (con otro tipo de juego habría mostrado todo su talento) e instrumento (con sus declaraciones) de tal insensatez.

Las obsesiones siempre tienen un germen que las activa. Engañados por las conclusiones sacadas en la última Copa Confederaciones, Brasil se confundió. Pensaron que marcando goles pronto, haciendo muchas faltas «inteligentes» y corriendo como locos, podía ganarse un Mundial como se había ganado aquella Copa. La condición de local, habrán pensado, autoriza a ganar atropellando. Y si el plan no daba los resultados esperados, como ocurrió con las pálidas actuaciones frente a Chile y Colombia, la culpa era del exceso de presión. ¡Y dale con la psicología! La confianza en el triunfo fue expresada por Paulinho en imágenes imborrables, golpeando el pecho de los jugadores que debían tirar un penalti frente a Chile, o con la invocación del espíritu de Neymar en el partido frente Alemania, cuando David Luiz hizo flamear la camiseta de su célebre y lesionado compañero mientras sonaba el himno. Son ejemplos gráficos de la locura que había contagiado a jugadores, entrenadores y aficionados. En ese clima de exaltación tanto valía acudir al espíritu nacionalista, como convertirse en víctimas de una persecución arbitral, como hizo en una disparatada rueda de prensa el gran Luiz Felipe Scolari. El cuerpo técnico decidió que el fanatismo competitivo debía suplir la falta de talento, de técnica, de imaginación, de gracia, de juego... Todo cuanto contribuyera al ardor estaba permitido. Si no era con fútbol, había que seguir adelante a empujones.

Esa fortaleza mental provoca sugestiones temibles. Conocí a muchos que estaban convencidos de que era imposible ganar a Brasil en Brasil: «Te aplastan», «Te echan encima el estadio, el himno, la historia, y adiós», «Mira España en la Copa Confederaciones, no la dejaron ni respirar»... Esos eran todos los argumentos. De fútbol, ni una palabra. La única tentación auténticamente global que tienen todos los países es la de mirarse el ombligo. Cuando se gana nadie cambia el estilo, y Brasil ganó aquella Copa Confederaciones sin ninguna seducción. El baile lo dejaron para el festejo, porque tenían una necesidad imperiosa de ganar y al parecer la necesidad carece de estilo. Panorama ideal para prolongar la confusión.

Pero al fútbol no le gusta que lo subestimen. Llegó el turno de Alemania en el Mundial y, en lo que dura un round de boxeo, el equipo que se consideraba invencible recibió tres golpes. La emoción, que parecía el motor de Brasil, colapsó. De pronto, el equipo que se iba a comer el mundo se vio desvalido ante la fuerza descomunal del fútbol, ese juego complejísimo que nadie puede reducir a su antojo. Tras ese round, ya nada fue ni será igual para Brasil. Ha ocurrido treinta y dos años después de aquella eliminación en el Mundial del 82, donde alguna lumbrera concluyó que Brasil no ganaba porque jugaba demasiado bien al fútbol. Ese suicidio cultural ha llevado inevitablemente a esta confusión. Alemania con un arma terrible, la pelota, ha demostrado el error del diagnóstico metiéndoles siete humillantes goles. Lo ha hecho jugando divinamente al fútbol.

Un lugar llamado fútbol

Dicen que Pelé era buenísimo en todos los puestos, incluido en el de portero. Maradona siempre me pareció buenísimo jugando a cualquier cosa y no solamente al fútbol. Historias parecidas cuentan de Cruyff o de Di Stéfano, pero todos eligieron jugar al fútbol y de delanteros, porque el superdotado tiene la obligación de hacer lo más difícil para contribuir con genialidades al propio equipo, al tiempo que se convierte en una amenaza que hace temblar al equipo contrario.

Últimamente hemos sabido que el círculo central puede ser un buen refugio para que Messi siga disfrutando del fútbol, aún cuando llegue a los cuarenta años. Desde hace algún tiempo parece excitarse más sirviendo goles que marcándolos. Decidió tirarse veinte metros atrás para, en lugar de ser el mejor delantero del mundo, convertirse en el mejor estratega del mundo. Pensé que se trataba de un período de recreo a la espera de recuperar una mejor condición física, pero el tiempo ha pasado y ahí sigue, explorando un territorio más alejado del arco, pero que le permite más intervenciones. Y si Messi interviene, el juego mejora. En fin, la conclusión es que los jugadores extraordinarios pueden jugar donde quieran y hasta cuando quieran. Ante casos así, el mejor lugar posible es aquel que cause más daño al enemigo, y los genios no necesitan una brújula para saberlo. Les basta con su instinto. Sin embargo, los genios no son una unidad de medida. La mayoría de los jugadores nacen para ocupar un lugar en el campo. Forzar ese mandato de la naturaleza es empeorarlos.

¿De qué juega usted?

Cuando fui a hacer mi primera prueba como futbolista a las divisiones inferiores de un club de primer nivel profesional, un entrenador con malas pulgas iba preguntando a todos los aspirantes en qué puesto jugaban. Un chico que estaba delante de mí, por lucirse o porque entendía que eso le daba más posibilidades, o porque efectivamente aún no había descubierto su lugar en el campo, contestó: «Yo puedo jugar de todo». El entrenador, con aire más aburrido que enfadado, contestó: «Entonces, no juegas de nada». Cuando me tocó a mí, no dudé ni un segundo y grité con convicción militar: «¡Delantero centro!». Sin duda, yo había entendido la lección, pero siempre he creído también en los especialistas y, en ocasiones, quizá con cierto fanatismo, lo que nunca es una buena manera de creer. Pero debo decir que he mejorado. Hubo un tiempo en que cuando me hablaban de jugadores multifuncionales me salía urticaria; ahora solo me salen unos sarpullidos pasajeros. Se entiende que un jugador multifuncional puede jugar en varias posiciones, y hay gente que está convencida de que eso se halla al alcance de cualquiera que tenga buena voluntad. No es verdad.

La prueba que desapruebo

Seamos amplios porque, como ocurre casi siempre, en el medio estará la virtud. En el Mundial del 86 fui un delantero que tuvo más funciones de las normales para el fútbol de entonces, y eso agrandó mi campo de acción. En aquellos días los delanteros éramos almas libres. Teníamos una ocasión y, si la metíamos, gritábamos el gol. Si fallábamos, esperábamos otra oportunidad. Pero en México hice frente a otras obligaciones y me pasé el campeonato corriendo a toda velocidad de aquí para allá. En la final, por ejemplo, estuve tan cerca de mi área como de la contraria, haciéndole una marca personal a un tal Brieguel con el que todavía tengo pesadillas. Como, además de correr, a lo largo del campeonato marqué cuatro goles, Carlos Salvador Bilardo, que siempre creyó en los futbolistas multifuncionales, aprovechó la ocasión para decir: «Después de lo que ha hecho Valdano ya no necesito hablar más». La frase me convertía en la prueba viviente de algo con lo que yo no estaba de acuerdo. Y no solo desde un punto de vista intelectual. Creo que mi despliegue tal vez favoreciera el funcionamiento del equipo, pero no benefició a mi juego. Durante el campeonato, hubo al menos cinco ocasiones clarísimas en que fallé porque llegaba a rematar más muerto que vivo. Ustedes sospecharán que también pudo haberse debido a cierta torpeza y podemos estar de acuerdo (no vamos a discutir a estas alturas), pero les prometo que el cansancio influyó.

El equilibrio ecológico

Los jugadores no solo necesitan de un lugar, sino de condiciones que les ayuden a lucirse. Pensemos en un Diego Costa, que se movía en el Atlético de Madrid como ahora se mueve en la Premier: con protagonismo devastador. Se puso la camiseta del Chelsea y, de entrada, se desató. En esa misma época (mes arriba, mes abajo), jugó seis partidos con la Selección Española sin lograr marcar un solo gol. Hay una explicación táctica: el Chelsea siempre lo busca con balones en profundidad y, como se trata de un jugador que ataca los espacios con potencia y determinación, terminaba convirtiéndose en una pesadilla para sus rivales. En la Selección Española, en cambio, el equipo suele progresar tocando, y eso termina rodeando a Diego Costa de compañeros y rivales que no lo dejan maniobrar a gusto.

Cuando un buen jugador no encuentra el lugar donde sus virtudes puedan florecer, asoman las dudas y la desconfianza. Si Gareth Bale es un excelente futbolista que en ocasiones ha parecido no saber jugar, ha sido por varias razones. Además de las dificultades de aclimatación que los jugadores británicos suelen tener cuando salen de su país, en su caso hay que agregar otros aspectos críticos: el haber costado una fortuna (hasta al precio hay que saber adaptarse), continuas pequeñas lesiones que lo condenan a empezar de nuevo cada cierto tiempo y la presencia de Cristiano Ronaldo, que es una sombra demasiado grande si entramos en comparaciones. La figura de Cristiano alcanza cotas mitológicas desde que empieza hasta que acaba el partido, y es imposible competir con él en el plano del juego, de la eficacia goleadora y de la conexión emocional con la afición. Eso no provoca celos de prestigio, porque se trata de dos buenas personas y de dos grandes profesionales. Pero los artistas necesitan sentirse importantes y a Gareth Bale, que llegó como concertista de alto nivel, debió resultarle extraño interpretar un papel secundario. Si Bale ya ha despejado las sombras ha sido porque el talento siempre encuentra soluciones para los grandes problemas.

Un lugar de honor para la confianza

Luego está el factor confianza. Que se lo digan a Casillas, aunque la lectura de «su caso» merezca análisis aparte. Iker fue bendecido con un talento que parecía haberle dotado de dos muelles en las piernas, brazos elásticos e instinto de superviviente. Además, la vida le regaló la suerte que da un elefante dorado con la trompa hacia arriba. Como hincha, yo siempre esperaba un milagro aún cuando el gol parecía darse por descontado. Y muchas veces ese milagro se producía por una mezcla de dotes adivinatorias, reflejos de gato y confianza ilimitada. Lo cierto es que Iker terminaba quedándose o rechazando pelotas cuyo destino era la red. Pero como la suerte va y viene, Casillas se humanizó, su portería se agrandó, los balones comenzaron a buscar la red de un modo endemoniado, los aplausos se convirtieron en silbidos y el mundo pareció venirse abajo. Esto no significa que hubiera desaparecido el talento, sino que, en el Real Madrid, Iker había dejado de expresarse con la libertad con que lo hacía en sus mejores días.

Si un goleador se obsesiona y se pone a pensar en las consecuencias de su fallo cuando está delante de un portero, lo más probable es que a la hora de rematar se le junten dos ideas. Suficiente para lanzarla fuera. Algo así le pasó a Casillas en su condición de portero y se le notaba en la cara. Parecía un ciervo atormentado por estar en el punto de mira de un rifle, y esa preocupación no lograba liberar ni su instinto infalible ni el rayo de sus reflejos ni esa suerte de amuleto que daba la impresión de acompañarlo a todos los sitios. No tiene que ver con la edad, sino con el ánimo, con la fe.

Entre el deber y la naturaleza

Otro ejemplo interesante lo hemos visto en James, también en el Real Madrid. Solo que, si al colombiano alguien le hubiera preguntado de qué jugaba, hubiera contestado «de media punta». Pero como la necesidad no respeta nada, Ancelotti tuvo que decir lo contrario que aquel entrenador que conocí en mi primera prueba: «Pues aquí tienes que jugar de todo». Y en eso anduvo James en su primera temporada en el club. Su entusiasmo por jugar en el Real Madrid le hace correr con optimismo contra su tendencia original. Cuando lo consigue, me parece un gran logro, porque no se trata de una conquista del talento, sino de la voluntad. Pero sigo pensando, ya sin el fanatismo que tanto agota, que hay talentos que nacen para ocupar un lugar, y que forzarlos a desempeñar otra función es un pecado que solo la necesidad justifica.

El mejor lugar sería, entonces, aquel que nos permite hacer muchas veces lo que se nos da bien, algunas lo que se nos da regular y nunca jamás lo que se nos da mal. Si solo pensamos en las virtudes, el lugar de James es el de media punta porque tiene fantasía, técnica y hasta cierto olfato de gol. El de Diego Costa y el de Bale son los que les permite explorar los espacios que llevan a la portería contraria. ¿Y el de Casillas? El de Casillas, como demostró el tiempo, era estar lejos del Real Madrid. Porque el fútbol tiene sus leyes, pero la vida también. Y en ocasiones no hay más remedio que irse de casa para reencontrarnos con nosotros mismos.

Vuelve a casa por Navidad

El corazón del fútbol late igual de fuerte en Inglaterra en fechas navideñas. Son días de vacaciones y de reencuentro familiar, ocasión única para que los estadios se abran a abuelos, padres y nietos, como nuevos eslabones de una vieja tradición. En Inglaterra el fútbol es cosa seria, y en esos días se percibe en esa masa ardiente que siente hasta el delirio los colores de su equipo. No hay nada comparable. Hablando con Xabi Alonso de su experiencia en el Liverpool, me decía, con nostalgia, que le resultaba imposible olvidar «el diálogo con la tribuna cada vez que tocaba una pelota». Cada jugada va acompañada de un clamor, un canto, un grito de afirmación, de asombro, de ánimo. Jamás de un reproche.

Un respeto

El fútbol inglés disfruta de una organización impecable: distribución equilibrada de derechos televisivos, violencia bajo control, estadios renovados, terrenos de juego que parecen alfombras, iluminación envidiada hasta por la misma luz del día, partidos en los que saltan chispas por una intensidad que no conoce tregua. Pero, también, inteligencia para entender que no interrumpir el campeonato durante las fechas navideñas, además de para captar a nuevos aficionados locales entre los más jóvenes, es una gran oportunidad para mostrar la Premier como contenido televisivo al mundo entero sin ninguna competencia. Si fuera futbolista pondría el grito en el cielo pidiendo vacaciones, pero desde que me convertí en aficionado me he vuelto arbitrario y he decidido opinar a favor de mi propio placer. Así es la vida.

Estamos hablando de los inventores del fútbol. Un respeto. Los ingleses lo crearon, lo reglamentaron y lo extendieron por el mundo. Seguramente, sin pensar que el tiempo lo convertiría en un colosal fenómeno popular. Hace algo más de cien años llegó la primera pelota de fútbol a Buenos Aires, y cuenta la leyenda que en la aduana creyeron que era una bomba. Se negaron a dejarla pasar hasta que el episodio se aclaró. En Brasil, hace menos de cien años, no permitían jugar a los negros en los grandes clubes. Aquella esfera con apariencia de bomba es hoy un símbolo de felicidad que ha crecido hasta convertirse en una industria. Aquel juego que empezó discriminando a blancos y negros hoy tiene el noble poder de integrar razas, religiones, clases sociales, países en discordia... Pero, aunque el fútbol se haya extendido por todo el planeta, es legítimo que quien lo inventó siga sintiéndose su dueño.

El fútbol ha emigrado

En Inglaterra, además, se llegó al profesionalismo mucho antes que en cualquier otro sitio. Por ese sentido patrimonial y su natural orgullo, el fútbol inglés ha pasado largo tiempo mirándose al ombligo. Pero no hay imperio que no haya conocido su fin. El 23 de noviembre de 2013 se cumplieron sesenta años de la primera derrota de la Selección Inglesa en Wembley. Perdieron 3 a 6 frente a la Hungría de Puskas, Kocsis, Bozsik... Fue irremediable. Los ingleses se sentían los mejores por derecho adquirido y no miraban hacia fuera, donde el fútbol crecía y evolucionaba sin necesidad de imitar a Inglaterra. En cualquier lugar nacían grandes talentos, se imponían nuevos estilos y al fútbol se le adhería un ritmo local que diferenciaba el modo de jugar de continentes y también de países. No era lo mismo un equipo europeo que uno sudamericano. Pero tampoco era lo mismo un equipo portugués que uno alemán, ni uno argentino que uno brasileño. Mientras tanto, Inglaterra seguía en su mundo, convencida de que había un solo fútbol: el que los ingleses habían inventado. De hecho, no acudió a un Mundial hasta 1950, donde le ganó a Chile pero perdió frente a Estados Unidos y España. Ya habían sido derrotados por Argentina y Uruguay en partidos amistosos. Primeros signos de decadencia. Pero para esos casos siempre había una excusa a mano. En aquella ocasión, se trató de las dificultades de adaptación después de un largo viaje. La Selección Húngara, que había cruzado Europa en tren para jugar el partido (sin acusar problemas de adaptación), se encargó de decirles en aquella tarde histórica que el fútbol ya no tenía dueño, que era universal. Al día siguiente, Geoffrey Green empezaba su magnífica crónica en *The Times* así: «Ayer, a las cuatro, en la cazuela de Wembley Stadium, ocurrió lo inevitable». La revancha resultó confirmatoria: Hungría ganó 7 a 1 en Budapest.

El lento giro del transatlántico

Desde entonces, Inglaterra sabe que no está sola. Aun así, ha tardado mucho en mestizarse con otros estilos. Siempre abusó de un fútbol directo; de una intensidad tan grande que, en medio, no cabía una sutileza, un freno, un amague... Ganó el Mundial de 1966 y, en la temporada de 1967-68, por fin un equipo inglés (el Manchester United) levantó una Copa de Europa. Y los triunfos suelen detener todo intento de cambio. Tardaron en abrir las fronteras a jugadores extranjeros, y mucho más a entrenadores de fuera. Durante algún tiempo se entretuvieron con una estupidez estadística de pretensiones científicas. Aquello terminó en un libro publicado por la misma Federación Inglesa de fútbol y firmado por Charles Hughes que se titulaba *La fórmula ganadora*, preciosa edición de contenido aberrante. Proponía aligerar el fútbol poniendo la pelota en el área contraria lo más rápido posible. Eso producía un porcentaje de faltas, córneres, rechaces que, en un tanto por ciento que habían calculado a la perfección, se traducía en goles. La lógica era encantadora: cuantos más pelotazos, más goles.

Es lo mismo que alimentarse con pastillas que te proporcionan la dosis necesaria de proteínas, hidratos y vitaminas. Te nutre y puedes vivir sin problemas, pero en el camino te pierdes la justa cocción de la carne o el pescado, las fantásticas salsas, los postres que alegran el día, el olor del café... En definitiva, por centrarse tanto en el resultado se escapa lo mejor del juego, lo mejor de la vida. Al final de la introducción, se animaba a hacer un temerario juicio de valor: «Es aplastante la evidencia de que los proponentes del juego de posesión están equivocados». Jugar con largas posesiones fue exactamente lo que hizo el Liverpool del mítico Bill Shanckly desde la década de los cincuenta, y sus discípulos ganaron cuatro Copas de Europa entre los años setenta y ochenta.

Cantona y Wenger, para empezar

A partir de entonces, dos grandes personajes han demostrado la importancia del fútbol bien jugado. Desde la acción, Éric Cantona, con su portentosa personalidad, logró imponer un estilo técnico, creativo y concreto. Desde lo ideológico, el entrenador extranjero que más ha hecho por acabar con el primitivismo del fútbol inglés fue Arsène Wenger. Sus equipos siempre fueron jóvenes, pulcros con la pelota y de gran atrevimiento colectivo. Ganó tres Premiers, pero su influencia fue mucho más allá. Cantona, Arsène, el Barça, la Selección Española, el buen número de grandes jugadores que la salud económica de la Premier puede permitirse... Todo influye a favor de la riqueza del juego. Siguen pesando ideas que se resisten a morir y que, como dice el gran periodista Santiago Segurola, «parecen sacadas de leyendas artúricas: niebla, lluvia, barro... un noble y épico escenario guerrero». Aun así o precisamente por ello, las miradas de los buenos aficionados se vuelven hacia Inglaterra por Navidad. Desde hace algún tiempo para comprobar que, por fin, el transatlántico empieza a girar con la lentitud propia de los cambios culturales, para mirar de frente la evolución del juego que Inglaterra inventó.

¿Quién manda?

Muchas veces tenemos la impresión de que el fútbol va hacia donde le da la gana. Pero si hablamos de cuestiones relacionadas con el liderazgo, el estilo o el mecanismo de juego de los equipos, veremos que la respuesta futbolística de estos no es más que un reflejo del poder vigente.

El poder en el Atlético

Pensemos en el Atlético de Madrid, un equipo recio y solidario que hace pocas concesiones al espectáculo: le mueve el resultado por encima de cualquier cuestión estética. En ese aspecto pone toda la energía. El «Cholo» Simeone ha contagiado al club entero su gusto por un juego eminentemente pragmático, al punto de que durante los partidos parece ser, también, entrenador de la afición. El equipo se siente cómodo si tiene la pelota y aún más si no la tiene, hace de un córner una cuestión de supervivencia y es muy difícil que se permita el vicio de una goleada. En fin, un equipo de hombres que tiene muy claro su objetivo. Antoine Griezmann es su gran estrella mediática, pues los goles y el talento son siempre fascinantes, pero el oráculo del Atlético se llama Diego Godín, serio como un enterrador, duro como un uruguayo, fiable como un buen soldado, dispuesto siempre a ayudar cuando hay problemas. Si Jackson cuesta treinta millones, Simeone no se siente obligado a ponerlo de titular por el peso de su precio. Si Torres es el ídolo de la afición, Simeone tampoco se dejará llevar por el sentimiento. Ha instaurado un régimen en el que la titularidad la da el mérito y en el que el próximo partido siempre es una final. Cada año, el club va al mercado a comprar calidad para dar al equipo un mayor atractivo técnico. Todo esto cambia la mirada de los observadores, convencidos de que la nueva composición de la plantilla traerá una vitalidad atacante que pondrá al equipo en otra dimensión estética. Pero bastan diez partidos para que entendamos que la competitividad del Atlético sigue siendo una defensa en la que confiar, once «Cholitos» convencidos (empezando por todos los delanteros que llegaron y que, a esas alturas, han entendido de qué va la cosa) y la pasión por el triunfo. ¿Cuál es la razón? Simeone, que en el Atlético representa el poder ante el que todos se rinden.

El poder en el Madrid

La relación de fuerzas en el Real Madrid es otra. Florentino Pérez, al que «hay que tener contento», por decirlo con palabras de Carlo Ancelotti, marca a fuego la sagrada estrategia del club. Florentino, que tiene buen gusto futbolístico, contrataría mediapuntas hasta para el departamento de contabilidad. Como piensa siempre en captar nuevos aficionados a los que «evangelizar» como madridistas, pretende que el equipo ataque sin piedad y le gusta que los entrenadores no renuncien jamás a la BBC (Bale, Benzema y Cristiano). Son mandamientos de una estrategia muy definida y de gran éxito económico. La experiencia ha demostrado que el equipo se estabiliza mejor con cuatro mediocampistas de gran talento como los que tiene el Madrid (se reciben menos goles y se marcan más), pero si los tres tenores están sanos son inamovibles. Hay una derivada obligatoria que no guarda relación con el presidente sino con el sentido común, que también pide tener contento al gran crack de estos días: si a lo largo del partido hay que cambiar a alguno, en ningún caso puede ser a Cristiano Ronaldo. ¿Qué se desprende de este análisis? Que en el Madrid la idea dominante corresponde a Florentino Pérez y que, detrás de su autoridad, nadie tiene más poder que Cristiano. El entrenador, sea quien sea, jamás disfrutará de la libertad de Simeone, porque deberá tomar decisiones encajonado entre pautas estratégicas muy estrictas.

El poder en el Barça

En el Barça reina Messi, un jugador que no necesita levantar la voz para afianzar su jerarquía. Como ya dijo Guardiola en su momento y todo el mundo sabe: «Conviene verlo feliz». Le llueven elogios del presidente, del entrenador, de sus compañeros, de los aficionados y de los medios. Esa es una primera prueba de su tremenda influencia. Como se trata de un tipo contenido, que habla lo justo y hasta gesticula poco, hay que analizar su capacidad de dominio en los momentos de crisis. Cuando a comienzos de 2015 el equipo perdió en San Sebastián con Messi en el banquillo de los suplentes, ardió Troya. El club entero se cuadró ante la autoridad del genio. Desde entonces el Barça es una balsa de aceite porque el equipo gana, los jugadores se quieren, el entrenador no hace extravagancias y Messi está tranquilo. Esto último es lo más importante. A pesar del talento de la plantilla y de la fuerza del estilo, que no son cosas menores, el día que Messi se enfade se romperá el equilibrio ecológico del club entero y todo puede venirse abajo. El poder es el poder y conviene respetarlo. Cuando se marcan más de sesenta goles al año es justo hablar de un poder ejecutivo.

El poder en el Valencia

En el Valencia, para seguir en España, manda la propiedad: un millonario que mueve el club desde Singapur con un mando a distancia. Como no está cerca del problema (todo club es siempre un problema latente), sus decisiones parecen desconectadas de las pasiones circundantes. Desde tan lejos solo se puede tocar de oído y, a la hora de tomar medidas, es fácil cometer arbitrariedades, cuando no excentricidades. Si le cuentan que el entrenador es un factor de irritabilidad entre los aficionados, lo cambia por otro que no tiene experiencia, que no habla español y que es amigo suyo. En efecto, a la destitución de Nuno siguió el nombramiento de Gary Neville, que fue un jugador de prestigio, que obtuvo éxito como comentarista en Inglaterra y que tiene una indiscutible simpatía personal. Su sola presencia cambió el ambiente reinante, pero eso duró exactamente hasta la primera derrota, que ocurrió al tercer día de su llegada. ¿Y ahora?, nos preguntamos todos después de una decisión caprichosa que no dio resultado, entre otras cosas porque la Premier no tiene nada que ver con la Liga. Cuando la propiedad es extravagante, el poder se difumina y ya no se sabe a quién pertenece. ¿A los periodistas más influyentes? ¿A los aficionados más agresivos? ¿A los futbolistas más veteranos? ¿Al remoto propietario?... En fin, a todos y a ninguno. Y que nadie lo dude: a poder difuso, equipo confuso.

El poder en Inglaterra

Saltemos a Inglaterra, donde el dinero les sale a los clubes por las orejas gracias a los contratos televisivos inalcanzables para los demás países europeos. Llegan jugadores de alta cotización y entrenadores de enorme prestigio internacional. Gente con un perfil alto y personalidades muy definidas. Sin embargo, en la mayoría de los casos se sigue jugando con pautas británicas. El aficionado británico pide a sus jugadores una entrega equivalente a la que él muestra en la tribuna. Los ídolos son tipos recios, con pinta de estibadores, decididos, valientes e incansables. Como también en el fútbol el cliente siempre tiene razón, los aficionados terminan ejerciendo sobre los equipos una influencia tan grande o mayor que la de los cracks y la de los grandes entrenadores de importación. Esa vehemente conexión hace que el equipo juegue menos y corra más de lo recomendable, porque la intensidad vale más que la inteligencia. Los jugadores se aplican haciendo un *tackle* como si se tratara de algo heroico, saben que un córner se festejará igual que si cayera un trueno y que dos tiros a puerta seguidos serán motivo suficiente para que el estadio se venga abajo. Es su cultura y está tan arraigada que se convierte en mandato. En un indiscutible poder.

Bien mirado, el poder es una brújula que ayuda a la orientación del proyecto futbolístico de cualquier club. Pero también un imán que atrae la mirada en los buenos y, sobre todo, en los malos momentos. Cuando alguien llega a un club debe preocuparse de muchas cosas, pero la más crítica es la de saber quién manda. Si un tiempo después no hemos encontrado a nadie con la suficiente autoridad, lo más probable es que el poder resida en el resultado del próximo partido. O, lo que es lo mismo, que resida en ese niño malcriado que es el fútbol, un juego maravilloso y algo despiadado que se muere de risa haciéndonos sufrir a todos con sus caprichos.

Medir el fútbol

Las estadísticas han venido a poner algo de ciencia al juego indómito que es el fútbol, así como datos a los conocimientos de los espectadores. Siempre ha existido ese desvelo, el de descifrar los secretos insondables de este deporte. Recuerdo que Fernando Redondo, en sus tiempos de jugador del Tenerife y el Real Madrid, le pedía a un amigo que contara cuántos toques le daba a la pelota a lo largo del partido. Si intervenía menos de cien veces, se enojaba con el equipo, consigo mismo y con el amigo. Eso ocurrió cuando yo era entrenador, pero el primer contacto que tuve con esa pretensión de desmontar el juego con el destornillador de las estadísticas fue a mediados de la década de los ochenta, cuando aún jugaba. Durante un tiempo estuve observando al preparador físico del Real Madrid, que tomaba notas de cada movimiento que hacía cada jugador en un partido: la distancia que recorría, la velocidad del desplazamiento, el lugar del campo en que se encontraba. Como un partido no da tregua, lo anotaba todo con desesperación. Aquello era una novedad, de manera que le hice la pregunta más elemental: «¿Para qué te sirven todos esos apuntes?». Su contestación es inolvidable: «No tengo ni idea, pero cuando lo sepa ya tendré los datos». Esta respuesta merece incluirse en una antología del disparate, salvo que la usemos como prueba de una verdad indiscutible: sin un criterio que los dirija, los números no llevan a ninguna parte. Sirven para contentar a aquellos que buscan entender lo sucedido sin el arduo esfuerzo de la reflexión. O sea, para que puedan analizar quienes no saben analizar.

Datos sin dirección

Acostumbrados a los resúmenes televisivos, donde vemos lo más relevante de los encuentros, a mucha gente le cuesta soportar un partido entero, con sus inevitables fases tediosas. Por otra parte, la afición reclama una entrega a la altura de su pasión. Los hinchas delegan su orgullo en los jugadores y consideran que aquellos que no corren, están traicionando ese mandato. «Jugadores eran los de antes, que se dejaban el alma», dicen los aficionados, pero los datos desmienten este lugar común. En el Mundial de Chile de 1962 un jugador corría 5,5 kilómetros por partido; veinticinco años después poco más de 9 y hoy la media está en 11,5 kilómetros. Al parecer los «jugadores de antes» nos dejábamos el alma... corriendo menos. De todos modos son datos interesantes que, en términos prácticos, significan que Pelé tenía cuatro segundos para resolver, Maradona solo dos y Messi uno o incluso menos. El físico está muy exigido, pero la técnica mucho más. Como no todos los jugadores tienen reflejos y precisión para dar con soluciones urgentes, muchas veces los partidos se vuelven cenagosos, trabados, imprecisos. En fútbol hay tres tipos de velocidad: la de traslación (en cuánto tiempo somos capaces de recorrer una distancia; es la velocidad que aseguraría, por ejemplo, Usain Bolt), la mental (que nos permite elegir la mejor entre muchas posibilidades casi en un acto reflejo; en el fútbol, pensar rápido o pensar antes de recibir la pelota se ha convertido en un factor crítico) y la técnica (que se llama precisión, y es la más importante de todas, porque va de lo individual a lo colectivo: si controlo el balón con un solo toque soy rápido; si paso con un solo toque, logro que mi equipo sea rápido). Para entenderlo no hacen falta números, sino ojo crítico. La velocidad de traslación (baja, media y alta) puede medirse al microsegundo, pero nada dice de la actuación de un jugador. Salvo que ha corrido mucho o poco, rápido o lento. Si ha corrido bien o mal tiene que ver con las otras velocidades. De modo que los números, en fútbol, nos cuentan una verdad muchas veces inconsistente.

Los números como jueces

Cada temporada se renueva la polémica en torno al próximo Balón de Oro. Todos los días aparece alguien apoyando a «su» candidato en la ya tradicional carrera entre Messi y Cristiano. Como la política se ha adueñado ya del deporte, no conoceremos a ningún futbolista del Madrid o de Portugal que apueste por alguien distinto a Cristiano. El Barça y Argentina apoyan a Messi también sin fisuras. Todo es discutible, hasta que aparecen los números. La temporada 2014-15 sirve de ejemplo. Ronaldo marcó 69 goles en 59 partidos, 24 más que Messi. Como se replica que Messi estuvo lesionado mucho tiempo, se acude entonces a los porcentajes: Cristiano promedia 1,16 goles por partido y Messi, 0,95. Los amantes de las estadísticas se quedan tranquilos y los amantes del fútbol seguimos opinando. Pero para mucha gente ese partido lo ganan las estadísticas, porque los números no se discuten. Algo parecido pasa con los triunfos: no se valoran los recursos utilizados, sino que el que gana tiene razón y punto.

Así como el triunfo es balsámico para un equipo, el gol lo es para un jugador. Pensemos en Bale y Neymar en busca de más ejemplos. Es archisabido que Bale es un jugador que necesita espacios para poder imponer su extraordinaria potencia de carrera y tiro. En cada partido tiene que redondear actuaciones que justifiquen su precio, pero su participación en el juego colectivo es modesta. Como el número de intervenciones es muy bajo, su capacidad de sacrificio escasa y al Real Madrid los rivales le conceden muy pocos espacios, Bale ha entendido que no puede devolver con juego los cien millones que costó, de modo que busca refugio en el gol. Lo encuentra con más frecuencia de lo esperado y lo cierto es que, cuando marca, queda justificado para la mayoría de los «especialistas». Pero ¿es ese el jugador que compró el Real Madrid?

En cuanto a Neymar, nadie discute que se trata de un jugador divertido y eficaz, además de hábil, imaginativo, veloz... Pero nada de eso es medible, así que la opinión pública lo elogia un poco si mete un gol y lo elogia mucho si marca dos. Lo sorprendente es que, a fin de justificarse y contentar a los críticos, a su llegada a Barcelona tuvo que forzar su patrón creativo para que le salieran las cuentas. Lo que voy a decir vale tanto para Bale como para Neymar (en realidad, vale para cualquiera): cuando el gol se transforma en una obligación para alguien que no es un especialista en marcar, tiene tantas contraindicaciones como un vicio. En estos casos, el vicio del egoísmo, el de la obsesión, el de pensar más en el arco que en el juego y, sobre todo, el de creer que el prestigio solo se salva en la red. El peor: el de traicionar la propia naturaleza y convertirse en otro jugador para contentar a los que no tienen ni idea de fútbol y buscan certezas en los números.

El prestigio de la precisión

La exactitud siempre ha gozado de buena fama. Cuando yo era pequeño, se decía que los militares se levantaban «a las cinco de la mañana». Nadie sabía para qué (de hecho puntualizábamos: «Al pedo, pero a las cinco de la mañana»), pero el madrugón puntual generaba respeto. Gabriel García Márquez escribió que si alguien dice que ha visto un montón de elefantes volando, en el mejor de los casos provocará indiferencia; pero si dice que vio diecisiete elefantes volando, la precisión de la cifra captará interés y agregará credibilidad al relato. En el fútbol hemos caído en ese tipo de fascinación. Número de saques de esquina, de tiros al arco, de fueras de juego, de faltas cometidas… Todos, detalles interesantes si la mirada crítica del observador sabe ponerlos en contexto. Pero más aún, salen datos comparativos: un jugador corrió 9.326 metros y otro 11.425. Muchas veces sin otra intención que la de hacer alarde de la tecnología punta de la que dispone la cadena de televisión. Pero ese dato, cada día más frecuente, solo indica que uno ha corrido más que otro. Pero ¿corrió bien o mal? ¿Con sentido o sin él? ¿Para ayudar o para molestar? ¿Para encontrarse o para desencontrarse con la pelota? Y, en el caso de que la encontrara, ¿para resolver con acierto o para devolvérsela al rival?... Los kilómetros que un jugador recorre en un partido solo fascinan a aquellos que sustituyeron la palabra «jugar» por la de «correr». Pero, y perdonen ustedes, el fútbol se juega, no se corre. Si uno habla con un amigo sobre un partido que no vio, queda feo preguntar cómo corrieron.

Hay una última estafa a la que los números se prestan. Y es cuando, a partir de datos distintos, se promedian estadísticas claramente engañosas. Por ejemplo, es una verdad estadística indiscutible que entre Pelé y yo hemos marcado más de 1.300 goles. Eso habla muy bien de ambos. Pero si vamos más allá y terminamos descubriendo que Pelé marcó 1.282 goles, los datos ya empiezan a decirnos que uno es un poco mejor que el otro y que la estadística estaba ocultándonoslo.

Los números siempre son útiles, pero hay que ir con mucho cuidado: cuanto más nos empeñemos en medir el fútbol, menos importancia daremos a la belleza, al asombro, a la pasión, a lo que este deporte tiene de emocionante y artístico. Asumámoslo: el juego que amamos no se mide.

El *Homo technologicus* no juega al fútbol. Ningún jugador puede transferir su esfuerzo o corregir sus decisiones consultando a una máquina. Hasta el spray que sirve para mantener a raya las barreras nos parece algo sofisticado teniendo en cuenta la precariedad tecnológica del fútbol. Es maravilloso que, viviendo prácticamente al margen de la revolución informática que marca los designios del mundo en estos días, el fútbol siga ejerciendo un poder de seducción tan fuerte.

La culpa es del guionista, que nunca se agota y tiene siempre un argumento nuevo para emocionarnos, divertirnos, entretenernos, interesarnos, fascinarnos... Incluso en partidos en los que no estamos involucrados emocionalmente, terminan ocurriendo muchas cosas que nos atrapan. Son historias futbolísticas y humanas que tienen un poder hipnótico para los espectadores. En ese contexto, la frialdad de los números es una interferencia entre el hincha y su pasión.

2
Los héroes

Raúl dice adiós

La despedida

Volvía. El Santiago Bernabéu hizo gala de su orgullo y encendió sus luces más brillantes para iluminar la figura de un jugador extraordinario que sentía la camiseta hasta el punto de que reía en los triunfos y lloraba en los fracasos igual que un hincha. Tres años después de su marcha a Alemania, Raúl volvía al Madrid, su casa, y eso son palabras mayores para el recuerdo. Bastó con que asomara por el túnel su adorada estampa de ciudadano normal, para que una multitud recordara cómo es el alma del Real Madrid. Muy pocas veces se da una identificación tan grande entre un jugador y el equipo al que representa, y la afición lo supo desde el primer día en que Raúl pisó el Bernabéu.

El astuto castellano

El hombre de Castilla tiene un carácter seco y sólido. Son legendarios los ciclistas de esas tierras, que devoran kilómetros con gesto impávido. A esa casta heroica pertenece Raúl, que siempre ha jugado al fútbol prefiriendo la eficacia al adorno, pensando en el equipo antes que en sí mismo, corriendo detrás del balón con mucho más sentido del deber que del placer. Un jugador en serio. Esa cabeza privilegiada reunía la personalidad de un líder, la inteligencia de un científico y, a partir de ahí, no basta con un zoológico: la terquedad de una mula, la laboriosidad de una hormiga, la garra de un león, la astucia de un zorro…

Su fisioterapeuta en el Madrid solía decir que Raúl «está hecho con todo lo que sobró en la maternidad el día que nació». ¿Cómo se explica entonces que corriera incansablemente detrás de cuanto se movía? Lo explica su voluntad de hierro, que en cada partido demostraba que el cuerpo es un subordinado capaz de llegar hasta donde la mente le ordena. Algún crítico consideraba que su técnica no lo elevaba a la condición de crack. Se equivocaba. Con la pelota en los pies, Raúl era preciso como un reloj y concreto como el hormigón. Su inteligencia práctica tenía el don de la simplicidad, de modo que siempre sabía encontrar el camino más corto entre el lugar donde recibía la pelota y el gol. Nunca he oído hablar de su capacidad de síntesis y, sin embargo, fue uno de los dones que lo definió. No importaba la complejidad que traía la jugada, le bastaba un toque para simplificarla. Tácticamente era un sabio. En el campo, siempre se las arreglaba para que sus movimientos instintivos fueran más eficaces que cualquiera que hubiese propuesto el entrenador a lo largo de la semana. Desde el terreno de juego lo controlaba todo. Todo. Queda por analizar la parte psíquica. Muy fácil: era un portento. Usaba la fortaleza y la confianza en sí mismo, que le sobraba, para arrastrar al equipo ejerciendo el liderazgo con la autoridad de un general con malas pulgas y una competitividad contagiosa.

Aquí estoy yo

Lo dicho confirma una evidencia: Raúl era, sobre todo, un crack mental. Porque aprendía algo en cada partido, porque tenía la astucia de un sobreviviente, porque no se asustaba ante nada. Cuando comenzó a entrenar con el primer equipo del Real Madrid, entendió que los primeros días marcan la pauta y no perdió la oportunidad de demostrar quién era y qué propósito lo animaba. Aún no había cumplido los diecisiete. En un entrenamiento recibió una pelota y se enfrentó con su descaro habitual a un jugador que ya era una figura consagrada del club y al que le perdonaré el nombre, pues la violencia que este empleó fue tan desproporcionada que no le honra. La patada que le pegó al niño, de tan descabellada, pareció estúpida. Debo decir que me asusté. Pero Raúl se levantó aún más rápido de lo que se había caído. Tomó la pelota para sacar la falta, tocó en corto, pidió la devolución y se encaró otra vez con el agresor con la liviandad de una lagartija para darle una segunda oportunidad. Los mensajes implícitos en aquel episodio eran clarísimos. Primero: este es todo el miedo que te tengo. Segundo: yo he venido aquí para quedarme. Ese día supe que estábamos ante algo especial.

El inicio y el fin de la leyenda

Poco tiempo después se convirtió en el debutante más joven de la historia del Real Madrid. El día anterior a su primer partido lo aparté del grupo para anunciarle que sería titular. Han pasado muchos años desde aquel episodio y seguramente no lo recordaré con las palabras exactas, pero la conversación tuvo más o menos este tono: «Ahora voy a dar la alineación de mañana y tú serás titular, así que prepárate y no te asustes», le dije. La respuesta fue tan provocadora que me pareció insolente: «¿Asustarme? Es muy sencillo: si quiere ganar, me pone, y si no quiere ganar, no me pone». Perdimos y Raúl falló tres ocasiones imperdonables. Cuando volvió a Madrid su representante le preguntó: «¿Qué tal?». Raúl fue otra vez Raúl: «Me he sentido genial, pero este cagón en el próximo partido no me va a poner». No es por presumir, pero ese cagón era yo. Lo cierto es que también en este caso quedó claro que ese era todo el miedo que le tenía al máximo nivel del fútbol profesional.

El carácter, la sangre fría, la pasión, la capacidad de liderazgo, todo se fue consolidando con el tiempo. Pero estos ejemplos dejan muy claro que ya era un hombre cuando estaba en la adolescencia, del mismo modo que fue capitán antes de ponerse la cinta. Eterno capitán, como demostró Casillas aquel día en que Raúl regresó al Bernabéu, cediéndole la cinta en un emocionante gesto repleto de simbolismo. El siguiente partido tras su debut fue ante el Atlético de Madrid. Jugó y dio una exhibición: le hicieron su primer penalti, dio su primera asistencia y, finalmente, marcó su primer gol y recibió los primeros aplausos. En los quince años siguientes batió todos los récords goleadores y en el vestuario alcanzó un poder a la altura de su carácter. Decir «Raúl» llegó a ser otra forma de decir «Real Madrid». Su último partido también fue en Zaragoza y en esta ocasión también estuve en el lugar de los hechos como ejecutivo del club. Mediada la segunda parte, el equipo no podía deshacer el empate y Raúl pidió el cambio con una lesión de cierta gravedad en la rodilla. Pero el destino no suele permitir que los jugadores que marcan época se vayan de cualquier forma. Mientras se preparaba la sustitución Raúl acudió, herido, a una última jugada de ataque y llegó con la puntualidad y la rabia de siempre a un rebote corto que concedió el portero. El telón del Madrid se bajó cuando aquella pelota entró en el arco impulsada por Raúl. El gol se pareció tanto a su historia que lo gritó con toda su alma. Yo también.

Raúl es...

Siempre quiso al Real Madrid, pero quiere mucho más al fútbol. Lo quiere con pasión y, quizá por eso, conoce tan a fondo sus secretos. La pasión es una gran detectora de oportunidades y Raúl ha sido una prueba viviente de eso. Se fue alejando del fútbol gastando el último entusiasmo que le quedaba primero en la exigente Bundesliga, después en el modesto fútbol de Qatar y finalmente en el prometedor fútbol de Estados Unidos. Una manera inteligente de ir aterrizando en el mundo de la gente corriente, donde terminamos todos cuando dejamos de ejercer la profesión más hermosa del mundo. Lo que Raúl empezó con inteligencia lo terminó asimismo con inteligencia. Es imposible no sentir nostalgia, porque representa un fútbol que se nos escapa. Jugaba con un orgullo de clase que contrasta con los futbolistas de diseño de estos días. No tenía nada que ver con esos jugadores fabricados en serie en modernas escuelas futbolísticas. Llevaba con orgullo ser un hijo futbolístico de la calle; haber sorteado con dignidad las dificultades que llevan al profesionalismo; ser un producto, en parecida medida, del talento y la voluntad. No creía en lo fácil y despreciaba a aquellos jugadores que no tenían su mismo grado de profesionalidad. En esas ocasiones, su mirada acusadora de águila era célebre. Le sobraba inteligencia y nunca necesitó de un entrenador que pensara por él. Le sobraba carácter y era capaz de arrastrar hacia la rebelión a todo el equipo en los momentos difíciles. Le sobraba ambición y siempre pensó más en los títulos que en los goles. Le sobraba astucia y siempre se las ingeniaba para anticiparse, para adivinar, para engañar.

Raúl es una camiseta empapada de sudor pues su espíritu gregario no respetaba ni las leyes del sentido común. Lo vi, más de una vez, después de partidos de una exigencia terrible, tirado en una camilla y temblando como una hoja porque su tremenda voluntad había desatendido las señales de alarma de su físico y había corrido hasta superar los límites de la prudencia. Raúl es una pelota sacudiendo la red porque, a lo largo de dieciséis años, buscó el gol como un hambriento y lo encontró en 323 ocasiones, más que nadie en la historia del club hasta la llegada de Cristiano. Raúl es una Copa alzada al cielo porque su espíritu es el de un ganador que festejó dieciséis títulos en dieciséis años (entre ellos, seis Ligas y tres Champions). Raúl es, también, una mano tendida hacia un adversario porque, como buen símbolo, llevó la letra del himno del Real Madrid («cuando pierde, da la mano») al terreno de los hechos.

Ahí estaba la figura de Raúl imantando todas las miradas, arrancando todos los aplausos y siendo respetado como el mismo escudo del club. Y ahí estaban los suyos, una multitud de madridistas emocionados, hinchados de orgullo, sin saber muy bien si reír o llorar de agradecimiento por el regreso del mito. En el Santiago Bernabéu solo se dio cita la emoción y algunos de sus aliados más puros: el sentimiento, la magia, la nostalgia... Durante casi dos horas, Raúl, el ídolo que mejor encarnaba el estilo, la cultura y la historia del Madrid, fue aclamado por ochenta mil almas agradecidas. Tres años después de su marcha, la afición pudo darle lo que se merecía. Entonces sí, el telón pudo bajarse para decirle adiós a esta obra maestra del madridismo.

Siempre Xavi

Así como los problemas futbolísticos no se arreglan con medidas institucionales, las crisis institucionales no tienen por qué debilitar lo futbolístico. Cuando Sandro Rosell dejó la presidencia del Barça pareció que el mundo se acababa. De inmediato descubrimos que era una percepción equivocada. Primero, porque hace tiempo que el líder del Barcelona es el juego. Segundo, porque el equipo contaba con Xavi, defensor a ultranza del estilo, primer responsable del juego coral del equipo y brújula que impedía que el club perdiera el rumbo. Estos fanáticos del estilo dan muy buen resultado cuando la confusión se apodera de un equipo, porque te brindan amparo en plena tormenta.

A contramano de la tendencia

Xavi siempre ha ido a contracorriente de las tendencias. En los tiempos en que los futbolistas viajan en aviones privados y se ponen un diamante en la oreja, él ha seguido siendo un tipo normal, casado con una mujer normal y que hace una vida normal. Tiene los amigos de siempre, a quienes invita a ver sus partidos más importantes en cualquier lugar del mundo, y con los que juega al futbolín con la concentración de un niño. Cuando tiene una tarde libre, va al monte a recoger setas. Para mi gusto, hay más heroicidad en eso que en todos los alardes de nuevo rico (Ferraris, maletas Vuitton, trajes de Dolce & Gabanna) de los que son víctimas tantos futbolistas. Cuando emprendió viaje a Qatar, lo hizo acompañado de su mujer, sus padres, sus hermanos, las parejas y los hijos de estos... En esa pasión humana consiste su lujo.

Como se trata de un hombre inteligente, sus bromas de vestuario no consisten en tirarle a un compañero agua fría en invierno o ponerle un petardo en un zapato mientras está entrenando. Xavi es más sutil y sus gracias tienen cierto refinamiento psicológico. Como muestra, sirva este botón. Un compañero que tenía un desmedido afán consumista aparecía cada día con un coche, un reloj o un disfraz nuevo de última moda. Hasta que Xavi se presentó en el vestuario con un buen número de catálogos de avión que dejó a su lado mientras se cambiaba para entrenar. Algún cómplice le preguntó de qué se trataba y él comentó, como distraído, que eran aviones y que estaba interesado en comprar uno. El *fashion victim* se acercó más rápido que los aviones del catálogo. Durante varios días, Xavi fue llevando fotos de nuevos modelos que entusiasmaban a su compañero, al que le aseguraba que si compraban dos les harían un buen precio. Si se lo hubiera propuesto le hubiera vendido un Jumbo. Para regocijo de todo el vestuario.

Pero lo que de verdad resulta relevante de Xavi es que cuando el fútbol empezó a creer que lo moderno era ser fuerte y correr rápido, él empezó a presumir de frágil y lento. En sus declaraciones a los medios, siempre dice con orgullo que si fuera por el físico, él no hubiera llegado a ninguna parte. El talento tiene la capacidad de transformar un problema natural en una virtud que te diferencia de los demás. Ahí donde Xavi no pudo llegar con el cuerpo, lo compensó con la mente y utilizando un balón como herramienta. En otros ámbitos, a eso lo llaman evolución de la especie.

Xavi como problema

Ahora es fácil hablar bien de su talento porque su influencia ayudó a crear el mejor Barça y la mejor Selección Española de todos los tiempos. Pero no me olvido de que en sus comienzos, cuando en el poscruyffismo el estilo del Barça era titubeante, bastaba un mal partido o un mal resultado para que un sector del periodismo hiciera responsable a Xavi de la hecatombe. Él sintetizaba todos los problemas aparentes del Barça. Era un personaje hímnico para lo malo. En esos tiempos, Xavi no hacía nada que no haría después: tocar más de cien balones por partido para jugarlos casi todos con inteligencia, precisión y la velocidad que pedía el encuentro. A veces hacia los costados, otras veces hacia atrás y cuando el rival se descuidaba, en profundidad. En aquella época de incertidumbre leí artículos tremendos de grandes expertos que lo definían como «el cáncer del Barça». Como si el control y el pase provocaran una metástasis de terribles consecuencias: «Juego retórico, intrascendente, antiguo…». Pero, con el tiempo, Xavi terminó jugando más de setecientos partidos y se fue del club consagrado como el jugador que más títulos había ganado hasta ese momento en la historia del Barça: ¡26! Una prueba más de que el cáncer se cura.

Lo del cáncer fue un mal símil porque Xavi siempre ha sido como la salud: cuando faltaba, se lo echaba de menos. No se trata de uno de esos jugadores mágicos que, por habilidad o fantasía, hacen un prodigio que en tres segundos decide un partido. El imperio de Xavi dura noventa minutos. Con la insistencia del agua contra la piedra, va desgastando a los rivales haciéndoles correr de un lado a otro y quitándoles el objeto del disfrute, aquel por el que decidieron ser futbolistas: el balón. A muchos de esos rivales, cuando llevan una hora persiguiendo la pelota, se les pone una cara que parece reflejar un arrepentimiento: el de ser futbolistas. A esas alturas, a Xavi solo le falta ponerse el balón debajo del brazo y llevárselo a su casa, como hizo en su último partido. Es suyo.

El dueño del juego

Si para entender el fútbol hiciera falta un plano habría que pedírselo a Xavi. Si su fútbol hablara, el vocabulario tendría dos palabras:

«toma» y «dame». Ha sido el mejor amigo de la pelota, pero no por un virtuosismo modelo Ronaldinho, sino por su capacidad para usarla en su tarea de explorador de todo el campo. Jugador con espíritu de colaboración que lo convertía en «socio de todos». Casi todo lo hace a uno o dos toques. Muchas veces en corto, atrayendo a rivales por el poder hipnótico de la pelota y, una vez reunidos los suficientes, llega el toque largo a zonas despejadas que los contrarios tienen que ir a cubrir precipitadamente. Y detrás de la pelota sale él, incansable (de media, corre más de once kilómetros por partido), a prestar auxilio en el nuevo lugar de los hechos. Nunca nadie, en un campo, ha usado la pelota como medio de comunicación con la eficacia e inteligencia de Xavi. Si hablo en presente es porque, a pesar de haberse alejado del máximo nivel al irse a Qatar, los jugadores de su inteligencia juegan igual de bien siempre. Hasta en sueños.

Lo admiré desde la primera vez que lo vi porque su estilo es coherente con el tipo de juego que siempre he defendido. Pero como se trataba de un rival del Real Madrid, me desesperaba que nunca se le marcara con el rigor que merecía. ¡Era el mejor y lo dejaban solo! Luego entendí que es imposible desactivarlo. Cuando el defensor intenta acosarle, la pelota ya no está. Los clásicos siempre han dicho que el fútbol empieza en la cabeza y luego baja a los pies. Eso en Xavi es una cuestión de supervivencia. Como es lento, no puede perder ni un segundo en pensar con la pelota en los pies, de manera que toma las decisiones antes de recibirla. Después de las piernas, lo que más trabaja es su cuello. Siempre en movimiento, para ayudar a que los ojos investiguen lo que hay a sus costados o a su espalda. Un partido de Xavi debe de equivaler a una jornada de trabajos forzados (por lo que corre) y a un día de cátedra (por lo que piensa). Una vez me contó que hay ocasiones en que se siente un intermediario entre el jugador que tiene el balón y le va a dar el pase, y un tercero que lo va a recibir. Pero a su compañero receptor aún le faltan algunos metros para llegar al lugar ideal donde hacer la entrega. De modo que tiene ganas de gritarle a quien va a darle el pase: «¡Aún no, aún no!». Es cuestión de segundos, pero me pareció que aquello era un homenaje a la pausa dentro de un fútbol cada día más histérico por exceso de velocidad.

Ninguna carrera es un lecho de rosas. Xavi empezó compitiendo por un puesto con Pep Guardiola, otro prodigio de inteligencia con un cuerpo que parecía insuficiente para sobrevivir en el centro del campo de un gran equipo; luego comenzaron las suspicacias, ya comentadas, sobre su manera de entender el juego y a los veinticinco años sufrió una rotura de ligamentos que puso en riesgo su futuro. Nunca he visto nada igual: seis meses después de su grave lesión, volvió mejorado. Abandonó el círculo central que le había legado Guardiola para convertirse en un todocampista que contagia fútbol en cada rincón del campo.

Se fue del Barça como llegó y como jugó, sin ruido. Quitándose importancia. Pasará por Qatar, una estación intermedia antes de volver al mundo de la gente corriente, al que pertenece. Pero no lo olvidaremos, como no se olvidan a los clásicos. Es un jugador que nos sigue diciendo en cada partido que el fútbol moderno no existe. Como decía el periodista Dante Panzeri, solo existen dos categorías: el fútbol bueno y el fútbol malo. Siento contradecirlo, pero Xavi inventó una tercera: la del fútbol maravilloso.

Un héroe apoyado contra la pared

Messi está apoyado contra la pared en el túnel de vestuarios del Camp Nou. La televisión indaga con un primerísimo plano para ver si capta algún secreto, un gesto que delate su estado de ánimo. Pero no, el crack está impasible. A su alrededor, los jugadores de ambos equipos se saludan. Observándolos, se advierte cordialidad, simpatía y, aunque intenten disimularlo delante de la invasiva cámara, nervios. Normal, les espera un partido grande y, al final del túnel, un chorro de luz anuncia al monstruo de cien mil cabezas: la implacable afición. Messi sigue apoyado contra la pared al final de la fila de jugadores y su cara es un enigma que sigue sin desvelar nada. Ni emoción ni nerviosismo ni miedo… Nada. Puede estar imaginando una jugada que solo se encuentra a su alcance o tal vez lamentando que lo hayan despertado de la siesta.

Genio pensando

Como es más fácil acceder a la fama desde la exageración que desde la normalidad, la timidez de Lionel Messi no auguraba nada bueno cuando asomó al fútbol grande. Pero es esa condición de hombre imperturbable lo que lo mantiene a salvo de toda confusión. ¿O será un gran actor capaz de esconder la tormenta desatada en su interior? La afición que espera fuera lo adora o lo odia a él por encima de cualquier otro. Toda su ilusión está puesta en el partido, pero la porción más grande de la expectativa le corresponde a Messi. Exigen (los suyos) o temen (los rivales) que su zurda invente prodigios que resuelvan el partido y haga desaparecer la angustia, la incertidumbre. El hombre que sigue apoyado contra la pared, como aburrido, disimula toda esa demanda. Pero a mí no me engaña: planea algo. Nadie diría que una revolución.

Cuando los genios del fútbol se encuentran en actitud contemplativa es que están pensando en darle la vuelta a cuanto parece en calma. En el caso de Messi, esa pinta de mosquita muerta no es más que su primer amague. Vendrán muchos más a lo largo del partido, porque la materia prima de su fútbol es precisamente el engaño. Engaño y precisión en velocidad, de eso están hechos sus prodigios. Sin adornos. ¿Recuerdan aquel gol de Maradona en el Santiago Bernabéu en el que, con la portería vacía, se dio el lujo de esperar a Juan José para hacerlo pasar de largo y, entonces sí, empujarla dentro? Messi hubiera evitado esa tentación porque su fútbol elige siempre el camino más corto, seguro y pulcro hacia la eficacia. Si pudiera, acortaría la línea recta que lleva al gol. Maradona tenía el vicio del artista, mientras que Messi posee todas las virtudes del buen artesano. Muchas de las cosas que hace sabemos que va a hacerlas y, sin embargo, nos quedamos diciendo:

«¿Cómo lo ha hecho?». Pregunta vana porque los genios no explican. Actúan.

Muchas maneras de ser perfecto

Su fútbol tiene momentos de paz. Puede estar trotando o caminando distraído por cualquier lugar del campo. Si hubiera una pared, se apoyaría contra ella, como esperando. Porque sabe que su fuerza de atracción tiene la capacidad de imantar el cuero, de modo que el balón lo encontrará esté donde esté. Como si también la pelota supiera que él es el personaje central del equipo, del juego, del espectáculo. Así las cosas, recibirá una pelota y la devolverá de primera. Exacta. Recibirá otra y regateará a dos como un relámpago. Pareció fácil, pero lo perfecto nunca lo es. Recibirá otra y el pase será un cuchillo que se abrirá camino en el imprudente hueco de medio metro que han dejado los dos centrales, para buscar a un compañero que puede llamarse Neymar (que llega como una bailarina), Suárez (que llega como un salvaje) o Alba (que llega como una bala).

Otra variante del aparente reposo de Messi tiene que ver con sus dotes de adivino. Parece que está pensando en otra cosa, pero una orden que proviene del impreciso lugar donde habita el instinto lo pone en alerta y él arranca hacia un punto muy concreto con una velocidad desesperada que no admite rectificación. No importa, porque va hacia el lugar exacto donde tiene una cita que solo él conocía. El instinto de un genio está cargado de mucha información recogida en los partidos de barrio, los entrenamientos, las conversaciones, la imaginación y hasta en los sueños. El talento vuelve útil y bella toda esa información que salta como una chispa en el momento justo para asombrarnos a todos, incluso al propio genio que, una vez más, no sabrá explicar lo sucedido. Tendrá que verlo por la televisión, como el resto de la humanidad, para entenderlo. Pero lo habrá hecho. La cita es con una pelota que alguien centró, que Messi empujará con un toque suave y que será gol. Nunca un aparente letargo consiguió tantas cosas ni llegó tan lejos dentro del campo. Se abrazará con todos, se reirá un poco, pagará la eterna deuda que tiene con su abuela e irá a esconderse a un lugar cualquiera del terreno de juego, donde una próxima pelota volverá a encontrarlo. ¿Estará pensando en todas esas cosas la mosquita muerta que está apoyada contra la pared? Quién sabe.

Jugar con las cartas marcadas

Cambiemos de plano por unos minutos para hablar de lo que significa, para un aficionado del Barça, tener a Messi en su equipo. No hace mucho el planeta entero se enteró de que el ligamento interno de la rodilla de un héroe no es irrompible. Es decir, tomó conciencia de la fragilidad del ser humano. Hay que ver cómo contribuye el fútbol a la educación general y a la filosofía popular. El barcelonismo lleva mucho tiempo disfrutando de un genio y eso significa ver los partidos con un impagable punto de distensión. Por muy seria que se ponga la cosa, saben que hay un tipo capaz de hacer incluso lo imposible. Es como llegar a un pueblo del Oeste de la mano de Clint Eastwood: te tiene que ir muy mal para que te maten. Por eso, cuando cayó lesionado la pregunta que nos hicimos fue: ¿qué se pierde cuando se pierde a Messi? Capacidad de intimidación, confianza, fascinación, armonía en el juego, desequilibrio, gol... En el Barça, Messi posee un enigmático imán que atrae miradas, pasiones, esperanzas, miedos y odios. ¿Sabrán los barcelonistas la suerte que tienen?

Ser Messi en Argentina

Porque yo, como madridista, tengo la suerte inversa (ya sé, se llama mala suerte). Y como argentino, no acabo de disfrutarlo del todo. En la misma semana en que protagonizó una nueva actuación magistral en la final de la Supercopa de Europa (incluidos dos goles soberbios) que renovó la admiración del mundo, yo estaba en Argentina y fui testigo de cómo se mantenía el absurdo debate sobre su talento, su personalidad y su compromiso con la Selección. Las redes sociales y los foros hervían de mensajes irónicos que acentuaban su eficacia con el Barça, para marcar el contraste con sus fracasos con la Selección. Hay que señalar que el «fracaso» consiste en haber perdido una final en la Copa del Mundo y otra en la Copa América.

El triunfo en la Supercopa de Europa convirtió a Messi en el jugador argentino que más títulos ha ganado en la historia, pero como de las 26 veces que había levantado una copa, 24 lo hizo con la camiseta del Barça, el orgullo patrio se resiente y hasta se rebela contra semejante honor. Como si el jugador más laureado de la historia del fútbol argentino fuera turco.

En este tipo de polémicas, la emoción siempre puede con la razón. De hecho, no se habla de las cuestiones tácticas y técnicas que ayudan a explicar, en gran medida, la diferencia de rendimiento cuando Messi cambia los colores de sus rayas. Si las rayas de su camiseta son *blaugranas*, Leo disfruta de superpoderes que lo consagran como número uno del mundo. Las rayas celestes y blancas, al parecer, tienen el efecto de la kriptonita y lo vulgarizan. Puestos a decir bobadas, yo también me siento con derecho a decir la mía.

Razones futbolísticas

Probemos a analizar el problema desde lo estrictamente futbolístico. Messi no solo juega en el Barça, sino que es un producto típico de su célebre escuela. Como todos los jugadores que llegaron a la Masía de niños, el mecanismo del juego colectivo que aprendió es singular. Algo que les pertenece y sobre lo que el Barça posee un sentido casi patrimonial. Una doble prueba demuestra los efectos culturales de dicha escuela. Todos los jugadores que salen del Barcelona hacia otros equipos tienen tantos problemas para adaptarse, como los jugadores que llegan al Barcelona desde otra escuela. En ambos casos, se convierten en cuerpos extraños de sus nuevos clubes. Los hábitos de juego condicionan a cualquier futbolista. Ni siquiera los genios están a salvo.

No hay tanta diferencia en suma de talentos entre la Selección Argentina y el Barcelona. Pero hace más de veinte años que el Barça viene trabajando en una misma dirección y a estas alturas lo distinguen su precisión, su ritmo de juego, su respeto a las posiciones, su inteligencia colectiva, su convicción y su deseo de protagonismo… Por saber, hasta saben jugar con un genio, del que abusan en cada partido. Es habitual ver cómo el equipo retuerce la jugada para encontrar a Messi. Esa búsqueda en ocasiones forzada queda ampliamente justificada, ya que él casi siempre mejora la acción. Pero, además, su altísimo número de intervenciones no permite a Messi caer en ningún pozo de desconcentración. Siempre está conectado al partido. En la Selección Argentina lo buscan menos porque no lo tienen como «obligatorio» en todas las jugadas de ataque, porque algunos de sus compañeros trasladan demasiado en zonas donde lo mejor es jugar a uno o dos toques y porque, como lo encuentran tarde, la pelota suele llegarle con dos marcadores incorporados. No quito responsabilidad a Leo, que a estas alturas juega en la selección de su país con menos confianza que en su equipo.

Condenado a ganar

Dicho lo cual, Argentina seguirá desconfiando de su mejor jugador. Basta con dar un paseo por Buenos Aires para oír cosas del tipo: «Es un pecho frío» (la más repetida), «Es un perdedor» (la más absurda), «Al Barça le habrá dado mucho, pero a mí no me dio nada» (como si haber sido subcampeón en las dos últimas grandes citas fuera un asunto personal). Víctima de la comparación con Maradona, jugador de un poder sentimental imbatible, y de estos tiempos exagerados, Messi está condenado a ser un genio sin pausa, a jugar como si el partido entero fuera un resumen televisivo donde cada acción es relevante. Pero sobre todas las cosas, está obligado a ganar, como si a estas alturas no supiéramos que el éxito y el fracaso son (Kipling *dixit*) dos grandes impostores.

El que no imposta nada es el mismo Messi, casi siempre desatado en el campo y contenido en sus gestos y opiniones. Pero en el fútbol argentino, la nobleza en el comportamiento y la excelencia en el juego solo tienen valor si se levanta una Copa. Eso sí, si la Copa la levanta con el Barcelona frente a un equipo argentino (recordemos el Barça 3-River 0 en el Mundial de Clubes de 2015), entonces la acusación muda hacia la traición y hasta podrían escupirle en el aeropuerto. Al perdedor lo acusan también de ganar lo que no debe. Un lío nada fácil de entender para quien no sea argentino.

Un país singular

Me parece increíble que al mejor jugador del mundo le exijan una «excelencia» de la que los periodistas acusadores están a años luz. Es tal la agresividad, que a su rescate han salido grandes personajes como Manu Ginóbili, otra leyenda del deporte argentino al que no le cuesta mucho ponerse en el lugar de Messi para advertirnos de que «terminaremos cansándolo y acabará mandándonos al carajo». O el «Tata» Martino, entrenador de la Selección Argentina, que llegó más lejos con menos palabras: «Si yo estuviera en el lugar de Messi ya habría renunciado a jugar con la Selección».

Se tiene por cierto que el fútbol mundial ha puesto cuatro coronas a lo largo de la historia: a Di Stéfano, Pelé, Cruyff y Maradona (por orden de aparición). De los cuatro, dos no ganaron nunca un Mundial (Di Stéfano y Cruyff) y a nadie se le ocurriría decir que Pelé, que ganó tres, fue tres veces mejor que Maradona, que ganó una. Sin embargo con Messi (que cuenta con estadísticas extraordinarias que refrendan su carrera como para no caer en el territorio de lo opinable), nos empeñamos en negar toda lógica y, para entregarle la quinta corona, le exigimos que levante una Copa del Mundo. Un momento, muchachos: Messi es un genio de los que nacen uno cada veinte años. Tengámosle el respeto y la admiración que se merece porque, a lo peor, no volveremos a ver un crack parecido con la camiseta de la Selección Argentina, ni a alguien que nos haga sentirnos tan orgullosos pisando cualquier campo de Europa.

Bajito pero matón

Pero volvamos a ese tipo apoyado contra la pared del túnel del estadio que mejor conoce y donde más se le admira. Ahí sigue, pensando… Como nació con una ventaja competitiva desproporcionada, ni siquiera repara en el milagro de sus virtudes. De manera que en eso seguro que no piensa. Leo es bajo (no llega al metro setenta) y eso ayuda a la dinámica de su juego. Cada uno de sus cortos pasos son una oportunidad para cambiar de idea, ritmo y dirección. El paso anterior nunca sabe lo que hará el siguiente, porque los genios del fútbol improvisan con los pies a tal velocidad que uno tiene la sensación de que no comparten sus ocurrencias ni con su propio cerebro. En mi pueblo nació Ermindo Onega, un crack argentino de la década de los sesenta. A veces nos visitaba y yo, entre los cinco y los diez años, lo seguía a todas partes mirándole solo las piernas. Era un jugador exquisito y yo pensaba que el secreto de su talento residía ahí. Ya lejos de mi ingenuidad infantil, con Messi me ocurre lo mismo. Son tan rápidas las acciones de prestidigitación que realiza con los pies, que creo que el cerebro (por lejanía) no participa de la decisión.

Es fuerte, pero solo utiliza esa fortaleza para aguantar el choque de los rivales que pretenden desequilibrarlo. Rebotan contra él sin que su loca carrera pierda ni una pizca de coordinación. Le mantiene en pie su musculatura y su contundente estructura ósea, pero también su orgullo de futbolista. Ama tanto la pelota que no la suelta ni aunque lo ametrallen. Esa es la única razón por la que jamás simulará una falta. Prefiere avanzar trastabillando antes quc claudicar, soltarla y dejar a la pobre sin dueño. La potencia le sirve para salir en estampida, pero también para frenar en seco, que es una extravagante manera que tienen los genios de ser veloces. A todo esto, claro, la fiel pelota le obedece como un perro hambriento.

El ave rapaz

Tiene una visión panorámica bifocal y aquí entramos en un terreno milagroso. Resulta ofensivo para aquellos que fuimos futbolistas. Lo cierto es que Messi mira cerca y lejos al mismo tiempo. La cosa es más o menos así: Leo está mirando las piernas del marcador que tiene a medio metro para ver qué mentira puede contarle a fin de eliminarlo, pero de pronto cambia de idea y con unos prismáticos de ave de presa habilita a un compañero que está desmarcándose a cuarenta metros de su posición. ¿Cuándo lo ha visto? ¿Cómo lo ha visto? Dado que yo no soy un genio, no puedo responder más que con generalidades: fue un golpe de vista. El compañero, huelga decirlo, recibirá la pelota al pie y al borde del fuera de juego. Pero habilitado con lo justo. Y, con sorprendente frecuencia, solo tendrá delante al portero contrario, porque el pase ha eliminado a la defensa entera.

Todo esto puede haber pasado junto a la línea de banda, que es un marcador más (como si los rivales le asignaran pocos); o cuando estaba vagando por el medio del campo, lugar donde el criterio tiene más cosas que decir que el instinto; o en la posición de falso 9, donde a pesar de las urgencias jamás se le juntan dos ideas al mismo tiempo. Es más, cuando avista el arco parece serenarse, como si viera a un amigo de toda la vida con quien le ilusiona reencontrarse. En esas circunstancias, sus controles tienen dos cometidos: acomodar la pelota y acomodar el cuerpo. Y entonces sí, llega el momento del tiro. Si es con la zurda puede ser despacio (como un pase) o fuerte (como un latigazo), pero las dos variantes tendrán algo en común: antes de entrar hay muchas posibilidades de que la pelota pegue contra un palo. O que lo roce. O que pase a centímetros, cosa que, a estas alturas, me desilusiona. Otra posibilidad es que la pelota le saque la lengua al portero, cuando está pasando por encima de su cuerpo vencido. Con la derecha es menos sofisticado, pero no solo no es manco (de pie, claro) como tantos zurdos, sino que en esas circunstancias es bastante mejor que la mayoría de los diestros.

Una felicidad redonda como un balón

Hay cuestiones secundarias que, en el fútbol actual, cuentan demasiado: gestos sobreactuados, peinados como esculturas, botas de fútbol con brillos de cabaret... No hace mucho un entrenador amenazó a sus jugadores de esta contundente manera: «O ganáis, o quito el espejo del vestuario». Por fortuna, la plantilla reaccionó. ¿Qué hubieran hecho sin un espejo para tallar esas barbas cubistas o para contener el pelo con esas coquetas cintitas de colores? Messi da la impresión de estar al margen de eso. Los tatuajes parecen más un deseo de sentirse acompañado en su aventura planetaria por sus hijos, por dios o por cualquier fetiche que lo haga sentir mejor, que un signo de coquetería.

Vive para el fútbol, es feliz con una pelota en los pies y su cara anodina empieza a resultarnos fascinante por la sencilla razón de que el arte redime. Quizá necesite el espejo para fortalecer su vanidad: «Espejito, espejito, ¿quién es el mejor?». Aunque su talento no parece necesitar refuerzos de ese tipo. De ningún tipo. Porque su personalidad se ha ido asentando con el tiempo. Se ha ido socializando dentro y fuera del campo, en ambos casos mostrando mayor capacidad de comunicación. Pero ahora está en su mundo. Háganme caso, tengan cuidado con ese tipo que está apoyado contra la pared, como esperando para salir al recreo o, mejor, para hacer un trámite, puesto que está serio. Lleva varios días así, planeando el modo de enloquecer al planeta. Todos, excepto los rivales, querrán que la pelota llegue a los pies de Messi. La pelota querrá lo mismo. Segundos después, se oirá un atónito coro desperdigado por el mundo, que no discriminará entre lujosos hoteles o bares inmundos. Después del grito, en todos los idiomas dirán lo mismo: «¿Cómo lo ha hecho?».

El elegido (por él mismo)

Es imposible analizar el equipo del Real Madrid de las últimas temporadas sin considerar la influencia devastadora de Cristiano Ronaldo. La nómina de jugadores es deslumbrante porque en cada puesto hay dos talentos de gran nivel. De modo que tenemos dos verdades indiscutibles: un gran equipo y a Cristiano. Creo que, si hablamos del Real Madrid, todos pensamos en nuestro equipo ideal. Pero si simplificamos al máximo el debate, me animaría a decir que, en un buen tramo de la historia reciente, el Real Madrid «A» era cualquiera en el que jugaba Cristiano y el Real Madrid «B» cualquiera en el que no jugaba. Los jugadores que ocupaban los distintos puestos podían ser intercambiables, pero la influencia de Cristiano en el marcador de los partidos era tan grande que no tenía sustituto posible. Durante mucho tiempo hablar del Real Madrid sin hablar de Cristiano Ronaldo era como hablar de la industria automotora sin mencionar la importancia de la rueda.

Grande, planetario, seductor...

Estoy en la cafetería de un hotel de cinco estrellas y, al fondo, el presidente del Real Madrid departe con unos amigos, cuando entra una familia de visita en la ciudad. Voy a ser testigo de un hecho curioso. Los padres, al reparar en la presencia de Florentino Pérez, le transmiten la noticia a su hijo varón, de unos siete años, con todo el énfasis posible: «¡Ese es el presidente del Real Madrid!». El chico, fascinado por cuanto tiene que ver con el club de sus amores, le pide una foto. Florentino accede con amabilidad. Terminada la sesión fotográfica, la familia se sienta a una mesa, donde prolongan su entusiasmo. La madre insiste: «Qué suerte hemos tenido, nada menos que el presidente». Pero el hijo pone las cosas en su sitio con una pregunta llena de inocencia: «¿El presidente es el que lleva a Ronaldo en el autobús?». Cuando la madre, algo avergonzada, contesta que no, el niño ya ha perdido todo interés. No me extraña. En el Real Madrid, al lado de Cristiano Ronaldo, hasta el presidente es un actor secundario.

Voy caminando por mi ciudad de origen, en Argentina, y un chico de unos doce años que habrá oído hablar un poco de mí se me acerca en bicicleta y me pregunta si soy futbolista. Le contesto que lo fui y, para resaltar mi figura, saco la carta que creo definitiva: «Jugué con Maradona». Pero el pibe no parece impresionado por el pasado y me da una muestra implacable de la globalización: «¿Y lo conocés, a Cristiano Ronaldo?». La fuerza del presente, la desaparición psicológica de las fronteras, la universalidad de los ídolos. Todo nos remite a la figura descomunal de Ronaldo.

Ronaldo solo llevaba un par de meses en el Real Madrid cuando una hermosa mujer de unos treinta años me hizo entender lo que provoca un héroe con la proyección mediática de Cristiano. Se empeñó en conocerlo personalmente, de modo que después de un partido, la acompañé a las inmediaciones del vestuario para que viera a su ídolo. Más por afán de provocar que por otra cosa, le dije que Kaká era más atractivo, pero ella puso las cosas en su sitio: «Kaká serviría como marido», dijo con expresión aburrida. Y sonriendo, añadió: «Pero Cristiano es otra cosa». Niños, mujeres, hinchas de todo calibre… No hay nadie que no admire al gran crack del madridismo. Se lo ha ganado, también porque sabe separar muy bien sus deberes de las confusiones que genera el fútbol en estos momentos. De proponérselo sería un seductor en serie. A un tipo al que el fútbol le ha puesto en las manos todas las tentaciones imaginables y las rechaza por sentirse jugador, solo puede aplaudírsele. Incluso antes de empezar el partido.

Un propósito: La perfección

Cristiano representa un fútbol modelo siglo XXI. El superhéroe con condiciones futbolísticas que parecen creadas en un laboratorio. Lo esperábamos. Desde su aspecto de androide, pasando por una gesticulación más mecánica que artística, hasta llegar a esa zancada, ese salto y ese tiro de potencia sobrenatural. Todo en Ronaldo nos remite al futuro.

Primero tomó la decisión de ser el mejor y luego se puso a esa incansable tarea. La construcción de ese cuerpo impresionante oculta una ambición de conquistador, una perseverancia de monje y una vanidad de artista. En la historia del Real Madrid, solo se le interpone Alfredo Di Stéfano y la leyenda de Raúl. En el fútbol mundial de su época, solo interfiere Leo Messi. Pero conviene ser precavido antes de colocarle, a un tipo de voluntad de hierro como Ronaldo, el cartel de número «2», porque no se resigna ni ante la predestinación.

La superioridad de Ronaldo empieza siendo física. Su apariencia de gladiador es intimidante, al punto de que basta verlo salir por el túnel para que el Santiago Bernabéu nos parezca un circo romano. Si a Messi se le entrevé la calle, a Cristiano se le adivina el gimnasio.

He conocido a jugadores que quisieron solucionar problemas futbolísticos levantando pesas y, en su afán por ser más fuertes, terminaron perdiendo velocidad y agilidad, virtudes que manejadas con astucia son primordiales para desequilibrar. Cristiano utiliza el gimnasio para tensar el arco del que saldrán todas las flechas hacia la portería. Si corre, se quedan todos atrás; si frena, pasan todos de largo; si salta, es igual de inalcanzable, solo que en vertical. Y si a todo eso le sumamos una pelota, la superioridad ya resulta abusiva. El mejor Ronaldo es un delantero de todo el campo que provoca sensación de peligro aún entrando en contacto con el balón en su propia área.

Incansable en su obsesión por la perfección, tras cada entrenamiento solo le faltaría tener relaciones carnales con la pelota. Es la única manera de explicar que su técnica una la potencia y la velocidad, sin poner en peligro la precisión. Controla la pelota como si estuviera imantada; tiene un tiro de trayectoria incierta que todavía no ha sido descifrado ni por el balón; regatea por velocidad y, si no basta, también por habilidad; cabecea como si en lugar de frente tuviera un martillo; y le divierte dar un pase de tacón, de hombro o de pecho porque, en todo grande, suele habitar un exhibicionista. Como al goleador se le perdona el egoísmo, al crack hay que aceptarle una buena dosis de vanidad. Nada grave en Cristiano, porque su búsqueda de la perfección también atañe a la actitud y con el tiempo ha logrado controlar ciertos excesos.

Exuberancia física

Durante algún tiempo, su afán por finalizar de manera individual las jugadas lo llevaba a forzarlas, olvidándose de los compañeros. Solo pasaba la pelota si no había más remedio, como si se tratara de una rendición. Aunque nunca será un estratega, ya no comete esos errores. Curiosamente, eso no le ha impedido seguir teniendo una espectacular eficacia goleadora: ¡por encima de un gol por partido desde que llegó al Real Madrid! Lo nunca visto. Esa transformación le ha permitido conectar con la afición como jamás antes. De modo que el Bernabéu terminó entregándose a Cristiano como el niño del comienzo de este artículo. La exuberancia física de Cristiano provoca dos fenómenos poco comunes: cuando entra en contacto con la pelota el campo parece pequeño y, a medida que transcurre el partido, los noventa minutos parecen pocos. Para demostrar la primera percepción acompañémosle en un contragolpe. El rival tira un córner que es rechazado por un defensa, y la pelota le llega a Ronaldo al borde del área grande. De su propia área grande. La sensación parece desproporcionada, pero ya hay peligro de gol. La distancia más corta entre dos puntos dentro de un campo es aquella entre la que está Cristiano y la portería contraria. Empieza la jugada, la prosigue y la termina en pocos segundos y sin mucha compañía. Son ochenta metros de carrera incontenible y aquello que percibimos que podía ser gol, efectivamente, se convierte en gol. Estoy activando el recuerdo, no la imaginación. Demostrada su singular relación con el espacio, analicemos ahora su ventajosa conexión con el tiempo. Dijo Juanito en una gloriosa ocasión y con un italiano aproximado que «noventa *minutis* en el Bernabéu son *molto longos*». Y si juega Ronaldo más *longos* aún porque, cuando el cansancio empieza a pesar en las piernas de los defensores, él se muestra fresco como una lechuga y les pasa por encima a todos. La prueba: la cantidad desproporcionada de goles que marca en los últimos minutos.

Un «arrogante» ejemplar

Estamos ante un jugador con tal voracidad goleadora que, en ocasiones, acentúa su propia obsesión poniendo en olvido al equipo. Quiere el gol a toda costa y, si no llega, solo le falta patalear. Su política de gestos tampoco conviene a su imagen. Hasta ahí, de acuerdo. Pero creo que cierta parte del periodismo, que confunde lo secundario con lo esencial, se equivoca al retratarlo como un jugador «arrogante». Les parece legítimo que decenas de miles de aficionados le insulten, pero imperdonable que él haga un gesto del tipo «Aquí estoy yo» cuando marca un gol. «Es un mal ejemplo para los niños», dicen. Si cualquiera de esos exigentes moralistas pensara con un poco de perspectiva, en lugar de centrarse en esa bobada debería agrandar el angular para analizar la vida entera de Cristiano. Descubrirían que cientos de lecciones profesionales servirían de «ejemplo para los niños» y para ellos mismos en el desarrollo de su trabajo periodístico. Porque lo invisible de Cristiano es lo que más merece verse. Se trata de un profesional mayúsculo cuando entrena como un marine, cuando come equilibrando hidratos con proteínas como si de ello dependiera el resultado del próximo partido, cuando duerme sin permitirse siquiera soñar con una discoteca.

¿Que es egoísta? No conozco a ningún goleador que no lo sea. ¿Que es vanidoso? Como todos los que desafían a un público. ¿Que es desafiante? Siempre en defensa propia, porque es atacado de un modo ruin. ¿Que es ambicioso? Por supuesto, pero desde una profesionalidad que, como quedó dicho, solo se conforma con la perfección.

Tenemos dos posibilidades: analizar a Cristiano desde lo aparente o hacerlo desde lo sustancial. Lo aparente es el peinado, la exhibición de músculo, alguna declaración poco protocolaria, el Ferrari, las novias y todas las exhibiciones que nos llevan a percibirlo como un hombre de éxito químicamente puro. Lo sustancial es que duerme como un niño, que come como un bailarín y que entrena como un campeón... Quienes se quedan con lo aparente encontrarán motivos para odiarle; quienes miran lo sustancial no pueden más que admirarlo. Porque aquí llegamos a un punto crítico del análisis: Cristiano no nació crack, se hizo crack. Es fruto del sacrificio, porque de lo contrario no hubiera abandonado a su familia a los trece años ni su país a los diecisiete en pos de un sueño. Es fruto del esfuerzo y para constatarlo basta con mirar el cuerpo que ha creado aquel adolescente esmirriado. Es hijo de la ambición bien entendida, enfocada hacia la excelencia, la mejora continua, la persecución del gran reto. Solo se equivoca cuando se desestabiliza ante el gol que no llega, como si su proyecto fuera más personal que colectivo.

No se alcanza ese nivel sin partir de una ventaja natural, pero Cristiano es la demostración de que el talento es únicamente un buen punto de partida. El extraordinario recorrido hecho entre sus condiciones de cuna y la versión desatada que hemos visto durante tantos años se llama mérito. Y aún no ha acabado. Porque cada día que pasa, Ronaldo es mejor. Cuando le renuevan el contrato y cuando no se lo renuevan; cuando gana el Balón de Oro y cuando lo pierde; cuando lo elogian y cuando lo atacan; cuando el equipo gana y cuando pierde... Pase lo que pase, su respuesta es la profesionalidad y su refugio, la superación.

Dormido o despierto, siempre grande

Hoy, Cristiano ya no es un cuerpo extraño, sino una parte del todo. Para ser justos: es el mejor de todos. Aquel individualismo también se traducía en gestos duros, a veces desafiantes, que lo alejaban del público. Pero el hombre que decidió aprender todos los días algo nuevo, terminó logrando una conexión emocional con la hinchada que le ha permitido redoblar su poder de intimidación.

Por mucho que sus críticos pretendan poner el foco sobre sus aparentes defectos, deberían rendirse ante el tamaño del ejemplo. En los programas deportivos que se emiten en España a última hora de la noche, suele ocurrir que algún periodista desmerezca a Cristiano por un gesto, una declaración, una actitud... Muy probablemente Ronaldo no esté viéndole. A esa hora estará durmiendo porque no le basta el día para seguir progresando en lo físico, lo técnico y lo moral. Aunque parezca mentira, la mayor virtud de este héroe planetario sigue siendo invisible. O porque sus detractores no saben mirar, o porque sus admiradores están distraídos vitoreando uno de sus goles.

Córner a favor del Madrid

Florentino

Ahí estaba Florentino Pérez, frío como un pez, poderoso como un magnate, inteligente como un científico, pero desvalido como un hincha. Porque el partido que prometía «la Décima» había agotado su tiempo: ya había pasado más de la mitad del generoso descuento y, si nadie lo remediaba, el Atlético se haría con la Champions. Parecía una maldición bíblica: la gloria de la Décima estaba arrebatándosela el vecino pobre. La cadena de consecuencias sería terrible, y no solo porque podía costarle la cabeza a Ancelotti, sino porque una derrota de ese calibre dura toda la vida. En el campo, el Madrid llevaba tiempo acosando el castillo por todos los flancos, pero no había manera de conquistarlo. Siempre se interponía una pierna, o se fallaba el último pase, o el intento chocaba contra

Courtois. De repente, un córner. Quizá la última oportunidad para hacer de esta desgraciada vida una fiesta inigualable. Florentino mira con los ojos fuera de las órbitas, seguramente aferrándose a un ruego: «Vamos, vamos, vamos…».

Simeone

Ahí abajo, Simeone caminaba de aquí para allá en su zona técnica, como un león enjaulado. No entendía el porqué de esos cinco minutos de descuento. En el minuto 90 había creído estar a punto de coronar el Everest, pero el árbitro había decidido alargar cien metros el ascenso y las fuerzas ya no alcanzaban. Habría matado al árbitro si hubiera tenido tiempo, pero cada segundo de los que quedaban requería su intervención: incitando a la gente de las tribunas para que animaran al equipo, instruyendo a sus jugadores para que no perdieran el orden, alentando a todos para que se dejaran el último aliento en la defensa de ese gol tan valioso, tan glorioso… ¡Qué Décima ni Décima! La gloria Atlética necesita «la Primera». Pero a esas alturas el equipo ya tenía varias vías de agua. El Madrid se venía encima con toda la fe de su historia. Y esa es mucha fe. El Atlético se defendía como gato panza arriba, haciendo honor a su fama de sufridor. De repente, córner a favor del Madrid. A Simeone hasta le parece un buen negocio, porque el Atlético posee una gran autoridad en el juego aéreo y allí se irán algunos segundos preciosos. Aún le quedan fuerzas para decirse: «Vamos, vamos, vamos…».

Iker

En la portería contraria, Casillas rumiaba su error por el gol que había regalado en la primera parte y que estaba costando nada menos que la Champions. Se sentía culpable y, salvo que mediara un milagro, el mundo se le vendría abajo antes de tres minutos. Se imaginaba las críticas feroces del día siguiente, los insultos en los bares madridistas, la derrota en su duelo profesional con esos enemigos que habían surgido de no se sabe dónde. Bueno, sí que se sabe, pero no es momento para recordarlo. Lo cierto es que ese hombre al que hemos visto hacer milagros en tantos partidos y levantar Copas de Europa y del Mundo, ahora sería declarado culpable por veredicto popular. Siempre se le ha considerado un tipo de suerte, pero ese partido parecía desmentir la leyenda porque el tiempo estaba acabándose para todo, excepto para su pesadilla. Que a nadie se le ocurriera hablarle de su buena suerte en ese momento. Un hombre con suerte jamás se sentiría tan desgraciado. La imaginación le traía una y otra vez aquella jugada terrible en la que había medido mal la salida y facilitado el gol del Atlético. Pero de repente, un córner, quizá el último. Casillas clava la mirada y aprieta los puños, como desafiando su desgracia: «Vamos, vamos, vamos...».

Yo

A 10.000 kilómetros del lugar de los hechos, el partido asoma por una televisión y genera sufrimientos igual de vívidos que en Lisboa. Es fácil suponer que algo parecido está pasando en cualquier lugar del mundo. Estoy en el *lobby* de un hotel en Miami rodeado de gente que sufre por los dos equipos. Me fijo en alguien que sufre como yo, solo que por razones opuestas. Es mi enemigo más cercano. Atlético versus Real Madrid en la distancia. Mi reloj va rapidísimo y el suyo avanza a cámara lenta. Mueve la boca, pero no habla. Juraría que reza. Está muy concentrado. Apenas se mueve, convencido de que un solo movimiento brusco puede modificar fatalmente las cosas en Lisboa. ¿Quién dijo que las supersticiones tenían fronteras?... De repente, el córner. Mira otra vez el reloj, aún quedan dos minutos para la felicidad total. Se le hace un mundo. Así que vuelve a rogar: «Vamos, vamos, vamos...». ¡Lo mismo que yo!: «Vamos, vamos, vamos...».

Ramos

En ese instante, Ramos va hacia el área. Él no será uno más entre los millones que estamos conectados al partido. En una final siempre hay varios aspirantes a héroes, pero este tiene más fe que ningún otro. El Madrid cree más en los jugadores que en el juego. Así como el madridismo se encomendó en otros tramos de su historia a Pirri, Stielike o Raúl, el guerrero de estos tiempos se llama Ramos. No es una cuestión menor. «La Laureada» (la insignia más valiosa del club) ha sido más veces concedida a jugadores que daban patadas que a jugadores que las recibían. Otra prueba de que el Madrid siempre ha amado la entrega de sus grandes jugadores. Y la fe es el primer rasgo que define al héroe. A Sergio lo ayuda su imponente presencia de titán de cómic. Hace un rato que está buscándole la punta de la madeja al gol que el Madrid necesita y no encuentra. Ha tirado varios centros que, como es lógico, no han encontrado su cabeza. Ahora será él quien intente cabecear. Se ha olvidado totalmente de su condición de defensa porque el partido, a esas alturas, pide imprudencia. Y ahí va a cabecear, erguido como la estatua que merecerá dentro de algunos segundos. Es tan fuerte físicamente que en el minuto 93 no acusa síntomas de cansancio, y está tan seguro de ser un predestinado que tiene pocas dudas de que esa pelota lo buscará a él. Silencio, que ahí viene... «Vamos, vamos, vamos...»

¡Ahí viene!

El balón se abre mucho, como alejándose de la portería, y cuantos rodean a Ramos le regalan medio metro fatal. Nadie sabrá explicar cómo encontró ese lugar, cómo aprovechó ese segundo. Es la cadena de casualidades que antecede a un accidente. Si lo viéramos a cámara superlenta, parecería una perfecta coreografía de un ballet caótico que, sin embargo, ha sido ensayada mil veces para que en el aire aparezca su primer bailarín a encontrarse con la gloria. Ya no lo agarran ni lo empujan. Ahí está, solo para el titán, medio metro de libertad o, si lo prefieren, una oportunidad de pocas décimas de segundo. No la desaprovechará. Salta y en el aire arma el cuerpo como una ballesta, gatilla con la cabeza y la pelota sale como un proyectil hacia el palo más lejano de Courtois... Antes de aterrizar, Ramos ya se sabe Dios. Hacedor de millones de catástrofes emocionales, unas para bien y otras para mal, al hombre más feliz del mundo no le cabe la palabra «gol» en la boca. Se trata de un gol demasiado grande.

¡Entró!

Cuando esa pelota entró, Florentino Pérez se convirtió en otra persona. La inteligencia quedó hecha trizas por la emoción y el hombre frío se puso a saltar como un loco. Se había salvado su proyecto, que unos segundos antes estaba destruido y que, de pronto, le parece eterno. En ese mismo instante, Simeone se dio cuenta de que Sergio Ramos le había robado la gloria que merecía y que creía tener en las manos. En una reacción muy humana, buscó a un culpable: el árbitro, el tipo que le había regalado al Madrid los segundos que al Atlético le habían sobrado. El aficionado del Atlético que estaba viendo el partido a mi lado a 10.000 kilómetros de su fatalidad ya no está quieto, ya no reza, ya no sufre... Perplejo, solo tiene ganas de llorar porque estaba ahí, ahí, ahí... Maldice al fútbol que tanto ama y no maldice al Atlético porque es su religión. Casillas quiere comerse a Sergio Ramos de agradecimiento y le grita en la oreja: «¡Eres el puto amo de la Décima!», pero en realidad lo que quería decirle es «Gracias por salvarme». Ahora sí, a Casillas ya no le importa que digan que tiene una suerte grande como una catedral. Dado que últimamente le han salido enemigos hasta de debajo de las piedras, algunos desearán convertir la leyenda de su suerte en una acusación. Ya la quisiera para mí.

¡Todo dado vuelta!

Empate; ahora queda media hora de prórroga. Ni el Cholo, optimista profesional, le ve la cima al Everest. El Atlético se siente cansado y, quizá por primera vez en esa larga temporada, rendido. El Madrid, en cambio, ha encontrado fuerzas en la figura de Sergio Ramos. En la selva sería Tarzán; en la guerra, un general temerario; en el campo de fútbol, un jugador providencial; en el imaginario colectivo, un caudillo hasta en su aspecto, al que solo le falta la lanza en la mano… Y eso le reconoce el mundo tras el gol. La inmensa fuerza que caracteriza a los líderes contagia al equipo, que se siente liberado, desatado, ganador… Y así llega el segundo, y el tercero, y también el cuarto gol, porque el fútbol ya ha decidido permitirle todos los vicios al ganador.

La final había obrado otra vez el milagro de hacer que buena parte del mundo contuviera la respiración, para soltar todo el aire en una explosión de felicidad, en el caso de unos, y de desesperación, en el de otros, en una única jugada. Es impresionante el sentimiento planetario que cabe en un segundo de partido. Efectivamente, el fútbol es pasión de multitudes, pero el sufrimiento y la felicidad que genera es una historia que impacta de uno a uno.

Una buena persona

Se fue Iker Casillas del Real Madrid rodeado de una frialdad institucional que hizo temblar los cimientos del club. Su condición de leyenda convirtió la marcha en algo indefinido: entre lo increíble y lo trágico. No había proporción entre el tamaño del hombre que se despedía en la rueda de prensa y esa puesta en escena improvisada con cierto aire tanguero: ruptura sentimental, abandono, llanto, luz demasiado tenue, Casillas vestido de oscuro… Ahí estaba, expuesto a la vista de todos, un héroe desamparado. Lo único auténtico de un acto despojado de todo honor y sentimiento eran las lágrimas de Iker. Nadie a su lado para rendirle honores, o para hacerle compañía, al menos para pasarle un pañuelo. Un día después el club intentó compensar esa mala imagen con una nueva comparecencia acompañada por el presidente, pero lo que había sido frío solo pasó a ser artificial, como siempre ocurre con lo que se hace a destiempo. Es posible que ese momento haya sido el peor de la carrera futbolística de Iker, quizá de su vida. Pero para mí no fue la puesta en escena lo más impactante. Lo increíble fue que Iker aprovechara el instante para reivindicarse como una buena persona.

El milagrero

En los últimos veinte años el fútbol ha ido evolucionando contra Iker Casillas, al que le cuesta dominar los duelos aéreos y carece de seguridad en el manejo de la pelota con los pies. Iker siempre disimuló esos defectos refugiándose debajo de los tres palos, donde parecía imbatible, y ganando con una frecuencia insólita en los mano a mano con los delanteros. Aquella parada a Robben en la final de Sudáfrica es solo el ejemplo más célebre de cientos de jugadas parecidas. Desde que debutó en el Madrid, con apenas dieciocho años, se le vio frío como un asesino a sueldo, con una intuición de propiedades adivinatorias, y unos reflejos más rápidos que los caprichos insólitos que suele tener la pelota dentro del área. Piernas con muelles, unos brazos que parecían multiplicarse como si fuera un pulpo, una fama de tipo con suerte y una confianza en sí mismo digna de un dios. Todo eso fue transmitiéndolo a la afición que, aún en los momentos en que Iker parecía en clara desventaja, veía la jugada con optimismo y se decía: «Aún no es gol». Hacía milagros. Durante años dieron ganas de tocarle la chepa en la sospecha de que aquel tipo sanaba.

Empezaron a caer títulos en el Real Madrid con una frecuencia nada espectacular, porque se trata de un club abonado al triunfo. Ganar está en su naturaleza. Pero a la Selección Española la perseguía un complejo perdedor que iba atravesando generaciones como una espada psicológica deprimente, fatalista y finalmente perdedora. Cada campeonato era como un laboratorio que demostraba, con precisión científica, la incapacidad de la Selección para alcanzar la gloria. La mediocridad siempre tiene nombre y apellido, pero si no, había una antología de excusas siempre a mano: la mala suerte, el árbitro, el cansancio, demasiados extranjeros en la Liga… Sin embargo, de pronto llegaron un tal Xavi, que no prestaba el balón a los rivales, y un tal Casillas, que no lo dejaba entrar en su portería. Y se terminó el pesimismo. Dos Eurocopas, un Mundial y un juego elegante y eficaz convirtieron a España en un modelo para el mundo. El que levantó esas Copas fue Casillas, que parecía hacer milagros no solo en la portería, sino también con su vida. Todo le salía bien. Desde levantar una Copa del Mundo hasta darle un beso planetario a una belleza de moda que estaba haciéndole una entrevista y a la que convertiría en su mujer. Era la apoteosis de la felicidad.

—A usted ¿qué le gustaría ser en la vida?

—Casillas.

Un día cambió el viento

Pero un buen día las cosas empezaron a torcerse. Corría el año 2011. Mourinho, un César que decide sustituir los valores del Real Madrid por los suyos, crea un ejército para vencer al Barça. Y las guerras siempre tienen efectos secundarios. El primero es que el mejor momento histórico de la Selección Española corre el peligro de estallar en mil pedazos, porque cada Madrid-Barça crea una división entre los jugadores nunca antes conocida. Cuando el César le mete un dedo en el ojo a Tito Villanova, la guerra deja de tener reglas y el revuelo mediático es imparable. En medio de aquella tormenta de clásicos, Casillas decide hablar por teléfono con Xavi y Pujol para salvar las relaciones personales y, con ello, a la Selección. Esa semana se juega el Trofeo Santiago Bernabéu y Casillas va al banquillo de suplentes. No jugará ni un solo minuto. El periodista Santiago Segurola titula su crónica: «El César castiga al héroe blanco». La guerra cambia de rumbo, Mourinho ve enemigos dentro de su propio vestuario. En diciembre de 2012, Casillas pierde el puesto de titular en un partido oficial. Mourinho da la alineación del equipo que se enfrentará al Málaga y para la portería nombra a Adán. Primero se extrañan los jugadores, después se sorprenden los directivos, luego se agitan los medios, más tarde se espantan los hinchas.

Ese día comienza un nuevo capítulo en la vida de Casillas. Se convierte en sospechoso. En las redes sociales lo acusan de «desleal» por filtrar cosas a la prensa, se lo denuncia por no entrenar lo suficiente, se quiebra la relación con algunos compañeros, se pone en duda su categoría como portero, se demoniza a su mujer periodista por divulgar en México la mala relación del vestuario con Mourinho. El madridismo se divide en dos: por un lado, el bando ruidoso que ataca a Casillas sin piedad; por el otro, la mayoría silenciosa que está al lado de Casillas, pero hace honor a su condición de «silenciosa».

El triunfo de los mezquinos

A Iker le cambia la cara, como si el hombre feliz se hubiera vuelto adulto y triste en apenas meses. En el campo, se siente examinado como nunca antes. Lo peor que puede ocurrirle a un portero es pensar en las consecuencias antes de hacer una parada. El instinto no piensa, actúa. Esa falta de seguridad afecta a sus reflejos, a la confianza, a los milagros, a cuanto lo caracterizaba. Como capitán levanta la Décima y la Copa del Rey en la primera temporada de Ancelotti. Es un buen momento para irse, pero las dudas que tiene como jugador también las tiene como persona, y prefiere prolongar la agonía. Desde entonces, cada partido se convierte en un plebiscito. En una tortura.

Un portero con el ego desgastado, sin la confianza del entorno, perseguido por acusaciones que auténticas basuras morales lanzaban a diario sobre él (tildándolo de «pesetero», «cobarde», «topo» y lindezas parecidas), es imposible que mantenga su nivel.

Por eso, en el día de la despedida del mejor portero de la historia del Real Madrid, lo más conmovedor fue la defensa que se vio obligado a hacer Casillas de su integridad moral. La parte del discurso en la que dijo que solo pretendía «ser recordado como una buena persona» fue el peor homenaje imaginable que la virtud puede hacer al vicio. Esas palabras sirvieron para demostrar que las insidias que ha tenido que soportar habían dado en el blanco. No hay defensa posible ante campañas de difamación de tal calibre. Solo el tiempo, cuando pase su criba, pondrá a cada uno en su lugar. A Casillas, en el de la leyenda. A los mezquinos que lo torturaron hasta hacer dudar al héroe de su honorabilidad, en el del olvido y, si existiera la justicia, en el del desprecio.

El fascinante Gato con Botas

Los únicos que tienen alguna obligación respecto a los números desde que el fútbol es fútbol son los delanteros centros. La tabla de goleadores no admite intrusos, solo especialistas. Gente obsesiva y concreta que vive al acecho, que enciende una luz en la cueva buscando la red. O meten muchos goles o son cuestionados. Tomemos como ejemplo a Karim Benzema, con ese aire taciturno, frío (en el mejor sentido), imaginativo, técnico y, para su desgracia, más dispuesto a dar un pase que a meter un gol. El Bernabéu le mostró las uñas en varias ocasiones. ¿Motivos? No le ven las condiciones de un *killer*; confunden la frialdad propia de un jugador pensante, con desgana; y hay momentos en que los números confirman esas sensaciones. Llegó a estar diez partidos sin marcar con su selección y durante un tiempo esa estadística lo persiguió como una sombra cada vez que saltaba al campo.

EL *KILLER* Y EL DELANTERO CORDIAL

Todo lo que Benzema no tiene, le sobra, por ejemplo, a Diego Costa, al que la palabra *killer* le queda tan bien que lo vemos como un goleador incluso cuando no marca. En la disputa es un defensa jugando de delantero. De hecho, los delanteros de todos los tiempos estamos encantados de que Diego vengue todas las patadas que hemos recibido. Bien mirado, está haciendo justicia. El que choca contra Diego Costa sale herido física y psicológicamente, porque después de pegarte te asesina con la mirada. Pero es más que eso: tiene movilidad, buen manejo del cuerpo y la pelota, un carácter indomable y gran capacidad goleadora. Parece dispuesto a todo en busca de su objetivo. Cuando un asesino hace cosas propias de asesino nadie puede quejarse. Cuando un presunto asesino hace cosas propias de bailarina, como es el caso de Karim, que se ande con cuidado.

Probablemente fue Alfredo Di Stéfano quien dejó en el Real Madrid esa admiración hacia los jugadores que se entregan hasta el límite. Llevaba el número 9 en la espalda, pero se sentía con derecho a invadir todas las zonas del campo. Alfredo se cansó de meter goles espectaculares, pero quienes lo rememoran parece que se han puesto de acuerdo en repetir la siguiente frase: «Salvaba un gol en su portería y en la jugada siguiente marcaba un gol en la portería contraria». Fue el primero de esa estirpe. Un revolucionario que marcó una pauta de conducta que siguieron otros ídolos del club. El último fue Raúl, un jugador de una inteligencia superior, pero que levantaba a los hinchas de sus asientos cuando se ponía a correr arrastrando al equipo entero hacia el esfuerzo. Son raros los jugadores técnicos y pausados que han sido indiscutibles en el Madrid: me vienen a la memoria nombres como Butragueño o Zidane.

Con estos antecedentes y la entronización que los hinchas y periodistas han hecho de la «actitud» y la «intensidad», los jugadores contemplativos (por pensantes) han caído en desgracia. No siempre fue así. En mis tiempos, correr mucho era un deshonor. El prestigio lo daba la precisión. Cuando me tocó debutar en el Newell's compartí delantera con el «Mono» Oberti, muy técnico, ya veterano, algo gordito y goleador. En uno de los primeros partidos le entregué una pelota levemente imprecisa que él no se esforzó en absoluto por alcanzar. La dejó pasar con desprecio y me dijo algo que nunca he olvidado: «Nene, la pelota al pie; si no, dedícate a otra cosa». No se preocupen por mí, esas humillaciones enseñan mucho.

Un gran jugador que marca goles

Así llegamos a Benzema, que lleva en estos días el número 9 de Alfredo Di Stéfano en el Real Madrid. Cuando digo «en estos días» me refiero a estos tiempos en los que la tendencia pide sacrificio («huevos», en lenguaje futbolero). Cuando digo «Real Madrid» me refiero a ese componente cultural que hace que los hinchas se entreguen al jugador que demuestra con esfuerzo su lealtad al escudo. Pero Benzema, que juega mejor que nadie, no responde a ese ideal que antepone la testosterona al talento. Es un 9,5; en ocasiones casi un 10 si nos atenemos a esa estirpe que parece disfrutar más de un buen pase que de un buen gol. Es el clásico jugador al que le perjudica el número que luce en la espalda. Con lo fácil que es ahora ponerse el 18 o el 73... El 9 pide un goleador. Y si es rabioso, mejor.

La hinchada está feliz cuando Karim Benzema marca goles con alguna frecuencia, no importa si fáciles y tampoco si feos, porque se demuestran su «voracidad», su «hambre», su «agresividad»; en definitiva, todo lo que no caracteriza a Benzema. Porque no estamos ante un goleador, sino ante un gran jugador que marca goles. Todo lo contrario que Cristiano Ronaldo, indiscutible referente para quien la obsesión y la ambición goleadora están por encima de cualquier otra cosa. Mientras Cristiano busca la portería, Benzema devuelve una pared, elimina a un rival, hace un movimiento inteligente para que un compañero encuentre espacios, frena para quitarle vértigo a un equipo que, con Bale y Cristiano, a veces peca de exceso de velocidad... En fin, juega. En el momento en que el número de goles no es coherente con el número que lleva en la espalda, vuelve a ser cuestionado. Porque el pueblo está mucho más pendiente de sus errores y sus números que de esa capacidad para hacer mejores a sus compañeros.

Gato de compañía

En el fútbol todo es opinable. Sin embargo, sufro cuando hay que defender lo obvio. Porque Benzema tiene grandes admiradores (entre los que me cuento) y grandes detractores, y eso nos lleva a discusiones interminables. Desde su llegada, ha sido cuestionado muchas veces, pero como todos los grandes que he conocido, no negocia su estilo ni a palos. Juega como el hombre tranquilo que es. A su llegada al Madrid era un joven relajado de apenas veinte años que no había salido de su casa, de su país, de su ciudad, de su club. Admiraba a Ronaldo (el gordo) y aunque, como su ídolo, parecía pasar de todo, tenía el triunfo entre ceja y ceja. Hay gente que amaga hasta en su forma de vida: parece una cosa y es otra. Tropezó con el idioma más tiempo del aconsejable, pero a pesar de las lógicas dificultades de adaptación social, en el campo siempre ha respondido con un juego lúcido que tiene la virtud de clarificar las jugadas de ataque en las que participa. Cuando llegó al club Mourinho, uno de esos entrenadores que aman a los Diego Costa de este mundo muy por encima de los Benzema, lo llamó «gato». Sabemos que los gatos son de la familia de los felinos, como el león, el tigre o la pantera, pero Mou no iba por ahí. Los gatos son domésticos, pacíficos e inofensivos. La cosa era así: si Benzema no metía goles, Mourinho tenía razón, es un gato; y si Benzema marcaba goles, era porque Mourinho lo había ayudado a espabilar llamándole «gato». Hay gente que siempre tiene razón.

Siete vidas

Pero Benzema sigue vivito y coleando haciendo honor a las siete vidas que el lugar común concede a los gatos. Adaptado socialmente, chapurreando el castellano, pasando por encima de las dudas generales, habiendo superado las humillaciones gatunas y episodios espinosos de su vida personal y marcando goles sin olvidarse de jugar divinamente al fútbol. Pero como también los cracks deben dejar constancia de que su talento es práctico, tengo que decir que han sido solo los números (goles que valieron puntos), y no su juego inteligente y sutil, los que le han procurado cierto reconocimiento esporádico general.

Karim Benzema seguirá marcando goles y nunca parecerán suficientes porque tiene al lado a un animal goleador insaciable que lleva las estadísticas a una cifra inalcanzable. Nadie en la historia del club, en un tramo de más de cinco años, ha sido capaz de marcar más goles que partidos jugados. Gloria a Ronaldo. Pero también gloria a Benzema, acompañante generoso que ha alimentado a ese animal con sus movimientos y pases medidos. Recordándonos que los jugadores no solo son grandes por lo que dicen los números, sino porque conocen todas las reglas de asociación que pide este juego, que estamos simplificando hasta límites inconcebibles. Hasta tal punto que hay que explicar la inteligencia colectiva, a la que tanto contribuyen los jugadores como Benzema, como si se tratara de una excentricidad.

3
Las leyendas

El auténtico ser superior

En sus primeros cincuenta años de vida, el Real Madrid ganó dos títulos de Liga. Llegó Alfredo Di Stefano y, en los siguientes cincuenta, el club había ganado más títulos que todos los equipos españoles juntos. Un dato de tal consistencia no necesita de matices. Eso se llama cambiar la historia. Hablamos, al fin y al cabo, del auténtico ser superior del mejor club del siglo xx. Una personalidad fuerte y seductora como pocas veces vi en mi vida, con una naturaleza competitiva de tal calibre que no necesitaba de un partido de fútbol para demostrarla.

Un conquistador en pantalón corto

La primera resonancia que tuve de su nombre fue casi mitológica. Yo era un niño argentino, y a mi país llegaban noticias de una especie de Cristóbal Colón inverso que le descubría el fútbol a los europeos. Olvídense de internet. Las referencias eran esporádicas y grandiosas en una Argentina que no se sentía el centro del mundo, pero si del fútbol. Alfredo era la prueba. Lo conocí en Vitoria, en la espera de un partido que enfrentaba al Alavés, en el que yo jugaba, y al Castellón, que Alfredo entrenaba. Era de mañana, llovía con ganas y me metí en mi coche a escuchar música para acortar el tiempo. Una decisión extraña. El Castellón se hospedaba en el mismo hotel y de pronto Alfredo, en una decisión aún más extraña que la mía, se metió en el coche sin pedir permiso. Con todo el derecho que le daba la leyenda que era, escuchó tres tangos, contó tres chistes y me dio tres consejos a la medida de un argentino: «no se agrande que esta empezando», «al fútbol lo juegan once y no usted solo» y «no se apresure que la vida es larga». Me dio la mano y se fue como había venido. No tengo recuerdos de mi reacción, seguramente porque me dejó perplejo. Pero nunca me olvide de lo que dijo.

El hombre

Mucho más tarde lo conocí a fondo compartiendo distintas responsabilidades en el Madrid, y tengo un recuerdo muy nítido de las múltiples versiones del gran Alfredo. Tenía un buen humor infantil, aprovechando cualquier distracción fonética para buscar rimas indecentes. De hecho vivía con la guardia alta hasta el punto de llamarme «Valdini», porque creía que Valdano podía desatar rimas de las que no quería ser víctima. En una ocasión, un aficionado mayor se le acercó para pedirle un autógrafo. Alfredo tomó el papel y le preguntó para quién era. El pobre tipo, intimidado y superado por la situación, solo atinó a decir: «para mí». Alfredo escribió como un rayo «Para mí» y firmó con el garabato de siempre. También su malhumor lo definía. Cuando alguien le decía que había visto en Valladolid su famoso gol de espuela, el podía contestar: «un millón, doscientas treinta mil, cuatrocientas cincuenta y seis», que era el número de tipos que, según Alfredo, se le acercaron a lo largo del tiempo diciéndole que habían visto aquel gol en directo. Tenía una memoria prodigiosa y con ramificaciones sorprendentes. Podía empezar contando un gol que marcó en Las Palmas y terminar diciendo que después del partido volvieron al hotel, y en el Telediario estaban dando imágenes de unas inundaciones tremendas en Extremadura.

El jugador

Fue un jugador impresionante que realizó una carrera en Sudamérica (Argentina primero y Colombia después) y otra en Europa, donde llegó con 28 años. Era un líder de los de antes: dentro de la cancha, imponía su ejemplo con una entrega absoluta y hablaba con la autoridad de un general. En el vestuario dejó una estela de valores que impregnaron el club de tal manera, que cuando hablamos de Alfredo parece que estamos hablando del Real Madrid, y cuando hablamos del Madrid parece que estamos hablando de Alfredo. Para él, el territorio del fútbol era sagrado y la intimidad del equipo no podía ser invadida por nadie. Vale con esta historia. En un partido de cierta importancia, hubo un penalti a favor del Madrid que Gento, que no era quien debía lanzarlo, se empeñó en tirar. Lo falló. Llegado el descanso Alfredo le abroncó delante de todos, pero justo en mitad de su discurso, un directivo entró al vestuario y pretendió sumarse al rapapolvo. Alfredo lo frenó en seco: «usted váyase a vender entradas», le dijo. Como pueden ver, le gustaba el orden y ponía a cada uno en su lugar.

El presidente de honor

Ya de mayor, era desconfiado con respecto a cosas que no parecían dignas de una figura legendaria. Desde preguntar en las mañanas del partido dónde estaba su entrada (como si se pudiera quedar afuera), hasta saludar a todos los policías que veía cuando llegaba al estadio «porque nunca se sabe como puede terminar la tarde». En una ocasión me mostró todo ufano el pasaporte en un viaje nacional, y cuando le pregunté para que lo traía si no era necesario, contestó como si me llevara mucha ventaja: «¿Y si secuestran el avión?». En cualquiera de sus versiones, cada hecho que protagonizaba o cada cosa que decía daban ganas de anotarla, porque todas resultaban originales, atractivas, contundentes, siempre fascinantes.

En los últimos años, su cuerpo estuvo muy por debajo de su energía mental. Se agotaba y le costaba dormir por sus problemas en la columna, pero sus quejas siempre contenían un sarcasmo imbatible. La última vez que fui testigo de un momento de plenitud, donde asomó lo mejor de Alfredo durante varios días seguidos, fue en Buenos Aires, cuando lo nombraron ciudadano ilustre de la ciudad. Llegó con Pepe Santamaría, uno de esos amigos con los que le bastaba una mirada para entenderse. Y se reencontró con gente, fundamentalmente ex jugadores, con los que hacía décadas que no se veía. Ese estado de felicidad le produjo una regresión en la que se daban la mano la emoción y su descomunal memoria. Hablaba de episodios ocurridos cuarenta años atrás, pero lo sorprendente era que los contaba con un lenguaje coherente con la fecha en que se habían producido los hechos, y no con el de ese momento. Usaba palabras de un lunfardo en desuso, que nunca supe cómo podía recordarlas viviendo en España durante mas de sesenta años. En aquel viaje le llamó «filo de sartén» a alguien que se puso pesado con los consejos (porque rompía los huevos). Del mismo modo, no tenía pereza en acercarse a su barrio para comprar unos merengues con dulce de leche que le sabían a infancia, y con los que desafiaba todas las recomendaciones médicas. Le sobraba seguridad, coraje o como se llame ese desafío constante a la vida.

La herencia

Tenía el carácter de un ganador y la inteligencia para convertir en deliciosa cualquier cosa, incluso una bronca. Competía siempre, también en cuestiones cotidianas. Si había dos filas para sacar una tarjeta de embarque, iba cambiando de cola compulsivamente para ganar tres minutos. Si el avión aterrizaba, cuando te querías dar cuenta, él ya estaba de pie para salir primero. Competía hasta consigo mismo. En esas cosas resultaba fácil reconocer a un jugador que ha regado la cancha con su sudor, que gritaba como si le fuera la vida en cada partido y que le exigía a los demás lo que primero se exigía a sí mismo. Y que jugaba al fútbol como los dioses. Un revolucionario que, dentro de un fútbol estático donde cada jugador estaba atado a una posición, fue el primero que se sintió con derecho a influir en todo el campo, inaugurando un juego cinematográfico hacia el que giró, para siempre, el fútbol.

Fue el primer grande reconocido de todos los tiempos que nos dejó (Di Stefano, Pelé, Cruyff y Maradona es la alineación de los que comen en mesa aparte en la historia del fútbol). Lo hizo en pleno Mundial (con el que siempre anduvo a contramano), cuando el planeta ardía de fiebre futbolística. Se fue a su manera: luchando hasta el último segundo. Nos dejó un escudo al que llenó de orgullo y contenido. Y el recuerdo inolvidable de una vida que dignificó el fútbol desde dentro y fuera de la cancha.

Eslabón de oro

Con el fallecimiento de Eusebio se ha ido un futbolista que fue un representante estelar de un tiempo en que el fútbol aún tenía un componente *amateur*. En esta pérdida, que puso a llorar a toda Portugal y a la Europa futbolística más veterana, encuentro una buena oportunidad para recordar a los jóvenes que el fútbol no empezó el día en que ellos vieron el primer partido ni cuando apareció internet.

A Eusebio le tocó vivir en un mundo en blanco y negro, pobre y acobardado por efecto de la larga posguerra europea y del triste régimen de Salazar, que gobernaba Portugal con mano dura y donde el fútbol era parte de una trilogía con pretensiones ideológicas, la triple «F»: Fado (expresión de nacionalismo), Fátima (símbolo del catolicismo) y Fútbol (instrumento populista). En ese paisaje social, cabe decir que Eusebio fue héroe en un tiempo en que no existían los héroes y, aun sin los alardes mediáticos actuales, su estampa fue la de una leyenda.

El palco de los héroes

El día en que Cristiano Ronaldo se presentó en el Santiago Bernabéu delante de 80.000 personas, lo hizo acompañado por Alfredo Di Stéfano y Eusebio. Alfredo ya con su bastón y esa autoridad de príncipe gitano que desprendía en cada gesto, y Eusebio con su timidez de siempre. En las tribunas, pocos sabían que los dos se habían enfrentado en la final de la Copa de Europa de 1962, en Amsterdam, en un partido en el que el Real Madrid había empezado ganando 2 a 0 y terminado perdiendo 3 a 5 (los últimos dos goles, marcados por un joven Eusebio). El Benfica levantaba su segunda Copa de Europa. Al final del partido, Eusebio consiguió el mejor trofeo de la tarde: la camiseta de Di Stéfano. Le dijo a su compañero Coluna que se la pidiera, porque él no se sentía con autoridad suficiente para hablarle a su ídolo de la infancia (Alfredo le llevaba dieciséis años de diferencia). He visto fotos de Eusebio defendiendo esa camiseta ante una multitud que intentaba desnudarlo de pura alegría. Casi cincuenta años más tarde, los dos genios de un tiempo más discreto compartían palco con Cristiano, que atraía las miradas del mundo y el griterío de una joven multitud, que seguramente desconocía la dimensión de esos acompañantes de lujo. Fue en ese momento cuando Alfredo Di Stéfano homenajeó a Eusebio, diciéndole en voz baja: «Ahí deberías estar tú».

Otro fútbol, otros futbolistas

Se fue Eusebio y, con él, una época en la que el fútbol era otra cosa. Su velocidad, agilidad y potencia hacían sospechar que el futuro de este deporte sería negro. Le pegaba tan fuerte a la pelota que en los bares de Lisboa aún se oye decir que «la ovalaba». En efecto, aquellos balones no tenían la sofisticación de hoy; estaban fabricados con un cuero que absorbía el agua si llovía y tenían unas costuras grandísimas. Pero cuando le pegaba Eusebio, ocurría algo fantástico que me encanta creer como cierto: dejaba de ser redondo para ovalarse.

A un europeo de los años sesenta África le quedaba lejos, los jugadores de raza negra aún parecían extravagantes y Pelé constituía un mito lejano. Eusebio era un africano, un negro y un Pelé al alcance de la mano. Un hombre humilde y de trato amable que cuando saltaba al estadio se convertía en un animal. En una «pantera negra», para ser exactos. Puesto que las imágenes, al ser precarias, no le hacen justicia, a su carrera hay que ponerle números. Basta con decir que en el Benfica marcó 473 goles en 440 partidos, que sirvieron para ganar once Ligas y cinco Copas en los quince años más gloriosos de la historia del club. Eusebio fue máximo goleador siete veces en Portugal y tres en la Copa de Europa.

Se fue Eusebio y, con él, una época en la que también los futbolistas eran otra cosa. Su condición de leyenda portuguesa (aunque hubiera nacido en Mozambique) lo coloca en la historia en un lugar equiparable al de Cristiano Ronaldo. Contaba Eusebio que, durante la semana, los futbolistas de los tres equipos lisboetas (Benfica, Sporting y Os Belenenses) comían juntos y luego iban en tranvía al cine porque les resultaba más barato. En estos días, si algún jugador viaja en tranvía es porque se lo ha comprado. De hecho Eusebio, al final de su carrera, con el físico destrozado por las múltiples lesiones (seis intervenciones quirúrgicas en la rodilla izquierda, para no extenderme), tuvo que jugar en Estados Unidos, donde llegué a verlo en San Francisco, en un partido sin demasiado público en que todo me pareció deprimente, aún más el estado de aquella leyenda ya veterana que corría a duras penas. También exprimió su carrera jugando en equipos menores de Portugal para poder ganar un dinero que necesitaba. Un año de Cristiano vale, en términos económicos, más que tres carreras como las que Eusebio entregó al fútbol.

Eusebio versus Pelé

La gran rivalidad generacional de Eusebio se llamaba Pelé, un genio con un instinto para jugar al fútbol que no le cabía en el cuerpo, y otro no mucho menor para cuestiones de marketing. Pelé fue consagrado rey por el pueblo futbolero y siempre se sintió digno de esa jerarquía. Eusebio, en cambio, llegó a decir que no había sido el mejor jugador del Benfica. Pero sus memorias se titulan: *Mi nombre es Eusebio*, en un modo de reivindicarse como único ante un bautismo internacional que siempre le resultó incómodo: «el Pelé europeo». La primera vez que se enfrentaron en un partido oficial fue en la final Intercontinental de 1962. Santos había ganado 3 a 2 en Brasil y se esperaba el partido de vuelta como una gran oportunidad para demostrar la primacía del fútbol europeo. Eusebio tenía dos años menos que Pelé, pero menor experiencia debido a que Pelé había debutado en el fútbol grande a los quince años y Eusebio a los diecinueve. Aquella noche el Santos ganó 2 a 5 y se vio, quizá, al mejor Pelé de nunca, autor de tres goles fantásticos.

El momento de Eusebio llegó en el Mundial de 1966, que también fue la cumbre del antagonismo para los dos jugadores de color más extraordinarios de la época y tal vez de la historia. Portugal ganó a Brasil 3 a 1 con dos goles de Eusebio, lo que los clasificó para cuartos de final. Y en cuartos lo esperaba una Corea sorprendente que había eliminado a Italia en un partido que pasó a la historia. Frente a Portugal, esos coreanos bajitos que parecían todos iguales marcaron tres goles en media hora. Pero esa tarde que los portugueses nunca olvidarán, Eusebio se desató y en otra media hora gloriosa marcó cuatro goles descomunales. Portugal cayó frente a Inglaterra en semifinales, pero Eusebio se proclamó máximo goleador del Mundial con 9 goles y se consagró como el mejor jugador el campeonato.

Pelé jugó dieciocho años en el Santos y Eusebio catorce en el Benfica; Pelé debutó en la Selección Brasileña a los dieciséis y Eusebio a los diecinueve; Pelé marcó 77 goles en 114 partidos con Brasil (una media de 0,67) y Eusebio 41 en 64 actuaciones (una media de 0,64); en Copas del Mundo, Pelé marcó 12 goles en cuatro mundiales y Eusebio 9 en uno solo. En el total de la carrera, Pelé marcó 1.283 goles en 1.367 partidos (una media de 0,93), y

Eusebio 593 en 569 partidos (una media fantástica de 1,04). Pelé es largamente mejor en términos absolutos, pero Eusebio lo es en términos relativos.

Único

Debería pedir perdón por tanto número, pero mucho más por caer en la trampa de comparar a estos jugadores que merecen ser considerados únicos. Eusebio murió en la misma semana en que Messi y Ronaldo se enfrentaban en un lujoso escenario por el Balón de Oro. Quiero que este artículo ayude a entender que el fútbol tiene raíces profundas y que no es la primera vez que dos talentos descomunales rivalizan por un reconocimiento mundial. El fallecimiento de Eusebio, que en sus gloriosos tiempos ayudó a hacer volar las fantasías de tantos niños europeos y africanos, nos ha dado esa triste oportunidad. Cuando Cristiano, en su condición de ganador, le dedicó el Balón de Oro tuvimos la evidencia de que el fútbol está hecho de eslabones de una larga cadena formada por millones de jugadores de todas las épocas, que han creado un fantástico fenómeno popular. Aquel enero nos dejó un eslabón de oro, tan reluciente como los dos astros que peleaban por el Balón de Oro de 2013 y a los que el mundo aplaudía como si no existiera el pasado.

Aprendiz de Dios

¿Por qué «mito» se puede escribir con la M de Maradona, pero aún no con la M de Messi? Trataré de explicar, de la manera más simple que pueda, la diferencia entre ser Messi y ser Maradona en Argentina. Quizá se trate de un tema demasiado argentino, pueblo mitómano por naturaleza. Pero estamos hablando de dos personajes que el fútbol ha convertido en universales y que tienen la fuerza de lo simbólico. Maradona ya fue, de modo que podemos verlo con perspectiva histórica. Messi es, y le queda mucho por deslumbrar, pero como todo jugador actual todavía no cuenta con las ventajas de la idealización.

Diego

Empiezo este artículo inspirado por un episodio menor. Estoy en Positano, un pueblo maravilloso colgado de un monte de la costa Amalfitana, a algo más de cincuenta kilómetros de Nápoles. En el restaurante del hotel Le Sirenuse reina un ambiente más propio del siglo XIX que del XXI. A la hora de la cena, un violinista pasa entre las mesas tocando suaves melodías. El intérprete es un hombre que roza los cincuenta años, de fría inexpresividad y rostro duro, como tallado en piedra. Parece habitar no solo en otro tiempo, sino también en otro mundo. Cuando pasa por mi lado, totalmente absorbido por su música, hace algo que lo convierte en humano: se agacha y me dice las dos únicas palabras que se le han oído a lo largo de la semana que llevo en el hotel: «Grande Diego». Para qué decir el apellido si todos sabemos que, en Nápoles y alrededores, solo hay un Diego. Podía haber ocurrido en Buenos Aires.

Digo que se trata de un episodio menor porque tuve ocasión de escapar, con el Ferrari de Maradona, de multitudes que lo perseguían con Vespas por Nápoles, o de ver a gente que se ponía a llorar solo por la emoción de conocerlo en persona, o de altares consagrados a su figura en casas de personas en apariencia normales. «Mi» violinista es el último ejemplo de que una figura con semejante fuerza emocional entra por cualquier resquicio mental, incluso el más impenetrable.

La pelota

En cuanto a Argentina, el nivel de impunidad de Maradona lo coloca ampliamente por encima del bien y el mal. Su figura no admite competencia a lo largo y ancho del país. En Bariloche, al sur de Argentina, acabo de ver una bandera con cuatro fotos. Una delantera indiscutible: Evita Perón, el Che Guevara, Carlos Gardel y Maradona. El único al que hay que compadecer es al que está vivo, porque muerto es mucho más fácil ser idolatrado. Pero ¿qué colocó a Maradona en ese lugar? Antes que nada, se trata de un jugador que encarnó el sueño platónico de cualquier argentino: hacer lo que a uno se le antoje con la pelota. Ahí empezó su reino porque, para un argentino, saber jugar a la pelota es mucho más importante que saber jugar al fútbol. El virtuosismo te consagraba en el barrio, lo cual era mucho más importante que consagrarse en el estadio. Hay un cuento fantástico del «Negro» Fontanarrosa que voy a destrozar, acudiendo a mi memoria, para ilustrar mi teoría. Un niño está sentado junto a su pelota en el banco de una plaza. De pronto se va y la deja abandonada, en un acto que pone en duda la salud mental de un chico argentino. Pero cuando llega a la esquina, el pibe gira la cabeza, silba y la pelota se baja del banco y va a su encuentro para seguirle dócil como un perro. Cuando leí el relato, al llegar a ese pasaje me sobresalté, porque esa es la aspiración última de un argentino: que la pelota nos obedezca hasta ese punto. Como hacía con Maradona. La relación de Diego con la pelota era carnal, sensual, plástica. Cuando la dominaba, se notaba a la legua que ambos estaban enamorados. De hecho, todos los balones del mundo se parecen un poco a Maradona, en lo que sin duda es un homenaje que la pelota dedica al artista que mejor la trató.

San Martín montado en la pelota

Luego, su carisma futbolístico y su accidentada vida privada lo convirtieron en centro mediático del planeta entero. Bendito y maldito, blanco y negro, lo cierto es que Maradona cubría (y aún cubre) el amplio espectro que va del bien al mal, y ese es un festín periodístico difícil de igualar porque está hecho a la medida de estos tiempos excesivos. Finalmente, Diego hizo un viaje extraordinario desde su pobreza de origen hasta su condición de líder popular, en el que se vieron proyectados millones de personas que por obra y gracia de su ídolo veían posible (para ellos mismos o para sus hijos) lo que parece imposible. Por decirlo con palabras de Mario Vargas Llosa dedicadas al mismo Maradona: «Una deidad viviente que los hombres crean para adorarse en ella».

Da igual Argentina que Nápoles, Maradona ha estado con puntualidad napoleónica donde debía estar: el sitio en el que existía la demanda urgente de un Salvador. Solo si se dan condiciones muy especiales puede uno pasar de crack del fútbol a rey popular. En México, en 1986, Diego dio ese salto para todos los argentinos. Si después del Mundial hubiera vuelto al país montado en un caballo blanco, lo habrían confundido con el general San Martín. Esa era su estatura para millones de personas, aunque muchos pensarán que exagero. Les ganó a los ingleses en cuartos de final un partido que, para el imaginario colectivo, era la revancha de la guerra de Las Malvinas. Maradona, aquel día, saldó cuentas muy pendientes para un país que quiere encontrarse a sí mismo. En aquella ocasión, en las horas previas al partido, se me ocurrió decir que confundir el fútbol con la guerra era propio de imbéciles. El tiempo demostró que el imbécil era yo, porque en aquel encuentro se agigantó su importancia hasta convertirse en una leyenda inigualable. Para eso hicieron falta dos goles (el maldito y el bendito) que le agregaron divinidad a la ocasión. Luego Diego siguió comandando una victoria en el Mundial sin fisuras (ganando todos los partidos sin incómodos descuentos o angustiosos penaltis) y se convirtió, por esos días, en la persona más famosa del mundo. Algo así como el hombre que le advertía al mundo que Argentina seguía existiendo y sus sueños de grandeza permanecían intactos. En el imaginario colectivo el triunfo frente a Inglaterra en cuartos pesa más que la final ganada a Alemania. Cosas de la memoria emocional.

Lo de Nápoles fue más simple, pero igual de oportuno. Una ciudad desplazada, cuando no despreciada por el próspero norte, un fútbol siempre secundario salvo por el fervor de su gente, una demanda social gigantesca que depositó toda su ilusión sobre los hombros de un jugador de fútbol. Un solo jugador, un solo hombre, un solo hombro. Y el ídolo tuvo la fuerza de levantar Nápoles hasta lo más alto, con una personalidad extravertida y estridente que no difería mucho de la de cualquier napolitano, pero con una fuerza hercúlea y un talento fuera de lo normal para ganar todos los retos que la gente soñaba. Era uno más y, al tiempo, único. El gran representante que, armado con una pelota, vengaba a un país de la humillación de una guerra perdida o reivindicaba a una ciudad de todos los atropellos sufridos, no podía ser más que un Mesías.

Un poder moderno

El poder del superdotado, el poder de la oportunidad, el poder de la representatividad, el poder de la fama, el poder del fútbol, el poder sentimental. Todos esos poderes completan el mito de estos tiempos. «En la lucha que un hombre tiene con la percepción, gana siempre la percepción», me dijo un día mi admirado periodista, matemático y divulgador científico Adrián Paenza. Es cierto. Todo esto para concluir que Messi es un genio que no tiene nada que envidiar a nadie desde que empieza hasta que termina un partido de fútbol. Si la comparación termina ahí, Messi y Maradona son dos caras de la misma moneda. Son tan distintos..., nos decimos a veces. Son tan iguales..., nos decimos otras. En medio de esa duda, caben todas las polémicas que tanto gustan al fútbol. Para Diego la pelota es un pincel; para Leo, una herramienta de alta precisión. Diego amaba la pelota y la jugaba con una emoción que lo hacía (y nos hacía) feliz; Leo la ama como un cirujano el bisturí y cuando termina su obra nos descubrimos ante la eficacia, precisión e imaginación que le dio la vuelta a un partido. A cualquier partido. A casi todos los partidos.

Si llevamos el debate fuera del campo, la cosa cambia, porque son tan distintos como el calor y el frío. En ese territorio, Maradona, hijo de un tiempo de grandes demandas sociales, sigue gritando su rebeldía, sintiéndose representante de los que no tienen voz. Divide el mundo en amigos y enemigos con una expresividad que no deja a nadie indiferente. Messi no pone el altavoz de la fama a sus rebeldías, en el caso de que las tenga. Es solo fútbol porque nació en un tiempo en que el capitalismo nos anestesió a todos y porque su personalidad está muy lejos de ser, al menos públicamente, volcánica.

A Messi le reclaman un Mundial, pero en el caso de que lo gane, también nos parecerá poco porque no habrá humillaciones pasadas que compensar. Por esa razón Messi decidió únicamente jugar al fútbol. Hace bien. ¿Para qué va a hablar? Sí, en pleno partido de fútbol, es el cuerpo en movimiento en relación con una pelota el que tiene la última palabra. Y el cuerpo de Messi hace maravillas, como el de Maradona. Quizá algo menos estéticas, acaso más eficaz en términos estadísticos. Ahora bien, Messi cuenta con una ventaja, la de vivir en un ciclo histórico en el que el fútbol se ha convertido en un palco inigualable: basta con jugar maravillosamente para ser considerado un héroe global. Con esa nueva consideración social del fútbol, aún sin alardes libertarios, cuando termine su carrera la nostalgia se encargará de convertirlo en mito. Al fin y al cabo, el destino probable de todo héroe.

Fútbol de autor

Dice mi admirado Juan Sasturain que «la relación con la pelota es como hablar —se aprende, no se enseña—; el fútbol, en cambio, es como leer y escribir: se puede y se debe enseñar. Pero para eso hay que saber hablar». Creo en la autonomía del pie para pensar, en medio de un problema urgente en que no hay tiempo para consultar al cerebro. Desde otro ámbito, lo confirma Ígor Stravinsky cuando habla de la inspiración: «No hay que menospreciar a los dedos porque, en contacto con un instrumento musical, sacan a la luz ideas que de otro modo nunca habrían llegado a nacer». ¡Qué más da el piano que la pelota; la mano, que el pie! El balón es la herramienta que usa el pie del genio, que quiere enseñarnos su conocimiento, creatividad y precisión para que, finalmente, nos emocionemos.

La memoria me pide recordar a «tres tenores» del pie, con los que tuve una paciencia infinita porque sabía que, detrás de esa indolencia que les achacaban, había un tipo pensando de una manera singular. Tres valientes que no traicionaron nunca su patrón de juego y que, cuando disparaban la imaginación, nos sobresaltaban. Hay que decir con toda naturalidad que nos ponían ante una obra de arte, porque el gran futbolista es el único artista que las clases populares tienen a mano. Se llaman, respectivamente, Romario, Riquelme y Guti, y al fútbol le conviene no olvidarlos.

Romario: El goleador gracioso

Los cronistas deportivos suelen buscar símiles en el mundo animal para definir a un jugador. Con Romario haría falta un zoológico. Felino que esperaba inmóvil para saltar sobre su presa; zorro que se vestía de cordero ante sus rivales; perezoso que no tiene ganas de entrenar; araña que teje su tela en los ángulos de la portería. El área era la jaula donde se sentía poderoso y libre. ¿Libre en una jaula? Claro, estamos hablando de un talento que subvertía toda lógica. Hablar de Romario es irse a los extremos: talento 10, esfuerzo 0; incluso más allá de los límites de la comprensión: balones tocados 2, goles marcados 3. El jugador de dibujos animados desafiaba la lógica permanentemente. No jugaba partidos (carecía de continuidad, no corría detrás de los defensas, tenía poco número de intervenciones...), pero hacía jugadas maravillosas que ganaban partidos.

Llegué a entrenar a Romario un breve período en el Valencia. Lo suficiente para confirmar mi admiración en cada entrenamiento. Junto con otros internacionales que habían tenido que cumplir compromisos con sus selecciones, se incorporó tarde al primer entrenamiento. Para ganar un día, preparé una sesión a última hora de la tarde y cité a un portero juvenil para trabajar tiros a puerta.

¿Trabajar? Lo de Romario fue un alarde de inspiración fascinante donde, primero, escondía su intención, luego mostraba una carta falsa y, tras el engaño, venía el ejercicio de precisión. No sé qué fue de aquel portero juvenil. Si se sobrepuso a aquella jornada es que se trataba de una personalidad superior. Para mí fue como una revelación; para Romario, un día más en la oficina.

Todo lo que hacía era singular. No marcó dos goles iguales. Parecía que iba a tirar, y regateaba; parecía que iba a conducir un metro más, y tiraba; miraba al palo bajo que estaba a su izquierda, y la clavaba en el ángulo alto a su derecha; si el pobre portero abría las piernas lo suficiente para que pasara un balón, antes del gol había un caño; si salía demasiado rápido y le abría el ángulo alto más de lo aconsejable, llegaba el sombrero… Me habría pasado tres días mirando aquel repertorio inacabable. Y Romario también se hubiera quedado tres días porque ese talento descomunal, alérgico al sacrificio, se olvidaba del esfuerzo cuando le ponían una portería delante.

Prefería pagar dos millones de dólares de multa antes que dar una vuelta al campo, y cuando hacíamos juegos de posesión (lo clásico: dar diez pases seguidos se cuenta como un gol) se aburría como un caracol y corría, también, lo que un caracol. Ahora bien, cuando el juego incorporaba una portería, en los últimos veinte metros del campo se desataba una hermosa tormenta. Era imaginativo, hábil, veloz en distancias cortas, de una precisión siempre burlona… Se le caía la baba de placer cuando tenía la portería en su punto de mira. En la espera de su oportunidad, su pasividad era tan elocuente que daban ganas de matarlo, pero yo, que había sido delantero, no podía más que admirar su valentía. Aunque el mundo se viniera abajo, Romario solo corría detrás de los balones peligrosos, esos que si un jugador como él los alcanza, se convierten en medio gol. Nada de demagogia, se pusiera como se pusiera la afición, que, como todos saben, cada día tiene más prisa.

Cuando este Maradona del área recibía una pelota en su hábitat, el tiempo se detenía. Más de una vez miré al árbitro convencido de que había pitado algo que justificaba esa inmovilidad. Pero de pronto, para desconcierto mío, del árbitro y por supuesto de su marcador, se conectaba a quinta velocidad para terminar su obra de manera inesperada. Cinco segundos después de que el tiempo se hubiera detenido, el cuadro era el siguiente: su marcador en el suelo, la pelota que entra suavemente en la portería por el lugar contrario al que esperaba el portero y Romario que grita el gol con una sonrisa pícara llena de barrio. Mi amigo Rafa Alkorta sabrá perdonarme el párrafo siguiente, pero necesito un ejemplo tangible. Recibe al borde del área y de espaldas al arco en un clásico (no en un partido cualquiera), envuelve la pelota con la parte interior del pie derecho para hacer una larga cola de vaca que supera a su defensor (adiós, querido Rafa) y lo perfila ante el portero. El tiro es suave, con el exterior del pie derecho y al palo más lejano. Otra muesca en el revólver.

Hablaba poco y tenía una inteligencia práctica que aplicaba al juego y a la vida. En el Valencia, había tenido desencuentros con Luis Aragonés, con algunos compañeros, con la afición, los directivos y los medios. Se marchó cedido y cuando yo me incorporé al club como entrenador lo reclamé. Nunca me preguntó si lo respaldaría, pero me puso a prueba con desafíos en los que tuve que demostrarle mi respeto a su particular talento y a su aún más particular personalidad. Una vez constatado esto, su comportamiento fue de una lealtad que ya la quisieran para sí algunos soldados del fútbol. El tipo me gustó tanto que, si yo fuera brasileño, lo votaría para la Cámara de Diputados. Y si tuviera que elegir a un goleador histórico, mi voto también sería para él.

Riquelme: Un revolucionario antiguo

Así como hay gente que tiene memoria e información, pero poco juicio, hay jugadores que tienen técnica y recorrido, pero poco criterio. El fútbol está lleno de estos dos especímenes: unos no saben lo que dicen y otros no saben lo que hacen. Por eso reconforta estar ante futbolistas que tienen en la cabeza un mapa del campo, un manual de fútbol y un libro de estilo. Me refiero a jugadores que juegan y hacen jugar. Necesitan la pelota y, con ella, dan continuidad al juego, activan a los compañeros, descubren espacios y marcan los tiempos.

Me gustaba Riquelme, pero había algo más: también me interesaba. En el campo era como un filósofo de verdades olvidadas al que conviene escuchar. Un ex jugador que se ha convertido en un crítico extravagante y que cree en la velocidad, lo llamaba «el Peaje» porque, cada vez que la pelota pasaba por él, el juego se detenía. Mentira podrida. En la época de las autopistas, Riquelme prefería viajar por carreteras secundarias. ¿De qué peaje están hablándome? Era una bala en dos de las tres velocidades que existen en el fútbol: la técnica y la mental. En cuanto a la otra, se podía permitir jugar caminando porque lo sabía todo del juego.

Nació el 24 de junio de 1978. Al día siguiente, él y otros veinticinco millones de argentinos ganamos el Campeonato del Mundo. Llegó a tiempo. Desde entonces ha seguido las huellas de Maradona: primero la calle, luego Argentino Juniors, más tarde Boca, el Barcelona, la Selección… La biografía de Riquelme exuda fútbol desde su nacimiento. Era un enganche con nostalgia de mediocentro, que necesitaba de espacios grandes y de un gran número de intervenciones para sentirse protagonista. Sabía tirarse a los costados o aparecer por detrás de la línea de la pelota para encontrar el metro que necesitaba, y era tan inteligente que veía el campo de frente hasta cuando jugaba de espaldas. No era rápido de traslación, pero sí lo bastante astuto como para hacer pasar de largo a los veloces y lo bastante inteligente como para no medir la velocidad con nadie mediante el método Pentrelli: «Toco y me voy». Su mirada prodigiosa le permitía poner la pelota donde más molestaba al rival. A veces hacia los costados, otras veces en profundidad, o reteniendo el balón, o de primera, o en corto, o en largo… En muchas ocasiones desacelerando, parando el tiempo para que se abriera el espacio.

Así como en la década de los años treinta se decía del argentino Pedrito Ochoa que «le había encontrado el mango a la pelota», Riquelme le encontró «la manija a los partidos». Y para manejarlos pedía libertad. Hacía bien. Dentro de un equipo con un andamiaje organizativo sólido, Román Riquelme usaba la libertad que pedía para pensar el partido, al fin y al cabo, un derecho legítimo de todo gran jugador. Hay unos pocos futbolistas (cada vez menos) que obedecen a su instinto y otros (cada vez más) que obedecen a su entrenador. El equipo que elegía jugar con Riquelme debía jugar para Riquelme, si no Román sobraba.

El excelente libro que Diego Tomasi escribió sobre Riquelme se titula *El caño más bello del mundo*. Con dos cojones. Porque da la sensación de que la palabra «fútbol», cada día más, atrae otras como «actitud», «intensidad», «huevos», pero rechaza términos como «belleza», por ser sospechoso de atentar contra la efectividad. Que nadie se asuste: Riquelme era un bello eficaz. Y el caño más bello del mundo es una prueba. Lo tiró con la camiseta de Boca en un partido frente a River. Faltaba poco para que se acabara, Boca ganaba por la mínima y el equipo necesitaba aire ante el acoso final del perdedor. Riquelme controló con tanta elegancia que solo le faltó pinchar la pelota. Estaba de espaldas en el centro del campo, contra la línea de banda. La pisa y va formándose una idea que le debe un poco a su magnífica visión panorámica y otro poco a lo que le cuenta su imaginación. Sabe que viene Yepes, se imagina la desesperación con que llega y las piernas abiertas que pretenden abarcar más espacios. La última pisada es hacia atrás para que la pelota pase mansa dibujando el caño. Riquelme gira por fuera del campo para llevarse la pelota. Mario Yepes fue la víctima, y en su honor hay que decir que lo encajó con hidalguía. ¿Dónde está la eficacia? En el golpe emocional que dio al partido; en la desdramatización de la angustia del último minuto; en la pausa que necesitaba el juego, a esas alturas desbocado; en la emoción de lo inesperado; en la belleza que juega para el recuerdo y que perdura siempre…

Riquelme jugaba como en tiempos en que se sacaba la silla a la calle y se hablaba con los vecinos. Un fútbol pausado, confiado, inteligente, simple… Tenía un arma de precisión en la pierna derecha y un diccionario de valores futbolísticos en la cabeza. Como los símbolos están en las pequeñas cosas, analicemos una jugada clave de un partido del Villarreal que perdía 1 a 0 frente al Atlético de Madrid en el Manzanares. Minuto 93. Falta a favor del Villarreal en el centro del campo. El 99,9 por ciento de los equipos, por pura ansiedad, lo hubieran considerado una invitación al pelotazo frontal, por eso los jugadores y el terror de todos los hinchas atléticos se fue hacia el área: para protegerse de la última amenaza. Mientras atacantes y defensores forcejeaban a fin de ganar la posición, Riquelme se escapó del enjambre, tirándose hacia un costado y, por supuesto, atrajo la pelota, que no es tonta. El «filósofo de las verdades olvidadas» se quitó a su marcador de encima como si fuera una pelusa en la solapa, y puso un centro maravilloso para la cabeza de Forlán. Gol. Pues eso, querido lector, quería sacar la silla a la calle y compartir este recuerdo.

Guti, o pensar de tacón

Todos tenemos debilidades. La mía en el Real Madrid fue Guti con la pelota en los pies. Me sé de memoria las acusaciones de sus detractores: su juego tenía demasiadas intermitencias, a veces parecía que estaba en el limbo, no contribuía lo suficiente en las obligaciones defensivas… Seamos sinceros: ¿quién no ha tenido ganas de asesinar a Guti alguna vez, en esos partidos calientes en los que el Bernabéu pide sangre? Sin embargo, nadie pudo con él porque tenía un talento superior y el atrevimiento de mostrarlo en territorio minado. Superó todos los obstáculos: llegada de galácticos, cambios de puesto, injustas suplencias… Y luego decían que era un jugador mentalmente frágil. Muchos, con fama de fuertes, no hubieran aguantado ni la mitad de las arbitrariedades que él tuvo que sufrir. En los partidos endurecidos por la táctica y desahuciados por el cansancio es cuando se percibía su verdadero valor, su gran categoría. Ver entrar en el campo a Guti, desde el banquillo que calentó tantas veces, generaba expectativa, esperanza, alegría. Primero, para el partido, porque era capaz de modificarlo con dos pases maravillosos; y segundo, para el fútbol mismo, porque con él sobre el terreno se recuperaba el sentido de la aventura y la belleza como parte imprescindible de un espectáculo pleno.

Guti tenía unas piernas poderosas que le permitían cubrir el balón con eficacia, como si lo pusiera entre paréntesis, y tener un arranque corto incontenible. Si estas cualidades se ignoran aún es porque deslumbraba por otras virtudes, especialmente una excepcional complicidad entre su cerebro, su pie izquierdo y el compañero que corriera hacia la portería contraria. Poseía una visión panorámica del juego, pero siempre estaba buscando el pasillo que llevaba al gol. Como un esgrimista a quien solo le interesa el corazón del adversario. Si la administración del balón es una manifestación de inteligencia, Guti se encargó de demostrar que no hay lugar por donde la inteligencia no pueda pasar. Sus pases merecían definiciones de todo tipo: cortos, largos, profundos, precisos, arriesgados, medidos, imaginativos, geniales... Pero bastaba con que fallara uno, para que el mundo se le echara encima. Hasta que otro partido pantanoso necesitara del auxilio de su talento imprevisible.

Guti fue víctima de la superficialidad de un fútbol que, durante largo tiempo, no supo qué hacer con los jugadores creativos. Todo empezó en Italia, donde los «fantasistas» se convirtieron en delanteros para no molestar en el medio del campo (como Totti); en suplentes, para que el equipo fuera más fiable (como tantas veces Baggio o Del Piero); o en exiliados, para probar suerte en países menos tácticos (como Zola cuando eligió Inglaterra). Guti se cansó de pasar por los dos primeros supuestos y, si no entró en el tercero, fue porque no encontró comprador. Había que ser muy valiente para contratar a un jugador de sus características, antes de que la Selección Española llegara a su rescate, valorando la técnica y la sabiduría. Hubo un momento en que quiso irse del Real Madrid pero, como esos mensajes de náufrago lanzados al mar dentro de una botella, su petición de auxilio se perdió en la aburrida inmensidad de un fútbol demasiado industrial para entender tanta sutileza. Ningún gran club se interesó seriamente en ficharle. ¿Razones? Demasiado libre, poco táctico, con fama de displicente… Mentira: les daba miedo el talento puro. El mismo miedo que provocaba Romario, hasta que apareció un amigo de lo distinto como Cruyff. Guti era invisible porque hubo un tiempo en que el fútbol se volvió mediocre. «Que se corte esa melena», oía a mi lado en el Bernabéu cuando Guti se acomodaba el pelo detrás de la oreja, con un gesto despreocupado que ponía frenético al personal. Como pueden ver, acusaciones de peso.

Aún recuerdo una jugada que me sobresaltó como ninguna otra en mi vida deportiva. Fue en A Coruña frente al Depor, en un partido duro y en un campo donde el Madrid hacía décadas que no lograba ganar. Recibió la pelota en profundidad dentro del área y se quedó mano a mano con el portero. Ustedes se acordarán: Guti con el balón, el portero que sale a enfrentarlo y, detrás, la portería, a la que hay que buscarle un rincón. Salvo que uno tenga mente de poeta, de loco, de genio del pensamiento lateral o de todo un poco, como Guti. La solución fue la más inesperada que he visto nunca. Un taconazo limpio hacia el sitio inverso al que todos estábamos esperando. Entonces supimos que por ahí llegaba Benzema, que se encontró con la pelota y sin portero, para terminar en gol una de esas genialidades que ahora mismo tendrían que ponerse a buscar en internet.

¿Fue el taconazo de Guti un acto de irresponsabilidad o de genialidad? Cuando se produjo me provocó un sobresalto. Acababa de ocurrir algo insólito, de una precisión milimétrica y una creatividad que desafiaban todos los convencionalismos del fútbol. Resultó tan sorprendente, que muchos no sabían muy bien si merecía un aplauso o una multa. La jugada nos habla de cómo la emoción potencia el recuerdo. Se dice que lo único que queda de un partido es el resultado. Desde luego es lo más tangible, lo que reflejan las estadísticas. Pero hay ocasiones en que se convierte en secundario. Del «tacón de Guti» nadie se olvidará; sin embargo, si después de evocar la jugada le pedimos a cualquier interlocutor que nos diga el resultado del partido, lo más probable es que no lo sepa. Si me preguntan a mí, el resultado fue que me emocioné.

¿Qué haría Johan?

Disfrutaba de Madrid paseando en una mañana soleada y, de pronto, del cielo despejado cayó un rayo que atravesó mi teléfono: «Ha muerto Cruyff». Lo que sentí se pareció más a la incredulidad que a la tristeza, porque hay personajes tan llenos de energía y creatividad que ni se nos ocurre pensar que la muerte pueda alcanzarlos. Cuentan que en una ocasión, siendo entrenador, el equipo llegó de viaje a altas horas de la madrugada tras jugar un partido de visitante y se encontraron con las puertas del Nou Camp cerradas a cal y canto. Cruyff se bajó del autobús para examinar la situación y un jugador se preguntó en voz alta: «¿También sabe de candados?». Nadie con tanta convicción como para merecer el apodo de «Dios», que le adjudicaron esos mismos jugadores del Dream Team.

Un día quedamos para hablar de fútbol en un hotel de Santander. Estábamos instalados cómodamente en unos sillones, pero hacía tan buen tiempo que decidimos seguir la conversación en la terraza. Cuando íbamos hacia la puerta aceleré para llegar primero y Johan quedó sorprendido, pero aún no había perdido la batalla. Fue entonces cuando me dijo: «Se abre hacia fuera» (¡la puerta!). Ese simple acto lo proclamó autor intelectual de la apertura de puerta y yo quedé como un simple operario de la función. Así que ahí va, a donde sea que vaya, a competir con quien sea que le espere. Porque este dios del fútbol era un competidor excepcional.

El jugador

También jugaba al fútbol como los dioses. Fue dentro de una gran generación que Johan abanderó y que demostró que el talento es incontenible cuando hay coraje para imponerlo. Sucedió dentro de un país sin historia futbolística, pero fue imposible no mirar hacía ahí cuando Cruyff apareció en escena. Es inolvidable esa estampa que parecía una postal de fútbol y la fuerza de su carisma, que atraía las miradas incluso cuando no tocaba la pelota. Le decían «Flaco» y lo era, pero mi sensación cuando tenía la pelota es que a ese cuerpo ligero, espigado y ágil lo habían fabricado para jugar al fútbol. Corría con la elegancia de un cervatillo y la convicción de un león. La cabeza siempre levantada, el paso alado como si pisara aire en lugar de tierra, una carrera incontenible que parecía apuntar al horizonte, pero a la que nunca le faltaba un freno. Y cuando su marcador lograba frenar, Johan ya había acelerado otra vez y para siempre. Su visión era la de un gran angular que le permitía jugar en cualquier puesto porque su influencia pesaba en toda la cancha. Él era el «jugador total» del «fútbol total» que practicaba el fascinante Ajax y que se prolongaba en la Selección Holandesa de los años setenta. Una especie de John Lennon que revolucionó el fútbol, como los Beatles revolucionaron la música.

La pelota siempre se adaptó a sus frenos y a sus arranques como si fuera un animal de compañía que hacía lo que su amo le ordenaba. Y si entramos en el capítulo de la personalidad debo decir que nunca he visto a nadie gobernar los partidos con la autoridad con que lo hacía Johan. Movía los brazos como quien dirige el tráfico, hablaba hasta en mitad de un regate, pedía la pelota como si fuera solo suya. Mandaba él. Se permitía desafiar la autoridad de su entrenador modificando, en medio de un partido, las posiciones de sus compañeros y la suya propia sin ningún complejo. Pero también mandaba sobre los árbitros, a los que hacía sentir el poder de su talento, hablando con ellos entre jugada y jugada como si fueran sus empleados.

Lo conocí cuando yo apenas cruzaba los veinte años y él ya era un jugador consagrado (en ese tiempo ya había levantado tres Copas de Europa con el Ajax y tres balones de oro). Nos enfrentamos en un partido de Copa del Rey y mantuvimos una discusión sin importancia. Me preguntó de dónde era, luego mi nombre y finalmente mi edad. Cada pregunta la hacía con mucha seriedad, como si le interesara de veras. Yo le contestaba a todo con la obediencia que merecía una leyenda de su tamaño, pero Johan, sin piedad, me disparó a matar: «Con veinte años, a Johan Cruyff se le trata de usted». No fue un buen comienzo, sin embargo eso no modificó mi admiración.

El entrenador

Siempre creí que la de entrenador era una profesión apta para jugadores inteligentes pero con algún tipo de limitación. Gente que tiene que pensar para sobrevivir en el profesionalismo. Los cracks absolutos vienen aprendidos desde la cuna y resuelven los problemas más complejos con la velocidad punta del instinto. Razón suficiente para subestimar a Johan, el hombre que había nacido para jugar. Cuando llegó al Barcelona como entrenador tardé en darme cuenta de que estábamos ante un revolucionario. Pensé que se trataba de un excéntrico, pero viéndolo en perspectiva sus primeras decisiones fueron las de un genio que tenía un plan. En un tiempo en que se permitían dos extranjeros por club, los equipos grandes tenían que apuntar muy bien. Ahí estaba la posibilidad de marcar diferencias. Generalmente, se apostaba por grandes delanteros porque el gol suele tener nombre propio. Johan empezó comprando a un defensa a punto de estar gordo que se llamaba Ronald Koeman y que tenía un toque de balón sensacional. Porque el gol, según Cruyff, es tan hijo del juego como de los especialistas. Y el juego hay que proponerlo desde atrás. Más tarde llegó Laudrup, un jugador finísimo rechazado por el táctico fútbol italiano de aquellos días. Otra estación intermedia antes de llegar a la portería.

Así, eslabón a eslabón, terminó creando un equipo que dividía el campo en cuadrículas. La cuadrícula central se la terminó adjudicando a Pep Guardiola, otro flaco famélico que jugaba con una inteligencia superior y que se alimentó de ese fútbol para terminar poniéndole método al colosal instinto de Johan. Pep es, sencillamente, el siguiente eslabón en la cadena evolutiva del fútbol. Hoy la ciencia ya ha demostrado que «el hábito es la gran herramienta de la memoria y, por lo tanto, también del talento, que es su criatura» (José Antonio Marina dixit). Estas cosas Johan no las leyó nunca en ninguna parte y seguramente no le interesaba un pimiento su formulación teórica. Pero hace treinta años, de manera intuitiva, ya llevaba a la práctica esta premisa a través de «rondos» en los que sus jugadores fueron descubriendo los secretos de la pelota y del juego. De hecho, desde que conoció a Johan, la pelota nunca volvió a ser la misma. Si cuando fue jugador tenía una visión tan general del juego que parecía un entrenador, hay que decir que cuando fue entrenador nunca se olvidó de cómo piensan los jugadores. Eso sí, desde los dos lados siempre desconfió de los directivos, a los que mantuvo a raya toda su vida. Había un militar en su don de mando como había un artista en su rebeldía.

El profeta

Se equivocan aquellos que dicen que Johan creó un gran equipo. Eso es reducir mucho su legado. Creó una escuela que cambió la historia del Barça y del fútbol español. Basta con decir que, desde 1960 hasta 1991, el Barcelona había ganado dos títulos. Desde 1991 hasta hoy, en el Barça solo ganaron campeonatos aquellos entrenadores que, siendo holandeses o españoles, fueron respetuosos con su estilo. Y no son pocos. De hecho, son más de la mitad de los títulos disputados desde entonces. 4 Johan, 2 Van Gaal, 2 Rijkaard, 3 Guardiola, 1 Tito Vilanova y 1 Luis Enrique (a día de hoy). En el mismo período, el Barça ganó sus primeras cinco Copas de Europa. Esto viene a significar que el romántico fútbol de Johan Cruyff, lo primero que le enseñó al Barça fue a ganar. Y también a España, cuya revolución formativa (además de los dos Europeos y el Mundial) hubiera sido imposible sin su influencia.

No era fácil entender a Johan. Por un lado porque, como él mismo decía, hablaba mal en cinco idiomas. En segundo lugar porque, como todos los genialoides, se saltaba eslabones cuando pretendía explicar algo. Pero, principalmente, porque amaba las simplificaciones.

Un día jugaban contra el Atlético de Madrid de Manolo, un jugador temible por su capacidad de desmarque. Cuando los jugadores vieron en la pizarra que Manolo no tenía asignada ninguna vigilancia especial se lo hicieron notar. Cruyff pregunto: «¿Cuál es la mayor cualidad de Manolo?». Todos coincidieron que el desmarque. Cruyff remató con su contundencia de siempre: «Entonces lo mejor es no marcarlo». Y se quedaba tan ancho, como sorprendido porque alguien preguntara por una cuestión que se contestaba sola desde la lógica más elemental. Lo cierto es que sus equipos terminaron hablando por él.

Nadie en la historia del fútbol ha conjugado con tanto éxito su carrera de jugador con la de entrenador. Ni nadie ha tenido tanta fuerza para convertir el buen fútbol en una cultura. Una semana antes de su muerte había visto un apasionante Bayern-Juventus en Munich. Un partido que al Bayern se le fue de las manos. Perdía dos a cero y Guardiola tuvo que tomar decisiones muy arriesgadas para igualar en tiempo reglamentario y ganar en la prórroga. Después del partido encontré a Pep y me dijo algo extraordinario: «Cuando peor estaba la cosa me pregunté: ¿qué haría Johan en esta situación?». No se me ocurre un homenaje mejor para terminar esta despedida.

4
Los entrenadores

El factor Guardiola

Temporada de 2014-15. En semifinales de la Champions se enfrentan el Barça contra el Bayern Munich de Pep Guardiola en un partido cargado de connotaciones estéticas (además de futbolísticas), sentimentales y hasta filosóficas. El entrenador visitante no es un tipo cualquiera en el mundo del fútbol y muchos menos en el Camp Nou, que fue su casa. Su sola presencia genera nostalgia y reflexiones de todo tipo.

El Barça piensa como Guardiola, y viceversa. Por un lado, Guardiola se crió en esa escuela y, por el otro, fortaleció sus principios siendo el responsable técnico del mejor Barça de la historia durante cuatro años inolvidables. U olvidables, si uno es hincha del Real Madrid. Si pasamos de lo emocional a lo racional, nadie puede negar que aquel equipo se cuenta entre los grandes de la historia.

Un poco de historia

Johan Cruyff dotó al Barça de un estilo singular. Fue el gran pionero. Su personalidad, su genial instinto y hasta una buena dosis de suerte consolidaron una manera de ser atractiva y ganadora que el Barça convirtió poco menos que en obligatoria para las siguientes generaciones. Aquel equipo de Cruyff dividía el campo en cuadrículas que eran ocupadas disciplinadamente por jugadores de gran talento. «Juego posicional» pasó a llamarse, porque las ideas nuevas también sirven para renovar el lenguaje. Aunque Johan hablaba mal en un montón de idiomas, en el campo debía de ser clarísimo porque su discurso terminó dando forma a un equipo que marcó época y tuvo una fuerza revolucionaria. El equipo hablaba por él, y lo hacía de maravilla en el lenguaje universal del fútbol. La cuadrícula central era propiedad de Pep Guardiola, que movía los hilos del juego. Sabía lo que hacía como un científico y creía en lo que hacía como un loco. Era joven y endeble, pero compensaba sus debilidades con la regularidad de un reloj, la inteligencia de una máquina de precisión, la convicción de un predicador y la expresividad del entrenador que aún no era. Durante ese tiempo, pensó tanto en la fórmula que empezó a ponerle método a las intuiciones de Cruyff. Algo fundamental, porque las intuiciones se las lleva quien las tiene, pero el método permanece para crear escuela.

Aquel Barça

Lo extraordinario es un estado de excepción, nunca una norma. Analizar lo ocurrido durante los años en que Guardiola dirigió el Barça es como montar un puzle de miles de piezas o intentar entender un milagro. Yo, que he conocido el Brasil de Pelé, el Ajax de Cruyff, el Milan de Sacchi y prodigios de esa envergadura (para mi desgracia, no el Madrid de Di Stéfano), jamás creí que fuera posible jugar de forma tan continuada con la eficacia y la belleza de aquel Barça.

Valdés aportaba la seguridad; Pujol, el espíritu; Busquets, el orden; Iniesta, la aventura; Xavi, el estilo; Messi, el genio desequilibrante… Todo encajaba a la perfección. La suma de mil pequeños detalles, el respeto sagrado a cien obligaciones, la armonía de once grandes jugadores, todo acentuado por un visionario con una fe ilimitada en esa idea y un amor de niño por su Barça. Con aquel equipo veíamos que el movimiento y la precisión de los pases iban dibujando un todo armónico que nos deslumbraba por su belleza. ¿Es arte eso que vemos de vez en cuando y que el Barça lograba con tanta frecuencia? Quizá sí, porque el arte no es solo la conquista de la belleza, sino también de un ideal.

Más que un hombre

Guardiola fue un entrenador con un éxito tan abrumador que su influencia desbordó ampliamente el cargo que ocupaba. Cuando hablaba, su voz era la de un profesional con la autoridad moral de un hincha y la profundidad estratégica de un presidente. Con cada Copa que levantaba, alcanzaba mayor relieve, hasta que el entrenador, el hincha y el presidente se convirtieron en una bandera. Por fin, el club que siempre había pretendido ser algo más que un club había encontrado al hombre que era algo más que un hombre.

Si quieren medirlo por los resultados, sumen los títulos; si quieren analizarlo desde lo estético, elijan el peor partido de su era (les gustará en comparación con tantos bodrios que vemos semanalmente); si quieren mirarlo desde la identificación social, creo que no hay barcelonista que no se sienta orgulloso del reconocimiento mundial conseguido. Una gran obra que llegó a su fin el día que Guardiola dijo adiós, agotado, y se piró a Nueva York a disfrutar de un año sabático.

El entrenador y el jugador

El reencuentro de Guardiola con el Barça, el día que visitó el Camp Nou con el Bayern, tenía que ser necesariamente especial. Activó un debate muy interesante que enfrenta a entrenadores y jugadores. Haré una pregunta que facilitará el camino: ¿quién tuvo mayor porcentaje de influencia en aquel Barça de Guardiola, el propio Pep o Messi? Estábamos ante el primer enfrentamiento oficial entre ambos. Un buen día para contestar a la gran pregunta. Y esa noche Messi contestó de manera rotunda. Mi impresión en aquel partido fue que si Messi cambiaba de camiseta, la eliminatoria cambiaba de dueño. Para mí supuso un alivio, porque siempre pongo a los jugadores por encima de los entrenadores. Sin embargo, como Messi es un genio, la respuesta de aquella noche no vale como norma. Digamos que el mejor Barça fue una gran obra colectiva que un genio como Messi elevó a la condición de obra de arte. Como el Madrid tuvo a Di Stéfano, el Santos a Pelé y el Ajax a Cruyff, el Barça tuvo a Messi. Pero aunque la excepcionalidad de este no sirva para establecer una pauta, el encuentro entre el dueño de la idea (Guardiola) y el dueño de la acción (Messi) nos ayuda a relativizar algunas ideas absolutas.

Los entrenadores han alcanzado gran poder mediático y, desde la obsesión táctica, demasiada influencia en el juego. Cuanto más táctica, menos libertad para el futbolista y, cuanto menos libertad, menos poder. Esa importancia sobredimensionada, en ocasiones convierte a los entrenadores en los únicos responsables de las victorias, aunque eso tiene su reverso: suelen pagar con su cese el primer fracaso (precio que aún no ha pagado Pep, que es especial hasta en eso). Dos injusticias. El entrenador es parte del juego, cómo no, pero los partidos en unas ocasiones los inclina el árbitro, en otras el azar y en muchas otras los inspirados aciertos o los funestos errores de los jugadores, mientras que el entrenador mira desde fuera.

El Bayern parecía estar en un momento cómodo en el partido, con largas posesiones que lograban, incluso, incomodar al Barça y alejarlo de Neuer. La posesión de la pelota no generaba peligro porque el Bayern carecía de filo en ataque (aquel día no estaban ni Robben ni Ribery), pero la sensación era que la pizarra de Pep dominaba la situación. El Barça sin balón no es el Barça. Pero en una de esas, Messi recogió una pelota con tiempo para girar, acomodar el cuerpo y sacar un latigazo imparable que supuso el 1 a 0. Tres minutos después recogió otra pelota, desmayó a su marcador con un amague y fabricó un globito con la pierna derecha que pasó, burlón, por encima de Neuer y logró el 2 a 0. En el 3 a 0, Messi se conformó con ser intermediario del gol de Neymar con un pase perfecto. Sin embargo, fue Pep quien terminó cargando con todas las culpas. Una simplicidad que ofende a la inteligencia. Ni único culpable de la derrota, ni único culpable de la victoria. Solo parte del complejo arte de jugar, eso son los entrenadores. Incluso los mejores.

…Y A 10.000 KILÓMETROS DE ALLÍ

Por aquellos días estuve de visita en Las Parejas, ciudad donde nací y donde empecé a correr detrás de una pelota tratando de alcanzar el sueño del profesionalismo. Esa semana se jugaba el clásico local (el Sportivo contra el Argentino) que, como se imaginarán, no competía en interés planetario con el Barça-Bayern. Fui uno más de los tres mil espectadores que llenábamos el estadio. De los pocos que no insultó a nadie. Como sabemos, mi país de origen es puntero en cuestión de violencia futbolística, algo de lo que se presume tanto en Buenos Aires como en las comunidades pequeñas. El partido no fue bueno. En todo caso, no mereció en absoluto el entusiasmo con el que la mitad del campo denigraba a la otra mitad. Es increíble lo poco que tiene que ver el delirio de la afición con la estética de un encuentro, pensé. Siempre he tenido claro que las llamadas bajas pasiones no necesitan de la belleza. Pero asistir en mi pueblo a ese partido me desconcertó. Como si el tiempo se hubiera parado varias décadas atrás. Más tarde encendí la televisión y puse el reloj en hora. Ahí estaba el Barça con su particular modo de hacer las cosas frente a Pep, que personaliza un estilo. Al menos maticé mi idea inicial: la belleza no le valdrá al hincha recalcitrante, pero sigue siendo la principal arma de seducción para los aficionados remotos de otros países, de otros continentes. A esos aficionados no les basta con el resultado, pero de ellos empieza a depender la economía de los clubes.

Por esa razón Guardiola es importante para el juego y, seguramente sin pretenderlo, para la economía. Yo lo veo así. Estábamos obsesionados con una táctica mezquina que empobrecía el fútbol volviéndolo conservador y previsible, cuando llegó un entrenador a romper la tendencia. Para desafiar esa obsesión era necesario un hombre obsesivo. Para desafiar la convicción con la que tantos entrenadores ocupaban los espacios, hacía falta un entrenador que aplicara la misma convicción en dominar el balón. Para desafiar tanta pasión por el resultado, se requería a un loco que desbordara pasión por el juego. No es lo mismo, por si usted se lo ha preguntado. Y Pep logró armonizar un equipo que te atacaba con y sin la pelota. Llegaron a jugar con tanta velocidad, precisión y clarividencia que eran capaces de descubrir, en tres toques, cualquier espacio que regalara su rival. Presionaban con tal eficacia que los rivales no les quitaban la pelota, sino que se la pedían prestada tres segundos. La consecuencia, a corto plazo, era ganar el partido. A largo plazo, ganar dos títulos de cada tres. Datos rotundos de un equipo que, habiendo sido despreciado por «romántico», desarma al más pragmático de los críticos.

22 MILÍMETROS

Aquel Barça hizo de la técnica colectiva la razón de ser de su juego. Una cuestión que Guardiola abordó con entusiasmo, pero que ya existía en el club desde hacía tiempo. El control y el pase son la línea de flotación de todas las asociaciones que propone el equipo y, para eso, el estado del terreno de juego es un factor decisivo. Cuando se juega contra el Barça, tener un campo en malas condiciones es como contar con un defensor más, y son muchos los equipos que abusan sin rubor de tal recurso. Conscientes de la ventaja que tiene para su juego el césped impecable, algunos jugadores del Barça han refinado la exigencia al punto de descubrir la medida ideal del césped: 22 milímetros. Por encima de esa altura, aumentaba la inquietud de Xavi, otro ideólogo que prolongaba desde dentro del campo la obsesión de Guardiola por rendir culto a la pelota.

Otra vez surge con nitidez un recuerdo de mi infancia, cuando fui testigo de una imaginativa pero sencilla forma de conservar el césped del campo de Sportivo, mi equipo de entonces. Terminado el partido del domingo, se soltaban tres ovejas que cumplían con dos tareas fundamentales: la primera era dejar el césped corto, de lo que se encargaban pastando; la segunda, más laboriosa, abonarlo de la manera natural que ustedes se imaginan. No sé qué opinarán Guardiola y Xavi de este método, pero ya que la globalización insiste tanto en la sostenibilidad, ahí queda mi propuesta.

En el clásico de mi pueblo me sorprendió que no hubiera más refinamiento en el juego. Un amigo ilustrado que estaba viendo el partido a mi lado, susurró con indignación: «¡No pido que den 42 pases seguidos como el Barça, pero por lo menos dos de vez en cuando!». Ahí reaparecía el Barça, en esta ocasión como unidad de medida que ha alterado la visión estética del fútbol. Nadie puede extrañarse. Los jugadores de los mejores campeonatos del mundo que salen por televisión, además de jugar, enseñan. Como ocurre con las modas: marcan tendencia. Y no es lo mismo tener como modelos a ídolos locales, como los de mi infancia sin televisión, que contar con la oportunidad de acceder a los mayores talentos del mundo cada semana. La misma lógica sirve para los aficionados de mi ciudad, que deberían haber elevado un poco el nivel de exigencia después de haberse familiarizado con los Messi, Ronaldo y todas las figuras que hacen cola detrás de estos dos descomunales talentos. Pero no. Los defensas despejan una pelota fuera del estadio y la grada aplaude, aliviada.

Sembrar fútbol

Da igual en un pueblo que en una gran metrópoli, da igual ahora que hace cien años, el miedo siempre ha condicionado el juego. Por esa razón lo de Guardiola tiene tanto mérito. Conocer el riesgo de salir jugando desde el fondo de la defensa y asumirlo con tanta naturalidad es hasta provocador, porque desafía los instintos más primarios. Pero Guardiola no negocia sus ideas y en el Barça demostró que es un innovador enfermizo. Aun ganando encuentros y campeonatos, hizo cambios sin rozar la esencia del equipo, que era la de protagonizar los partidos de principio a fin. Estamos ante un idealista muy creativo que ha cruzado el puente hacia lo práctico, y que nos ha obligado a cambiar nuestra mirada respecto al fútbol. ¿Tanto cuesta reconocerlo?

Desde su paso por el Barça, el fútbol se ha movido en la dirección que él ha marcado. La Selección Española es un claro ejemplo, porque ese excepcional equipo se aprovechó de jugadores que crecieron en la cultura del toque. En Alemania, la llegada de Guardiola al Bayern acortó los plazos y dotó de más seguridad a algunos jugadores claves de una selección que ya había empezado a cambiar de rumbo con Klinsmann en 2006. El Mundial de Brasil 2014 coronó esa revolución. Dándole la vuelta a la frase de Di Stéfano, Alemania ganó como casi siempre, pero jugó como nunca. Guardiola también puso alguna piedra en ese monumento.

Con esto quiero resaltar que el Barça de Guardiola llevó no solo sus propias fronteras sino también las del fútbol un poco más allá. Su influencia todavía no ha llegado en todas sus consecuencias a Las Parejas, mi ciudad. Quizá podríamos enseñar a las ovejas a cortar la hierba a 22 milímetros y esperar que un improbable círculo virtuoso nos traiga un fútbol mejor. O esperar que la tendencia siga haciendo su trabajo.

La pobre recompensa moral

Otro de los aspectos que había que analizar en aquel Barça-Bayern era cómo acogería el barcelonismo a Guardiola en su regreso a casa, teniendo en cuenta el peso de su personalidad en la historia del club y los recuerdos, aún frescos. Se lo explicaré con sencillez: lo recibieron como si fuera un ciudadano cualquiera. Ni a gritos ni con tímidos aplausos. Nada. Un motivo de peso para desaconsejar el oficio de entrenador a cualquier persona sensata que lea este libro. Si el

Camp Nou recibe con absoluta indiferencia al mejor entrenador que el club ha tenido nunca (Cruyff está fuera de esta competencia porque su lugar es el de profeta), es que esta profesión no ofrece ninguna compensación moral a sus grandes protagonistas. Llevado al terreno freudiano, habrá que admitir que a un aficionado le es más fácil querer a un club que a una persona. Pero llama la atención que nadie lo recibiera como a la leyenda viva a la que se deben tantos buenos recuerdos y el tramo más glorioso de la historia del club. Me sorprendió esa frialdad. Esperaba un homenaje espontáneo antes del partido y, luego sí, el olvido en medio de la batalla. Me equivoqué, como tantas veces que intento comprender las reacciones de la gente. La masa piensa así: el que se quita nuestra camiseta, pierde nuestro cariño. La consagración del presente tiene ese defecto.

El fútbol se maneja muy mal con los tiempos del reconocimiento. Está tan obsesionado con el próximo partido, tan atado al resultado, que no perdemos un minuto en reconocer a los futbolistas o entrenadores que dignifican la actividad, un cuarto de hora después de que se hayan marchado. Guardiola, que es todo fútbol, arrastra otros ejemplos. Cuando falleció Luis Aragonés, la España futbolística quedó conmocionada. Fue increíble comprobar el agradecimiento que se le debía, el reconocimiento que sin duda merecía, la admiración que tantos años de dedicación al fútbol había provocado en los aficionados de todos los clubes. Pero más increíble resulta que se muriera sin haber recibido toda esa admiración. El día a día de Luis Aragonés, como el de tantos entrenadores, estaba hecho de frustraciones y alegrías, pero también de conflictos, polémicas, guerras tribales y todo lo que le añade salsa al «otro fútbol», ese que mueve la máquina de hacer dinero entre partido y partido.

La trayectoria de Luis experimentó un cambio sorprendente a lo largo de su vida, lo que da valor a la escuela que Pep hizo célebre. Después de ser reconocido como el rey del contragolpe durante décadas, Luis Aragonés terminó formando a un equipo lleno de bajitos que escondían la pelota y mortificaban a los rivales haciéndoles correr de un lado a otro. Los enemigos quedaban sorprendidos y hasta humillados por esta nueva España, que solo les permitía tocar la pelota cuando la sacaban de dentro de la portería. Pero lo de recoger la pelota era como cuando en un baile se acaba una canción: al cabo de unos segundos, vuelta a empezar.

Aquello fue como hacerse la revolución a sí mismo. Después de haber sido uno de los representantes del contragolpe, y de anteponer el resultado al juego convirtiendo en célebre el lema «Ganar, ganar y luego volver a ganar», Luis Aragonés terminó su carrera honrando una frase que nunca pronunció: «Jugar, jugar y luego seguir jugando». La paradoja (no me canso de decir que el fútbol siempre se guarda una) es que cuando solo pensaba en ganar, no ganó más que esporádicamente, y que cuando se propuso jugar por encima de todo, levantó una Eurocopa largamente soñada por España. Una manera justa de acabar una carrera llena de amor al fútbol. Hay que insistir: se fue siendo querido por jugadores, aficionados, periodistas… Pero es una mierda que no nos hayamos acordado de decirle, al menos diez minutos antes de su marcha, lo que el fútbol le debía. Lo que el fútbol le quería. Así somos, y no es para enorgullecernos. Como no fue para enorgullecer a nadie el recibimiento que se hizo a Pep aquella noche en que volvió a casa defendiendo otra camiseta.

La fiesta de los vulgares

Finalmente, «el regreso de Pep» nos puso ante una evidencia que desprecio con toda mi alma: los mediocres se conjuran contra los excelentes. Guardiola está cansado de ganar y sus equipos practican siempre un juego atrevido (incluso arriesgado para el gusto general), generoso (con el espectáculo), elegante (porque la técnica colectiva que propugna es bella), noble (porque no utiliza la violencia), y así podría seguir con los elogios. Nada de lo que les cuento es fácil. Un día le pregunté a Cruyff por qué no había más entrenadores que apostaran por un juego eminentemente atacante y su respuesta fue rotunda: «Porque para eso hay que saber». Efectivamente:

para destruir basta con acumular gente; para atacar es necesario un plan mucho más sofisticado. Di Stéfano solía decir que «para destruir basta un tipo con un martillo, pero para construir hacen falta planos y conocimiento». Ya que hablamos de planos, voy a pedirles que nunca pongan en el mismo plano al entrenador que propone fútbol y al que lo niega. Entre ambos hay un abismo. Los equipos de Pep meten muchos goles y reciben poquísimos porque están muy bien trabajados, y compensan sus líneas con esfuerzo y un orden ejemplar. Cuestión de conocimiento y de un trabajo titánico. Sin embargo, mucha gente (no olvidemos que el resentimiento siempre ataca en manada) parece desear el fracaso de la excelencia que representa Guardiola y se alegraron de su eliminación. La de Pep, no la del Bayern.

Lo cierto es que Pep llegó a Barcelona como si regresara a su casa, salió al estadio sin encontrar ni un perro que moviera la cola, dirigió con la expresividad de siempre, padeció los goles estoicamente, pasó por la rueda de prensa analizando con frialdad e inteligencia lo ocurrido y se fue con la discreción que acostumbra. Mientras los mediocres aplaudían su derrota, Pep analizó los errores para aguardar la próxima oportunidad mejor preparado. Sabemos algo: nada lo saca del carril de sus convicciones. Pelota al suelo, largas posesiones, juego de ataque, compromiso colectivo… Aunque el Bayern ganara 3 a 2 en el partido de vuelta con una actuación digna, nada de lo que intentó fue suficiente, porque una evidencia que él conocía mejor que nadie se cruzó en su camino en aquella eliminatoria: es más fácil con Messi que sin Messi.

El líder silencioso

A todos nos gusta un poco el peligro, pero no todo el tiempo. Los entrenadores, siempre amenazados, buscan desesperadamente certidumbres para vivir algo más tranquilos. Casi todos las encuentran en la disciplina, la sistematización de los movimientos, los dibujos tácticos, las conductas conservadoras... En el control y el esfuerzo, que siempre nos dejan con la sensación del deber cumplido. La razón la conocemos desde hace mucho: «En fútbol, es más peligroso perder que reconfortante ganar», como le oí una vez a Marcelo Bielsa. ¿Quién, sino un entrenador, podría haberlo dicho? El hombre del que hablaré conoce como nadie el plus de peligrosidad de su profesión, pero no le mueve un pelo porque sabe que el error más grande es tomarse el fútbol demasiado en serio.

Sintonía con la historia

La llegada de Carlo Ancelotti al Real Madrid para sustituir a José Mourinho se vio favorecida por dos leyes físicas. La primera es que todo tiende al reposo. La segunda es que el ruido disminuye cuando se aleja (¿es esta una cuestión física?). El resto tiene que ver con su personalidad comedida, que ni siquiera en los momentos de euforia necesita proclamar que se siente menos grande que el club más grande de la historia. Se le ve en cada una de sus actitudes. Y fue así, sin ninguna ostentación napoleónica, con profesionalidad, sentido común y devolviendo las portadas de los periódicos a los jugadores, como Ancelotti volvió a levantar el imperio. El optimismo de los aficionados, como pueden ver, necesita de poco impulso. Con repasar la historia, al orgullo ya le basta.

A su llegada, apoyó una excelente medida: incorporar a jóvenes españoles como Jesé, Carvajal o Isco, que habían crecido idealizando al Real Madrid. La identidad es muy buena para la salud del vestuario y desde la marcha de Raúl, tan identificado con el madridismo, no sobraba. El Real Madrid es una referencia gigantesca. Porque, dentro de España, su protagonismo futbolístico lo ha elevado a la condición de omnipresente, hasta convertirse en parte imprescindible del paisaje mediático y social. Y, en el exterior, fue la primera empresa española que conquistó el mundo mucho antes de que supiéramos lo que significaba la palabra «multinacional». Y, hablando de palabras, no me extrañaría que las nuevas incorporaciones hubieran aprendido a decir «Real Madrid» antes que «fútbol». Porque a cualquier chico español que tenga la suerte de llegar al Real Madrid no hará falta enseñarle lo que representará el día que se ponga la camiseta del club: lo sabe desde la cuna. Estoy refiriéndome al conjunto de valores que enorgullecen al madridismo cuando se respetan, y lo avergüenzan cuando se traicionan; me refiero a millones de personas que, porque lo aman o lo odian, hacen del Madrid el club más popular del mundo; me refiero a ganar desafiando la lógica; me refiero a la magia del Santiago Bernabéu, que se convierte en un futbolista más cuando el equipo lo necesita; me refiero a jugadores extraordinarios que maravillaron al mundo, que regaron el campo de sudor y que levantaron más Copas que nadie en el único siglo analizable en su conjunto: el XX. ¿Leyendas? Claro que sí, las que crea la historia y el amor a un club. Las que nunca deben refutarse ni negociarse para ganar lo que al Madrid le sobra: un título más.

La grandeza se mama

He estado en ese vestuario muchas veces, primero como jugador y más tarde desempeñando funciones técnicas o directivas. Entre la primera y la última vez, han pasado más de veinticinco años. Pero hay cosas que no varían. Antes de saltar al campo, cuando los nervios aprietan ante la inminencia del partido y se buscan palabras para calmar la tensión, siempre hay una voz que se eleva sobre las demás para decir: «¡Vamos, que somos el Madrid!». Nada original, pero esas pocas palabras atenúan el miedo, porque «ser el Madrid» en ese contexto quiere decir ser lo máximo. Por otro lado lo acentúan, pues significa un desafío: estar a la altura de algo imponente. Ese impacto emocional aumenta la competitividad si uno no se asusta en la espera.

Carlo Ancelotti, Rafa Benítez y Zinedine Zidane (últimos inquilinos del banquillo) prometieron espectáculo desde el primer día porque saben que la grandeza del Madrid no acepta ganar desde la mediocridad futbolística, como tampoco desde la mediocridad moral.

Tras mi primer año en el Real Madrid fui testigo de una irrupción histórica: la de la Quinta del Buitre. Cinco jugadores jóvenes que refrescaron el equipo hasta el punto de que parecimos saltar del blanco y negro al tecnicolor, como España entera bajo el entusiasmo de la Transición. Desde entonces, creo que fichar jugadores jóvenes es fichar futuro, frescura, ilusión. Aportes necesarios para compensar el drama que amenaza al Madrid en cada partido, que no es otro que el de perderlo.

Pero además, estos jóvenes serán los herederos de Casillas, como Casillas lo fue de Raúl, como Raúl lo fue de Butragueño, como Butragueño lo fue de Camacho, Santillana y Juanito, y así hasta remontarnos más de cien años. No es una cuestión menor, porque esa cadena sucesoria empieza a romperse en el Madrid como consecuencia de un malentendido de la globalización: creer que lo que llega de lejos es mejor que lo está cerca. También vale cuando hablamos de jugadores. Lo nuevo siempre tiene que construirse sobre lo viejo para poder aprovechar la fuerza de las raíces.

Mundo de hombres, no de dictadores

El del fútbol es un mundo de machos. Que no se me entienda mal: las mujeres tienen el mismo derecho a disfrutarlo, pero la de ellas ha sido una incorporación tardía. No existe el fútbol mixto y, desde su origen, lo masculino ha impuesto su particular manera de entender las cosas: recia, vigorosa, bélica en su lenguaje, autoritaria en sus relaciones, violenta en las gradas. Ser débil, dentro de su ámbito, ha estado siempre muy mal visto. Por otro lado, los directivos suelen proceder de la esfera empresarial, donde el liderazgo por lo general es cosa de tiburones que hacen pocas concesiones afectivas. El hombre del que hablo entiende muy bien todo esto, porque fue futbolista de élite y sabe que la inseguridad patológica que sienten los jugadores necesita apoyarse muchas veces en el afecto del entrenador.

Esto viene a propósito del debate que provocó la figura de Carlo Ancelotti en su paso por el Real Madrid, en que fue acusado de débil por mantener una excelente relación con los jugadores. El liderazgo tiene dos maneras extremas de ejercer su poder: inspirando miedo o inspirando afecto. Ancelotti pertenece al segundo grupo. Supo ganarse la confianza de los jugadores, que le mostraron un fuerte compromiso hasta el último día y lo respaldaron públicamente siempre que les pusieron un micrófono delante. Otra prueba en contra del pobre Ancelotti, porque cada elogio que recibía de sus futbolistas era entendido en el club como una nueva demostración de que era más amigo que jefe.

En el Real Madrid, perder provoca un terremoto que no deja nada en su lugar. La indignación que sigue a la derrota exige un culpable y una teoría que sostenga tal culpa. En esta ocasión la conclusión fue que Ancelotti era demasiado bueno, y en consecuencia algo débil, y en consecuencia poco exigente, y en consecuencia un perdedor. Aquellos que pretendan ser entrenadores que tomen nota de los prejuicios que puede generar ser una buena persona. En realidad, en el mundo del fútbol se inventan teorías tanto para el que pierde, como para el que gana. Las primeras son destructivas y las segundas, gloriosas. Las dos, exageradas.

El líder amable

Su liderazgo discreto pareció invisible para algunos sensores mediáticos porque tuvo el don de calmar la tempestad sin alzar la voz. Como no gritaba igual que un desaforado se le consideraba débil en su relación con los jugadores; como sus discursos tenían siempre un sentido institucional, se dijo que era demasiado complaciente con los directivos; como es paciente, se lo confundió con un inmovilista en el terreno táctico; como tiene sentido común, lo acusaron de aburrido. Cuando el equipo perdía, lo tildaban de incompetente para arriba, como si todos los caprichos que se da el fútbol durante un partido dependiesen exclusivamente del entrenador. A Ancelotti nada de esto parecía preocuparle, consciente de algo que sin duda pensaba: «Si no te gustan los problemas, no debes ser entrenador de un equipo grande».

Tengo la sensación de que, de todos los entrenadores actuales de gran nivel, Ancelotti es el que mejor conoce lo relativa que es la vida y el escalafón social que ocupa el fútbol: muy importante, pero nunca medular. Y también el lugar que ocupa el entrenador entre todas las variables que crean el fútbol: muy importante, pero nunca por encima de los jugadores. Gana o pierde con la misma tranquilidad, jamás hace el ridículo para justificar lo injustificable y tampoco pierde un solo segundo con el mal gusto de la demagogia. Un entrenador extraordinario y un hombre ordinario, eso es Carlo Ancelotti. Lo último (ser un hombre ordinario), habiendo levantado cinco Copas de Europa, es todavía más admirable porque significa no haber sido contaminado por el virus peligrosísimo de la vanidad. Creo que Ancelotti tuvo suerte al llegar al Real Madrid y que el Real Madrid ha tenido aún más suerte por contar con Ancelotti, porque su personalidad enlazó a la perfección con la mejor tradición del club.

La psicología del agricultor

Lo pusieron a prueba desde el mismo diseño de la plantilla. Ahí va un ejemplo paradigmático. La marcha de Xabi Alonso y Ángel di María, dos jugadores abnegados, consistentes y de gran inteligencia colectiva, le descuadró el centro del campo que había alcanzado la Décima. Si observábamos su cara, estaba claro que a Ancelotti no le había gustado la decisión, pero de su boca jamás salió un comentario negativo. Y como lo que desestabiliza no son las caras sino las palabras, allí donde algunos periodistas intentaban buscar un conflicto se toparon con un discurso maduro, tranquilo, como máximo irónico. Aplicó esa psicología de agricultor que parece haber incorporado a su personalidad desde niño: tanto si lo arregla el tiempo como si no, para qué preocuparse. Cuando el Madrid perdió dos partidos seguidos, las críticas alcanzaron de lleno a directivos, jugadores y, sobre todo, entrenador. Esa fue la gran prueba. Ancelotti nunca perdió los papeles y su tranquilidad fue oro molido a la hora de encontrar salida a la crisis.

En primer lugar, transmitió confianza desde su misma actitud relajada, una especie de calmante en medio de la perplejidad y las críticas furibundas que en el Madrid siempre están aseguradas. En segundo lugar, transmitió su fe en la calidad, como si el talento fuera un valor mucho mayor que cualquier ocurrencia de entrenador. En tercer lugar, no permitió que las dudas dividieran al equipo. El último punto es el esencial. Ancelotti es como esos perros ovejeros que solo parecen ocupados en mantener unido al rebaño. No dramatiza, ni divulga su disconformidad, ni da pábulo a ninguna polémica porque todos los conflictos atentan contra la unión. Hace medicina preventiva todos los días para que el vestuario no sea una suma de voluntades sueltas, sino un equipo.

El discreto adiós del hombre que hacía fácil lo difícil

Siempre que se ganaba y el equipo convencía, los elogios eran para los jugadores mientras que Ancelotti pasaba inadvertido. Veíamos partidos cuyas crónicas hablaban de una defensa más firme, de jugadores más sacrificados para poblar el centro del campo, con delanteros más sueltos para amenazar con más frescura la portería adversaria. Cada adverbio «más» tenía que ver con una aportación del entrenador al equipo, pero nada de eso se valoró. A algunos los había metido en razón para que corrieran más y a otros para que corrieran mejor. Ninguna de las dos cosas resultan fáciles, porque a jugadores de tal envergadura no se les ordena, sino que se les convence.

El Real Madrid, por la conformación de su plantilla, era un puzle muy difícil. Las piezas que le dieron a Ancelotti había que forzarlas un poco para que encajaran. Pero Carlo, más que empujar, negociaba con cada pieza para que entendieran cuál era el lugar que le convenía a fin de favorecer el interés general. Si fracasaba en el intento no le echaba la culpa a nadie y se volvía a su casa con tranquilidad de conciencia. Al fin y al cabo, si todo es relativo, en el fútbol aún más. Los sabios como Ancelotti lo saben mejor que nadie. Así que, cuando le señalaron la puerta de salida, dio la última lección marchándose con la misma tranquilidad con la que había honrado el cargo de entrenador durante dos temporadas. No solo había pacificado al Madrid, sino que le había devuelto la gloria (a la que llaman «Décima») y la dignidad institucional.

Lo cierto es que en un ámbito como el del fútbol español, donde el autoritarismo y la intensidad tienen tanto prestigio, se marchó un personaje más amigo de pisar el freno que el acelerador y que, desafiando la tendencia, no hizo ninguna contribución al embrutecimiento del fútbol y la sociedad. Sin levantar la voz, fue capaz de pacificar el Madrid con una inolvidable elegancia moral, lo que lo hace merecedor del recuerdo agradecido de los buenos madridistas.

Benítez en tiempos revueltos

Rafa Benítez llegó al Madrid para cumplir un sueño creyendo que conocía el club, puesto que ya había trabajado en él hacía más de veinte años. Pensaba que volvía a casa, pero de entrada se encontró con un Madrid menos familiar, más planetario, donde el fútbol tiene que discutir sus necesidades con el departamento de marketing y en el que el entrenador trabaja bajo amenaza en cada partido. De salida, se topó con desagradecimiento. Porque su generosidad con el club (respetando la estrategia, respaldando las teorías conspiratorias que desde hace algún tiempo persiguen al presidente y manteniéndose sereno y optimista mientras caían bombas a su lado) fue mucho mayor que la que el club mostró hacia él.

Benítez llegó envuelto en elogios: «Un entrenador que respira fútbol, profesionalidad y madridismo, que hace del método su principal herramienta de trabajo y que respira calidad, esfuerzo, entrega y pasión», dijo Florentino Pérez en su presentación. Vivió entre elogios: «Benítez es la solución y no el problema», dijo el mismo Florentino Pérez tres semanas antes del cese. Y se marchó rodeado de elogios: «Se va un gran profesional y una magnífica persona», como concluyó Florentino siete meses después de su llegada. A Benítez el tiempo se le fue de las manos como el agua, sin lograr seducir a sus jugadores ni divertir a los aficionados ni convencer a los directivos.

El hombre del método

La apuesta por Rafa Benítez que hizo el Real Madrid al comienzo de la temporada 2015-16 ha provocado varios debates. Me interesa uno por encima de todos los demás: aquel que enfrenta el control con la libertad. Pero vayamos por partes. Benítez nació como entrenador en las divisiones inferiores del Real Madrid y eso genera un vínculo sentimental con el club. De algún modo pertenece al madridismo. Cuestión importante teniendo en cuenta el inevitable debilitamiento de la identidad que padece el club. Por otra parte, la larga y en general triunfal carrera de Benítez en países con un fútbol de primer nivel —no solo en España, sino también en Inglaterra e Italia—, nos ponía ante un entrenador de gran experiencia. Los dos datos lo convertían en uno de los pocos hombres aptos y maduros para un club en el que todo lo que se logra parece insuficiente. Lo de si era oportuno relevar a Ancelotti es otro cantar, que no responsabilizaba a Benítez, aunque fuera él quien tuviera que pagar los gastos que supone suplantar a un hombre querido.

Conozco a Rafa Benítez desde sus inicios profesionales y valoro su vocación por el fútbol, su rigor profesional, su capacidad de aprendizaje, su obsesión metodológica, su valentía para salir de España a conquistar otros idiomas, otras culturas, otros campeonatos. Creo en otro tipo de fútbol, pero sé reconocer el mérito en un medio tan complejo.

Benítez es estudioso, metódico, amigo de las estadísticas y más preocupado por lo colectivo que por lo individual. Este último punto resulta interesante porque nos sitúa ante dos maneras de ver el fútbol. Hay entrenadores que intentan mejorar a cada jugador y así, sacándole brillo a la platería, logran éxitos importantes. Ancelotti compartía esta manera de ver las cosas, porque se trata de un hombre que, más que dictar leyes, negociaba con sus jugadores. Para eso hay que fabricar un marco general que no resulte muy estresante y ser tolerante con la creatividad, porque el tipo de jugadores que llega al Real Madrid necesita cierto grado de espontaneidad en sus decisiones. Hay otra manera de entrenar: pensar siempre en el grupo como si el equipo fuera un ejército y el general de ese ejército se llamara orden. Es indiscutible que el fútbol evoluciona hacia esto. En parte porque los entrenadores han aumentado su poder en la estructura de un club y en parte porque los jugadores se sienten más cómodos obedeciendo que pensando.

Según encuestas realizadas en varios países, una gran mayoría de los seres humanos preferimos tener un jefe. Ya saben: mayor tranquilidad, menos responsabilidad. Seguramente empujados por esa lógica, hace tiempo que los futbolistas, salvo excepciones, han aceptado moverse como piezas de ajedrez o, lo que es lo mismo, tener un entrenador que piense por ellos. Así llegaron los progresos metodológicos, los video-espionajes para estudiar a los rivales, las tácticas estrictas y geométricas como telarañas en las que la libertad de los futbolistas se ha ido enredando. En eso Benítez siempre fue una autoridad. Para él la palabra «equilibrio», además de formar parte de una obsesión, tiene el poder psicológico o espiritual de un mantra. Desde que llegó al Real Madrid la personalización de esa idea fija se llamó Casemiro, un mediocentro que, cuando jugaba, lograba que Benítez durmiera más tranquilo.

Un entrenador estricto para jugadores libres

El fútbol se nos ha convertido en un juego sólido, cabal, concreto. Como pueden observar, necesito al menos tres adjetivos para que la palabra «juego» no quede asociada al placer y el riesgo.

Me cansan esos conceptos que se han abierto paso hasta la opinión pública, del tipo «apretar las líneas» (como si los equipos pudieran atornillarse), «tirar pelotazos y pelear el segundo balón» (balón hay uno solo y muchos no saben qué hacer con él), «aprovechar al máximo los balones parados» (aunque si ven que el balón se mueve, que nadie se preocupe, es normal). En fin, metáforas que definen situaciones y que hacen más fácil la acción de los futbolistas medianos y los comentarios de los periodistas acomodaticios. No soporto ese lenguaje. Unificar lo diverso no significa hacer algo monolítico como la formación tortuga que empleaba el ejército de Alejandro. Resulta indiscutible su eficacia, pero en una concepción colectiva tan hermética no hay forma de diferenciar al mejor del peor. Todos son iguales ante la ley táctica: soldados rasos. ¿Y el que tiene talento para ser general? Pues también soldado raso.

La riqueza del fútbol tiene que ver con la mezcla de talentos de distinto calibre, con técnicas de todo signo, con inteligencias hechas a la medida de determinadas posiciones, con choques de orgullos, con ilusiones, miedos y cuanto pone en combustión a un ser humano que compite al máximo nivel. Contener esa energía creativa con un exceso de control atenta contra la grandeza de los equipos a los que les sobra talento. Y si hablamos de talentos superiores, hablamos de la plantilla del Madrid. Cristiano Ronaldo, Bale y Benzema, sin ir más lejos, son espíritus libres de tremenda categoría, pero que perderían el paso en un desfile militar. Jugadores de este tipo son capaces de hacer saltar la cerradura de cualquier caja fuerte que les pongan delante, pero los aburre la táctica cuando se vuelve demasiado sofisticada. Son jugadores de respuestas más espontáneas que reflexivas. Eso no significa que vayan a cabecear un córner con un sombrero panameño. Los jugadores de este nivel saben utilizar la libertad para hacerles la vida imposible a sus rivales.

Los entrenadores del corte de Benítez necesitan de piezas muy ajustadas y para eso resultan imprescindibles los jugadores disciplinados. Y con ellos logran una competitividad muy meritoria, basada en la organización, en el esfuerzo y en todas las variables de la eficacia. Para los jugadores de clase media, un entrenador como Benítez es una bendición porque les saca un rendimiento máximo. Donde no llega el talento, llega la instrucción, los entrenamientos por repetición, el respeto a las leyes colectivas del juego y hasta las recomendaciones sobre cómo poner el pie para pegarle a la pelota o, más allá aún, sobre los últimos avances en nutrición. No es casual que jugadores como Lucas Vázquez, Jesé y Casemiro, en su corto ciclo, hayan rendido por encima de lo esperado. Cada vez que se los requirió se comportaron como soldados y, desde el cumplimiento de las obligaciones, se llenaron de confianza, superando así las expectativas. Con ellos en el campo, el Real Madrid podía permitirse una presión alta muy del gusto de Benítez y el equipo hizo gala de una sensación de autoridad en partidos importantes (Athletic de Bilbao, Atlético de Madrid, PSG, Celta... todos en condición de visitante). Keylor Navas siempre respondía con dos o tres paradas salvadoras, pero como el equipo parecía evolucionar y no perdía, en las ruedas de prensa Benítez podía defenderse con estadísticas. De ese modo, en sus primeros meses el Madrid fue manteniendo el siempre necesario estado de optimismo.

Primeros nubarrones

Hasta que llegaron dos partidos que cambiaron las cosas. Así como en la guerra se dice que no hay plan que resista el primer contacto con el enemigo, en el fútbol basta un contratiempo (un partido perdido, un gol en contra, un «uy») para que el famoso equilibrio se desequilibre. El aviso lo dio el PSG en el Santiago Bernabéu, frente a un Madrid pasivo que miraba cómo su rival movía la pelota parsimoniosamente en un largo baile solo interrumpido por Nacho, que al minuto de sustituir a Marcelo tiró un centro con tan poco acierto que terminó en gol. El resultado vino a ocultar una realidad preocupante. Pero lo ocurrido había sido excepcional. De modo que el partido frente al Sevilla se convirtió en un test antes de la llegada del clásico.

Y el Madrid empezó con un dominio que parecía presagiar una goleada. Una posesión de balón muy cómoda, aproximaciones constantes al área y un golazo de Ramos a la salida de un córner. Todo parecía tan fácil que el equipo se contentó con pasar la pelota de un jugador a otro, siempre al pie, dejando escapar la oportunidad de acabar el partido apretando un poco el acelerador. Hasta que el Sevilla tiró dos centros con cierto peligro y, también en un córner, alcanzó el empate. Se oyó un «Uuuyyyy» que lo modificó todo. De pronto el equipo pasivo, sin respuestas físicas ni tácticas, fue el Madrid, al que el segundo tiempo se le escapó de las manos. Recibió dos goles más y aunque James disfrazó el marcador dejándolo 3 a 2, las sensaciones fueron preocupantes. Las explicaciones tras el partido no arreglaron nada. En el Real Madrid no hay sustituto narrativo para un mal resultado. O lo que es lo mismo: si pierdes te jodes y no des explicaciones porque dirán que es una excusa. Así es la vida en el fútbol moderno.

El clásico destrozo

Un buen número de jugadores que necesitan más libertad que orden bajo el mando de un entrenador que se lleva mejor con el orden que con la libertad. Un periodismo agresivo que dudaba seriamente de que el agua se mezclara con el aceite. La afición, de uñas, porque el Madrid se lleva fatal con los malos resultados. Y el Barça, en la puerta como próxima prueba. Era la hora de saber qué elegiría Benítez: si ser un poco menos Benítez, aceptando la singularidad de la plantilla, o ser más Benítez que nunca, exigiendo que la plantilla se adaptara a él.

Un mal partido puede ser algo excepcional, dos malos partidos quizá sean una casualidad, pero tres malos partidos son el síntoma de una enfermedad, de modo que la visita del Barcelona tenía algo de examen médico. Por primera vez Rafa Benítez tuvo disponibles a todos sus jugadores y eligió, para cada puesto, a los mayores talentos. Se interpretó como una concesión del gestor/entrenador hacia la estrategia del club. Marcelo Bielsa suele advertirnos que «lo que no debe hacer nunca un entrenador es una cosa y la contraria», porque eso enloquece a los jugadores, que no sabrán a qué atenerse. Bielsa se quedó corto: también confunde a los aficionados, a los periodistas, a los directivos... La apuesta salió mal. Un juego pobre, un resultado desastroso (0 a 4), poca energía para rebelarse contra la derrota... La evaluación de los daños fue trágica y, aunque el efecto fuera retardado, las consecuencias resultaron definitivas para Benítez.

Es increíble la capacidad del fútbol para romper tantas cosas en un solo partido. El día del Real Madrid-Barcelona se rompió por primera vez la armonía de la afición con Florentino Pérez, al grito de «¡Florentino, dimisión!». Florentino, un gran talento empresarial, cayó primero en la tentación y después en la trampa de creerse un sabio en materia futbolística. Un frío estratega empresarial debe estar por encima de las pasiones y no bajar jamás a las trincheras sin un manual de supervivencia. En el mismo día le estalló en las manos el episodio Casillas, el despido de Ancelotti, la pobre actuación del equipo y, sobre todo, su paso de presidente a gestor deportivo.

Después del clásico, Benítez hizo un alarde de pensamiento positivo. Pero el presidente se sentía en peligro, los jugadores no sintonizaban con la idea, los aficionados no se divertían y los periodistas contaban cada día una nueva historia de terror... Nadie se sentía con el ánimo de acompañar a Benítez en su optimismo. La hemorragia era imparable y los Reyes le trajeron al madridismo a Zinedine Zidane, la fuerza de un símbolo que no necesitó ni abrir la boca para inaugurar un mundo nuevo lleno de entusiasmo. En cuanto a Benítez, su sueño terminó en pesadilla. Demasiadas diferencias entre el diseño de la plantilla y su ideario, entre el Madrid que él esperaba encontrar y el real, entre el tiempo que él necesitaba para desarrollar su idea y el que el club puede permitirse. Lo cierto es que, víctima de estos tiempos, fue despedido sin muchas contemplaciones y devorado de inmediato por el olvido.

Bielsa: la obsesión ética

Marcelo Bielsa es un hombre sobre el que llueven opiniones de todo tipo, porque su personalidad es excesiva y al fútbol le encantan las exageraciones. Se trata de un entrenador para todo equipo que aspire a la grandeza, porque allí donde no llega el dinero tienen que llegar las ideas, y las de Bielsa son originales y potentes. La desmesura de su personalidad la traslada al comportamiento de sus equipos, siempre honestos, valientes y generosos en esfuerzo y espectáculo.

Es conocida la historia del gusano de seda al que un profesor ayudó a salir de su crisálida con ayuda de un bisturí. Ese acto de buena intención se reveló fatal, porque la mariposa no logró volar. El tremendo trabajo que hacen las mariposas para romper el capullo ejercita sus alas y las llena de confianza para emprender el vuelo. Si se les ahorra ese esfuerzo, mueren. Eso jamás le ocurrirá a Marcelo Bielsa. Desde que lo conozco, hace más de cuarenta años, tengo la impresión de que nunca ha dejado de mover las alas. Forma parte de una familia prominente de Rosario en la que su abuelo fue un jurista de referencia, su padre un abogado de prestigio, su madre una pedagoga ejemplar y sus hermanos completaron una brillante carrera política. Si en esa casa no podían decirse tonterías a la hora de comer, menos aún podía pretenderse ser futbolista, profesión que en los años setenta no gozaba de mucho prestigio para la burguesía intelectual. Pero Marcelo, amigo de lo popular, empezó pronto a dar señales de terquedad y se empeñó en abrazar este juego, al fin y al cabo, un amor muy argentino. Lo conocí por aquellos tiempos (en las divisiones inferiores de Newell's, en Rosario, cuando no teníamos más de quince años) y debo decir que pocas veces he visto a alguien poner tanto interés en algo. Pero metió su primera gran pasión a contramano. Hasta entonces, yo ya sospechaba que el talento solo no bastaba para jugar al fútbol; desde entonces supe que, solo con el esfuerzo, tampoco. Él no había nacido para jugar, pero cuando la pasión se centra en un motivo de interés, la aventura intelectual se hace imparable. Donde no llegaba el talento físico para alcanzar la condición de jugador, empezaba a agitarse la pasión del entrenador. Agitó las alas dentro de su familia, las siguió agitando para intentar ser futbolista y toda esa energía acumulada la volcó luego en una actividad que le compensó por todo el esfuerzo. Ser entrenador requiere de un grado de obsesión que está en la naturaleza de Bielsa. Si lo plasma en el fútbol en calidad de entrenador es porque ama el juego por encima de todo. En ese ámbito, es un referente de importancia colosal. Dentro y fuera del campo. Dentro, porque ha logrado éxitos importantes; fuera, porque es considerado como un entrenador de culto por muchos. Yo entre ellos.

Hay entrenadores que le hacen bien a un equipo, otros que le hacen bien al fútbol y, finalmente, están los que le hacen bien a un país. En este último grupo pongo a Marcelo Bielsa, y tengo a Chile (última selección a la que entrenó) como testigo. Por supuesto que parte de la explicación tiene que ver con la fuerza simbólica del fútbol, pero la parte más importante la imprime la fuerza de determinadas personas de convicciones firmes y nobles. Cuando esas actitudes se trasladan a la sociedad a través de un vehículo tan popular como este deporte, ayudan a crear una sociedad mejor.

Suelo impartir una conferencia sobre los atributos que debe tener un líder de nuestro tiempo. Cada uno está ejemplificado por un gran personaje del mundo del fútbol. Si hay que aludir a la pasión, el ejemplo es Guardiola; si se trata de ilustrar la simplicidad, Hugo Sánchez; si me refiero al talento, Pelé y Maradona. Como creo que el liderazgo empieza en la ética, el primer atributo que refiero es el de la credibilidad, y quien mejor lo representa no puede ser otro que Marcelo Bielsa. Un entrenador admirable por la meticulosidad con que analiza el fútbol, por su capacidad para exprimir a sus equipos exigiéndoles una entrega absoluta, por su afán de ser siempre protagonista juegue contra quien juegue. Pero si hay algo que, a mi modo de ver, lo convierte en un ejemplo que hay que seguir es su obsesión ética. También en este punto tuvo que sacudir las alas, porque nació en un país que ha convertido la picardía en virtud y la honestidad, en un rodeo que vuelve demasiado largo y fatigoso el camino hacia el éxito. Marcelo Bielsa jamás ha tomado ningún atajo para alcanzar la cumbre. Y cuando se lo ofrecieron, lo rechazó con las palabras justas. Por ejemplo, el día en que el Español lo cesó y el club vistió el despido como de «común acuerdo». Bielsa se apresuró a decir que lo habían «echado» porque prefería el «desprestigio a la mentira».

Su apodo de «Loco» tiene que ver con esa severidad consigo mismo que lo lleva siempre hacia el terreno de la exageración. Todo en él es extraordinario, empezando por el nivel de exigencia respecto a sí mismo. «Locura» que tiene una compensación: le confiere una enorme autoridad moral a la hora de exigir a sus jugadores una conducta profesional a la altura de su meticulosa honestidad. Su última experiencia profesional al frente del Marsella volvió a convertirlo en el hombre que muerde al perro. En un mundo donde los entrenadores son despedidos de los clubes como bultos sospechosos, Bielsa pegó un portazo porque los directivos no le respetaron su palabra. Su precipitado abandono después de la primera jornada de Liga ha renovado su cansina etiqueta de «loco». Sé de sobra que los prejuicios son tercos, pero esa decisión no fue más que un nuevo acto de coherencia.

Hace del trabajo un culto, es alérgico a la demagogia y su sentido crítico es tan acusado que no le permite disfrutar plenamente de sus logros. Es como si hubiera algo de sacerdocio en la manera que tiene de entender su profesión. Bielsa ha construido un extraño sistema de equilibrios que le exige penitencias constantes. Para que el equipo alcance en el campo la excelencia que permite al hincha ser feliz, él tiene que pagar un sacrificio personal. Si el triunfo no está edificado sobre un trabajo titánico, no vale la pena. Solo un gran esfuerzo previo autoriza su alegría en caso de triunfo. Nunca he conocido a nadie que desconfíe tanto de lo fácil.

Es una injusticia que este artículo haya tardado tanto en llegar a su psicología más profunda, porque estamos ante uno de los personajes más interesantes que he conocido en mi vida futbolística. Efectivamente, si tuviera que recomendarles a ustedes una persona del mundo del fútbol a quien debieran conocer en profundidad, sería a Marcelo Bielsa. Sabe de fútbol y de seres humanos, tiene opiniones singulares sobre todos los temas, es apasionado hasta la extenuación, su curiosidad lo convierte en una máquina de preguntar (y esa gimnasia hace que cada día pregunte mejor), tiene sentido social, sentido de la responsabilidad y sentido común. Debo decir que no siempre mi sensibilidad encaja con el juego desatado que suelen proponer los equipos de Bielsa. Sin embargo, me he sentido hincha de cada uno de los equipos que ha entrenado, con todo el fanatismo que me permite mi nueva condición de especialista desapasionado. También lo seré del próximo, porque nunca me he visto defraudado por la generosidad de la propuesta y porque, si el fútbol tiene algo de escuela, no hay mejor maestro que Marcelo Bielsa.

El Atlético encontró un prócer

Hay ricos que viven en la opulencia, una clase media que va tirando y pobres que luchan por sobrevivir. En el fútbol se dan las mismas desigualdades: al Real Madrid y al Barcelona les sobran aficionados, dinero y talento (son ricos), y los equipos con escasos recursos luchan por no descender y hasta por sobrevivir económicamente (son pobres). Luego está, entre otros, el Atlético de Madrid, al que la economía condena a la clase media alta pero, como el viejo y digno aristócrata que ha sido, se rebela. No olvidemos que hubo un tiempo en que el Atlético era más rival del Madrid que el mismo Barça. Alfredo Di Stéfano, con esa inteligencia gráfica que lo caracterizaba, lo decía así: «Mis vecinos son del Atlético, no del Barça. Los que son del Barça viven a 600 kilómetros de mi casa». En las últimas décadas, y por cuestiones que van de las sociopolíticas a las económicas pasando por las estrictamente futbolísticas, la rivalidad entre el Madrid y el Barça creció tanto de tamaño que el Atlético se quedó sin espacio. La sensación era que el abismo económico que separa a los dos grandes equipos de España con respecto a todos los demás, iba a perpetuar ese estado de cosas. Pero llegó el Cholo Simeone para dotar al Atlético de ilusión, fe, orgullo, confianza, humildad, sacrificio, unión… En realidad, tuvo que recurrir al diccionario para encontrar palabras que compensaran la brutal diferencia de millones que hay con respecto a los dos gigantes. Y ante la incredulidad de todos (incluida la mía), lo logró.

Esa, como veremos a lo largo del texto, es una singularidad heroica en estos momentos. El Barça y el Madrid hacen más grande al fútbol mundial, pero como esto está lleno de paradojas, han empequeñecido la Liga con su gigantismo. Son intimidatorios, lo que conduce a la lógica desmoralización de todos sus rivales, como si se obligara a un peso mosca a subir al ring para batirse con un peso pesado. El encuentro no duraría ni tres rounds. Y no interesaría a nadie.

De pronto llegó el Cholo

Pero de pronto y contra todo pronóstico, resucitó el Atlético de Madrid, un club que estaba en bancarrota, que convertía cada partido en una asamblea donde los hinchas increpaban a los directivos y donde los jugadores estaban a mitad de camino entre la gloria del pasado y la catástrofe de un futuro cercano. La decadencia parecía imparable. Hasta que en enero de 2012 llegó Simeone, jugador emblemático de aquel equipo de Radomir Antic que había ganado Liga y Copa quince años antes (temporada de 1995-96), y entrenador que, desde que empezó a ejercer ese cargo (primero en Argentina con suerte desigual y luego en Italia con equipos menores), parecía predestinado para el Atlético.

Su turno le llegó, como suele ocurrir, en un momento crítico. Pero asomó en el aeropuerto a mitad de la temporada y enseguida fue consagrado como «Salvador», un calificativo desgastado de tanto usarse en situaciones parecidas. Sencillamente, las novedades tienen mucho prestigio hasta que el tiempo pone las cosas en su lugar. El Atlético ya estaba acostumbrado a esas frustraciones. En el panteón de los entrenadores había muchas tumbas de salvadores. Pero Simeone honró aquel bautismo: llegaba un auténtico redentor. Contó con una ventaja inicial muy grande: venía de lejos y no estaba contaminado por el clima derrotista y decadente que reinaba en el club. Esa frescura, más su identificación con un club conectado desde siempre con el fútbol argentino (Griffa, Ayala, Heredia, Ovejero, Panadero Díaz, Agüero y tantos otros), más la energía entusiasta y algo salvaje que forma parte de su naturaleza competitiva ya demostrada en sus tiempos de jugador, produjo un impacto inicial que creó el milagro de la ilusión.

Ese primer momento fue muy importante. El Atlético había encontrado un líder indiscutible que contagiaba entusiasmo a un club que arrastraba desde hacía tiempo la nostalgia de su vieja grandeza. Poco a poco, Simeone logró convertir en colectivos sus sueños individuales. Desde el primer minuto marcó las pautas: «Quiero un equipo fuerte, veloz, contragolpeador…». Sutilezas, pocas. No pretendía rivalizar con el Madrid y el Barça en capacidad de seducción futbolística. Ni largas posesiones ni espíritu atacante ni promesas de espectáculo. La generosidad solo puede exigirse al esfuerzo. Se da la curiosa sensación de que los jugadores del Atlético, desde la llegada del Cholo, parecen haber salido del mismo huevo, porque incluso las figuras más relevantes, como pueden ser Falcao, Diego Costa o Griezmann, están obligadas a un gregarismo obligatorio. Simeone cree en ganar porque la cadena de consecuencias que arrastra el triunfo es una especie de afrodisíaco que potencia el optimismo y la confianza. Lo dice muy sencillamente; esto es, muy bien: «Ganar trae ganar». Nada lo distrae de una regla de oro: el próximo partido es una final. Tan en serio lo toman los jugadores que, cuando disputan finales de verdad (Europa League, Copa del Rey nada menos que al Real Madrid y una Supercopa de Europa con baile incluido al Chelsea), se mueven con la naturalidad de los que juegan partidos de ese tipo todos los días.

Una idea, un camino, un líder

Cuando presenté en España un libro sobre liderazgo, en la rueda de entrevistas a que fui sometido para la promoción, un célebre periodista deportivo me preguntó, como con incredulidad: «Pero ¿por qué tanto interés por el liderazgo?». En realidad, la respuesta debería haberla dado el presidente, un jugador o cualquier aficionado del Atlético de Madrid: «Porque un gran liderazgo puede cambiar la vida de una institución». En el Atlético los hinchas no han vuelto a culpar a nadie, los jugadores se sienten invencibles y a los directivos se les ve tan felices que parecen haberse olvidado de que la deuda, aunque atenuada, sigue ahí. Todo gracias a Diego Simeone, el hombre que llegó al sitio justo, en el momento justo, con el mensaje justo y la convicción justa.

El Atlético necesita de una disciplina espartana, de un esfuerzo descomunal, de un orden militar, de una humildad franciscana, de unos hinchas incondicionales que alienten sin cesar... Y todo eso lo consiguió Simeone en un ejercicio de liderazgo orientado hacia la única belleza que le preocupa: la de la eficacia. Si el líder influye sobre su entorno para hacerlo mejor, reconozcamos en Simeone esa descomunal virtud. Todos los jugadores del equipo están en el mejor momento de su carrera y todos los aficionados en un estado de felicidad tan grande que, si por ellos fuera, se quedarían en el estadio a esperar el siguiente partido. Para lograrlo hay que trabajar incansablemente lo técnico, lo físico, lo táctico... Pero es el espíritu del equipo lo que ha obrado esta especie de milagro. Voluntad inquebrantable, fe ciega, negación de la fatiga, ambición de equipo grande, solidaridad de amigos...

Uno de los símbolos de esa transformación fue Diego Costa (hoy en el Chelsea), un delantero sin definir cuando llegó al Atlético y que se convirtió en el terror de todas las defensas de España: se movía como si lo persiguieran, pegaba como si se vengara y metía goles como si fuera fácil. Un portento al que le bastaron ocho partidos para hacer olvidar a Falcao, un delantero de clase mundial que parecía insustituible. Bien mirado, Diego Simeone y Diego Costa eran dos caras de la misma moneda. Uno ponía la idea y el otro la acción; uno decía que había que matarse en el campo y el otro moría sobre el terreno de juego; uno creía en los milagros y el otro los hacía. Hasta por el aspecto merecían respeto: los dos parecían salidos de una de esas películas de Tarantino en que la sangre salpica a los espectadores. Ya en el Chelsea y sin la influencia de Simeone, Diego Costa nos parece otra cosa. Un asesino, pero de diseño. Como más glamuroso.

La prueba de que el reto es serio

La prueba de fuego para el Atlético fue aquel último partido de Liga de la temporada 2013-14 frente al Barça en el Nou Camp. Estaba en juego el campeonato. El partido fue llenándose de desgracias. En la primera media hora perdió a Diego Costa (el goleador) y a Arda Turan (el cerebro). Para colmo de males, Alexis Sánchez sacó un tiro incomprensible en una jugada aislada y puso el marcador 1 a 0 al final del primer tiempo. Ese golazo valía un campeonato para el Barça. Al Atlético, que a esas alturas del campeonato ya había demostrado ser más fuerte que la pobreza y que la injusticia arbitral, le quedaba medio tiempo para demostrar que también era más fuerte que la mala suerte. El escenario era el peor posible. La situación del equipo era precaria. Pero al Atlético le sobraba fe para creer en milagros y salió a jugar el segundo tiempo como si no hubiera mañana. Y superó la prueba, primero tomando por la solapa a su rival sin soltarlo hasta lograr el empate, y después cortando los cables (y son muchos) que permiten las conexiones futbolísticas del Barça. Y así, del modo más heroico y ante la admiración de la afición local y del mundo entero, culminó su formidable hazaña en la Liga.

Pero lo interesante del Atlético es su continuidad competitiva. Aunque sufra el desgaste de la Liga y por otro lado el de la Champions (en ambos casos, exprimiéndose en cada partido), sigue dando guerra allí donde juegue. Nunca parece estar dispuesto a administrar el capital físico. No especula. Siempre lo da todo al punto de haber cambiado la percepción de sus rivales, que empezaron mirándolo con simpatía y ya lo ven con preocupación. ¿Aguantarán?, seguimos preguntándonos. El Atlético permanece inmutable. No cambió de discurso, que en boca de Simeone sigue siendo humilde, prudente y hasta levemente victimista, pero a estas alturas ya sabemos que su amenaza a los dos grandes cambió de categoría. Hoy, a nadie se le ocurriría subestimar la fe con la que este equipo suda sangre en cada partido. Cuida los detalles más insignificantes como si de cada uno de ellos dependiera el campeonato, festeja los logros como si fueran un solo hombre y esconde sus ambiciones con el discurso austero del que fue pobre y sabe que puede volver a serlo.

De ser un equipo molesto ha pasado a ser uno capaz de todo, incluso de discutir el título, como reconocieron en su momento el Tata Martino («La Liga es cosa de tres») y Arsène Wenger («Pongo al Atlético como candidato al título en la Champions»). Desde entonces, los que no lo dicen lo piensan. Aquellas declaraciones parecieron un homenaje al orgullo indomable de un equipo que honra el fútbol, porque decidió que la economía no es motivo suficiente para resignarse. Y es el reconocimiento a un hombre que se encontró con un equipo hundido, se lo puso al hombro y está subiéndolo cada día a un lugar más alto. El hombre que resucitó a ese herido se llama Diego Simeone, en estos momentos el gran prócer del Atlético de Madrid.

5

El negocio

Cuestión de perspectiva

¿Por qué nos cuesta tanto ponernos de acuerdo cuando hablamos de fútbol? Yo lo veo así: la gente que va al teatro es más inteligente que la que va al fútbol. ¡Aunque sea la misma! La razón es muy sencilla: al teatro se va a pensar y al fútbol, a sentir. El fútbol nos saca aspectos del animal que fuimos y esconde al hombre civilizado que se supone que somos.

Sabemos que en cada aficionado habita un tipo tan capaz de amar a su equipo como de odiar al contrario. Y que el fanatismo tiene el defecto de achicar el recinto mental, de modo que solo encuentran sitio las obsesiones por lo propio y el rechazo a lo ajeno. Amor a lo mío y odio al otro. Dentro de esa alternancia sectaria es difícil que quepa una idea. Soy amigo de un tipo inteligente, hincha de Newell's Old Boys de Rosario, que se ha negado sistemáticamente a leer al genial Negro Fontanarrosa porque no soporta ni le perdona que fuera hincha de Rosario Central. Repito: se trata de una persona inteligente a la que admiro por muchas cosas. No por esta, claro. Él se lo pierde. Si quieren, ahora bajemos al campo. Conozco a más de cuatro aficionados del Real Madrid que están convencidos de que Messi es un jugador vulgar, cuyo éxito solo se explica por el talento de los compañeros y el apoyo periodístico, conclusión a la que únicamente puede llegar un tarado emocional o, lo que es lo mismo, un hincha de verdad.

No debe extrañarnos. Los hinchas de fútbol hacen y dicen cosas de hinchas de fútbol. Más grave es cuando esa falta de visión global la tienen los directivos, que se concentran tanto en los intereses propios, que ponen en peligro hasta el negocio. Suelen olvidarse de algo elemental: que la primera obligación del directivo de un club de fútbol es cuidar tanto del fútbol como del club que representan. Velar por el club es velar por el presente; velar por el fútbol es velar por el futuro. Como siempre, cuestión de perspectiva.

Una mirada abierta

La llegada de Pep Guardiola al Bayern Munich nos ayudó a entender la amplitud de miras de Rummenigge y los suyos, así como la madurez de la Bundesliga. Me pareció extraordinario que, en aquellos días, la primera felicitación que recibiera el Bayern por su éxito en la gestión de fichar a un entrenador de tanto prestigio llegara del presidente del Borussia Dortmund, su gran rival del momento. Fue una clara expresión de grandeza institucional. La llegada de Guardiola, seguramente el entrenador más innovador y valiente del panorama futbolístico, hizo que las miradas de los aficionados del mundo se volvieran hacia Alemania, lo que trajo consecuencias económicas y deportivas muy positivas. Y no solamente para el Bayern. El presidente del Borussia, con sus declaraciones, antepuso la salud del fútbol alemán a la mezquina y extendida idea de defender lo propio a costa de lo ajeno. Un ejemplo que ayuda a entender por qué Alemania disfruta de un campeonato serio, que arrastra en cada partido el mayor número de aficionados de toda Europa, que goza de una buena salud económica y que cada año resulta más competitivo.

Lo increíble es que esa actitud resulte excepcional. Nunca se le ocurriría a un dirigente del Barcelona felicitar al Real Madrid por el fichaje de Cristiano Ronaldo. Ni a un dirigente del Real Madrid felicitar a Messi por sus Balones de Oro. Ese acto de grandeza estaría mal visto por los propios y más apasionados hinchas, que son los que menos matizan. Pero los directivos están para guiar, no para ser guiados por los más cazurros. Lo cierto es que Messi es bueno para el Madrid y Cristiano lo es para el Barcelona (de la misma manera que sabemos que Messi es bueno para Ronaldo y Ronaldo, bueno para Messi), porque los dos magnifican, más que nadie, la Liga española, convirtiéndola en un acontecimiento de interés mundial.

Dos velocidades

Esa falta de visión global se proyecta en todo, muy especialmente en la economía. En España no afecta a las cuentas ni del Madrid ni del Barça. Sí, de un modo trágico, al resto de clubes de la Liga, que en las dos últimas décadas han visto crecer sus balances, pero en números rojos. La globalización consagra una feroz realidad: o eres grande, o la muerte solo es cuestión de tiempo. El fútbol lo demostrará de una manera cruel en los próximos años. El Real Madrid y el Barcelona lo saben y ambos han emprendido una carrera desesperada por seducir a los aficionados de todo el mundo. Pero esa carrera tiene un defecto: cada día deja más atrás a los equipos españoles con los que compiten. Los dos grandes de España luchan en un mercado mundial gracias a su historia, a sus resultados y, sobre todo, a sus grandes nombres propios: Messi y Cristiano, pero también Sergio Ramos y Piqué, James y Neymar, Bale y Suárez... Todos con sus descomunales talentos y con su proyección publicitaria agigantan su imagen y la de sus clubes. El Real Madrid es el club de fútbol con mayores ingresos mundiales. El Barça ya se acerca a esas cifras. Según el ranking financiero que desde 1996 presenta la consultora Deloitte, si el crecimiento de los grandes se mantiene al mismo ritmo antes de diez años ambos llegarán a los 1.000 millones de ingresos.

No es fácil cuadrar la ecuación. El Madrid y el Barça tienen vocación universal y deben desafiar, desde sus presupuestos, a las fortunas de los millonarios árabes, rusos o asiáticos que sostienen a grandes equipos europeos como al Chelsea, el Manchester City, el Paris Saint-Germain, el Milan o el Inter, por nombrar solo algunos. Si se pretende liderar el fútbol mundial, no puede darse ventaja en el terreno económico. De modo que cada argumento que sirve para justificar la voracidad de los equipos grandes, deja con menos esperanza a los pequeños.

Como ni el Madrid ni el Barça quieren quedarse descolgados de esa galopada económica, pretenden seguir negociando individualmente los derechos de televisión, mientras que en los cinco principales campeonatos europeos los mismos derechos se negocian de manera colectiva. Así las cosas, cuando escribo estas líneas el último de la Premier gana más que el tercero de la Liga. Las consecuencias son tan terribles para los equipos rezagados, que muchos de ellos han puesto en peligro su futuro, endeudándose temerariamente para poder sobrevivir hoy. El problema se hace igual de grave si lo vemos desde los otros números, los que marcan la tabla de clasificación. En los últimos cuatro años de la Liga española, el equipo campeón le ha sacado una media de 37 puntos al cuarto clasificado, que también tiene derecho a jugar la Champions League. Esas diferencias atentan contra el primer principio de una gran Liga: la sensación de que cualquiera puede ganarle a cualquiera. Y si no hay emoción, adiós fútbol, a pesar del esfuerzo imaginativo de los medios de comunicación por ponerle pasión. Con el permiso del heroico Atlético de Simeone, en España solo hay un gran misterio que el campeonato puede desvelar: quién será el primero y quién el segundo entre el Madrid y el Barça.

Lo viejo y lo nuevo

Una vez planteada esta desigualdad, hay que decir en beneficio del fútbol que se trata de un juego donde solo se progresa desde el mérito, el azar o la injusticia, pero siempre delante de millones de testigos. Aunque la FIFA me desmienta, soy de la idea de que hay menos corrupción en este deporte que en cualquier otro ámbito aunque solo sea porque hay mucha gente mirando. Eso no oculta otra realidad: una especie de guerra entre el dinero y el juego.

Se nos está yendo el viejo fútbol, pero no sin resistencia. Una batalla sorda entre el antes y el ahora subyace a muchos conflictos que surgen en los grandes clubes. La industria del fútbol no hace más que crecer y desprecia el inmovilismo. Así las cosas, los gestores que han ido desembarcando en los clubes para activar su economía, batallan todos los días con directivos, entrenadores y jugadores que se aferran al purismo: viejas leyes no escritas que favorecen la competitividad. Los primeros han salido de la universidad, ven el fútbol como un territorio demasiado primitivo para las necesidades empresariales y defienden sus teorías economicistas con discursos convincentes. Los segundos creen que los principios del fútbol son muy conservadores y que es muy peligroso no respetarlos. Tienen sus razones, pero las explican peor porque su discurso carece del barniz académico, no lo saben plasmar en un Power Point y nada de lo que defienden está sustentado por teorías indiscutibles, pues en el mundo de los juegos no las hay, como tampoco las hay en el mundo de las artes. Los dos bandos no acaban de ponerse de acuerdo y convierten las diferencias en una cuestión de poder. Una guerra absurda. Se olvidan de que los enemigos, en el fútbol, llevan la camiseta de otro color.

Es en la pretemporada cuando las dos órbitas se diferencian con más claridad. Cada verano termina el campeonato del dinero (giras, marketing, fichajes…) y empieza el de verdad: más incierto, azaroso, primitivo. Entre uno y otro todavía hay tensiones porque son dos mundos distintos. Siempre los he diferenciado como si se tratara de una lucha entre la selva y la civilización. El juego y el negocio. Todavía pugnan entre sí, sin acabar de entenderse, sin encontrar el equilibrio justo. Siendo ejecutivo del Real Madrid alguna vez me he sentido como el cuidador del Parque Jurásico, tratando de defender la esencia del fútbol o de que, al menos, la economía no desplazara fatalmente al juego. Pero es difícil. Creo que hay equipos como el Bayern Munich (porque sus dirigentes fueron futbolistas) o el Manchester United (cuando Ferguson era mejor cuidador del Parque Jurásico que yo) que han sabido conciliar los dos polos. Los demás aún están en ello.

Lo inteligente sería tender puentes. La importancia del dinero en el fútbol profesional es indiscutible, pero no conviene convertir el juego en algo secundario. Sin embargo, cada día es más difícil que un club equilibre estas dos esferas de poder. O se impone el área deportiva, lo que pone en peligro la economía y, por tanto, la supervivencia de un club, o toma el mando la parte financiera, y los jugadores terminan siendo un instrumento de marketing antes que deportistas entregados a su equipo y a su tarea. Son estratégicos si venden camisetas y dejan de serlo cuando pasan de moda. Hasta que las dos miradas confluyan, será difícil salir de esa dinámica malsana.

El dinero no es romántico

En estos momentos, la Champions es el campeonato que más se parece al futuro que nos espera. Cada temporada, el torneo va pasando su criba hasta que vemos la gran final entre aquellos dos equipos que han sabido salvar los obstáculos con mayor eficacia. Generalmente, el talento (que se compra) empuja más que la suerte, de modo que España, Inglaterra, Alemania, Italia y Francia tienen mayores posibilidades que los demás países. Las estadísticas lo confirman: en los últimos cinco años solo estos países han estado representados en las semifinales. De nuevo, la desigualdad aparece al final de cualquier reflexión.

Diferencias. Demasiadas diferencias que encuentran su lógica dependiendo de la perspectiva con la que miremos. Claro que el fútbol sigue manteniendo un punto de romanticismo que resulta imprescindible para su capacidad de fascinación. La rebeldía de los equipos que no se resignan a la consideración de pequeños tiene algo de heroísmo que genera una admiración inevitable. Pero el debate que irá ganando terreno en las próximas temporadas está relacionado con una pregunta: ¿qué grado de tolerancia tiene el negocio con el romanticismo? La globalización ha respondido hace tiempo: ninguna. Y eso vale para los campeonatos locales y para los internacionales.

¿Tiene sentido para el negocio que el espectacular circo mediático que son el Real Madrid o el Barcelona, con sus inalcanzables presupuestos, sus talentos descomunales y sus centenarias tradiciones, jueguen frente al Eibar, aún con su ejemplar historia, en un estadio como el de Ipurúa con capacidad para 6.000 aficionados? Tampoco parece proporcional que cualquiera de los dos se enfrente en la Champions al Astana, club sin historia y que anima una Liga muy menor. Si juegan 500 millones de euros contra 50 es como si Estados Unidos le declara la guerra a Belice: hay tal desproporción de fuerzas, que acabamos con una fea sensación de abuso. Uno oye por la radio el grito victorioso de los goles, los elogios encendidos por una jugada maravillosa y las optimistas conclusiones finales en partidos en los que el Madrid o el Barça se enfrentan a equipos menores, y no puede más que admirar la profesionalidad y el ingenio de los esforzados periodistas. Pero tanto entusiasmo es impostado, porque ya sabemos que no hay heroísmo si el león se come a la gacela. Para conocer la medida de cada cual, hay que ver a un león enfrentarse a otro león en la lucha por el territorio. Y el territorio por excelencia se llama la Champions League.

El inevitable futuro

Mientras reinaba Michel Platini, la UEFA seguía creyendo que el fútbol era un territorio democrático en que grandes y pequeños podían tener su oportunidad. Pero me temo que los clubes que han sabido convertirse en millonarios tienen otra visión, hacia la que irá arrastrándolos la codicia. Para la televisión no es lo mismo un Madrid-PSG, un Manchester City-Juventus o un Roma-Barcelona, que partidos sin glamour internacional que atraen audiencias infinitamente menores.

Las grandes multinacionales no tienen piedad con las empresas medianas y los clubes, en su mayoría administrados por grandes empresarios, no podrán resistir la tentación de seguir la tendencia. Enfrentándose entre sí cada semana multiplicarán sus beneficios por tres, quizá por cinco, con el tiempo seguramente por diez. Ocurrirá dentro de tres años, quizá de cinco, si son tímidos posiblemente de diez, pero será inevitable. La NBA ya lo inventó. Grandes equipos y grandes espectáculos hacia donde se dirigirán todos los focos. Lo demás será sombra, en la que intentarán sobrevivir muchos clubes heridos de muerte ante la indiferencia de todos nosotros. Porque estaremos entretenidísimos viendo por televisión cómo se enfrentan ricos contra ricos.

El fin de la ingenuidad

El paso del tiempo ha cambiado las cosas. Una vez le oí decir al entrenador argentino Carlos Salvador Bilardo que «durante el año futbolístico mandan los jugadores, pero cuando termina la temporada decide el entrenador». La frase tenía sentido cuando el fútbol era solo fútbol. Mientras se jugaba, el futbolista era intocable, pero al acabarse la temporada el entrenador tenía la autoridad de echar a aquel que no había cumplido con las expectativas, con las órdenes, con la disciplina. Desde que oí aquello han pasado muchos años. Hoy, durante la temporada mandan los entrenadores, que al menos hacen las alineaciones (casi siempre), y en la pretemporada mandan los directivos, que tienen que atender el negocio. Como ha quedado dicho, el juego está arriando banderas en su lucha contra el dinero, que, como en cualquier otro ámbito industrial, impone su ley.

Giras por pretemporadas

Desde que empezó este milenio (por poner una frontera aproximada), los grandes clubes europeos han intentado contentar a sus patrocinadores paseando al equipo por todos los continentes durante el verano. Este interés ha puesto de moda viajar a mercados socioeconómicamente potentes como Asia, Estados Unidos o Australia, sustituyendo la pretemporada por giras. Los jugadores van de aeropuerto en aeropuerto, de acto en acto, de presentación en presentación, para cumplir con las obligaciones que tan feliz hacen al departamento de marketing. Y también de campo de entrenamiento en campo de entrenamiento (algunos de ellos en condiciones lamentables y con temperaturas intolerables), a fin de que no olviden que son jugadores de fútbol. En una rueda de prensa de uno de los últimos veranos, Messi soltó lo que hace algunos años habría sido una bomba: «Aquí se entrena cuando se puede». La frase pasó inadvertida, porque todos somos muy modernos y hemos asimilado psicológicamente esa nueva verdad del fútbol: el juego es solo parte del problema.

Los veranos futbolísticos son una guerra con balas de fogueo donde se juegan miles de partidos y no muere nadie. Todo es tan provisional como escribir sobre la arena. Ni se echa a los entrenadores, ni a los jugadores se les piden conductas heroicas, ni la sangre de la indignación del hincha llega al río cuando pierden algunos de estos partidos. La lejanía vuelve más amistosos a los rivales y la distancia atenúa el efecto del resultado. Este nuevo fútbol produce un cambio de identidad, ya que los clubes se alejan del país para abrazar otros continentes. Debilita la profesionalidad, porque los interminables viajes, los cambios de horario y el marketing apenas dejan tiempo para los entrenamientos. Y por último, se resiente la competitividad, ya que se juegan partidos festivos, de poco rigor. A cambio, se conquistan mercados inmaduros.

Colonos de Asia

Apenas arrancado el siglo XXI, me tocó vivir la primera gran gira del Real Madrid por Asia (Tailandia, Japón y China). Como toda primera vez, aquello resultó extravagante: el fascinante seguimiento de los hinchas asiáticos en los estadios se prolongaba en la puerta del hotel, donde los aficionados acampaban durante toda la noche a fin de ver a los jugadores subir y bajarse del autobús para los traslados a los entrenamientos. Todo lo que ocurría alrededor del equipo era un espectáculo algo forzado, porque los jugadores aún no estaban acostumbrados a tantos actos de promoción en plena pretemporada y había que educarlos en una nueva forma de ser futbolistas. Los conflictos provocados por aquel Madrid «galáctico» parecían más propios de los Rolling Stones que de un equipo de fútbol. En ese contexto, por ejemplo, la disciplina era incontrolable. No hace mucho, Ronaldo (el simpático crack brasileño) me contó que en aquella gira tuvo una aventura con una japonesa de la que nueve meses después nació un hijo. «A ese niño debería mantenerlo el Real Madrid», me dijo años después, «por haber organizado esa gira.» La lógica de un tipo tan inteligente como Ronaldo resulta un tanto desconcertante, pero ayuda a entender el desbarajuste de aquellos días.

Más de quince años después, los jugadores ya están acostumbrados a esos trajines veraniegos y los asumen con más interés que resignación, conscientes de que parte de sus fabulosos salarios dependen de esas giras que, además de fortalecer la imagen de los grandes clubes que representan, fortalecen la suya propia ante el mundo. O, mejor dicho, ante el gran mercado publicitario que se les abre. Una vez más, el dinero inclina la báscula.

Compra/venta

Pero más que los partidos amistosos, lo que entretiene e ilusiona a los aficionados en los veranos son las decisiones de mercado. Ahí es donde está puesto el foco mediático y donde los clubes sacan músculo. En efecto, las transferencias nos dicen quién es quién en el mundo de las finanzas deportivas, de manera que hay que mirar los movimientos de los jugadores con una atención no solo futbolística. Si nos atenemos a lo ocurrido en los últimos tiempos, el campeón mundial del mercado es el Real Madrid, que desde hace años viene rompiendo sus propios récords: Zidane, 60 millones de euros; Cristiano Ronaldo, 90; Bale, 100... Florentino Pérez entiende que el fútbol es un negocio de héroes y que a los héroes hay que renovarlos cada cierto tiempo, ya que es necesario «cebar la bomba» permanentemente. Como se trata del club más rico del mundo, desde un punto de vista económico la idea es irrebatible. Si nos atenemos a los títulos conseguidos en el siglo XXI, la estrategia es menos defendible y no me siento a salvo de esas estadísticas. Los grandes fichajes generan expectativas muy difíciles de cumplir y los continuos cambios no dejan que se consolide el funcionamiento del equipo.

En la política de compra de los clubes no solo pesan cuestiones deportivas y económicas, también los asuntos emocionales y de enemistad institucional desempeñan un papel. El Barça y el Madrid, por ejemplo, no se miran de reojo únicamente durante la temporada, sino también cuando se abre el período de compraventa de jugadores. En el verano en que el Barça no pudo acudir al mercado por pesar sobre el club una sanción de la FIFA (en 2015), el Real Madrid no se sintió en la obligación de «contestar» con un fichaje estelar a su enemigo de referencia. Llegaron Danilo, Kovacic y Keylor Navas, ninguno galáctico, por decirlo con un término aún asociado al club.

Lo cierto es que en verano, el dinero fluye a chorros entre los grandes del fútbol europeo para satisfacción de intermediarios y grandes jugadores, que se benefician de una inflación imparable. Eso no preocupa a los clubes. Se trata de excitar la imaginación y seducir a nuevos clientes del mundo entero. Pero usted, tranquilo. A todo eso también se le llama fútbol.

Lo que vale Bale

Mi oficina se encuentra a unos escasos trescientos metros del estadio Santiago Bernabéu. Hace pocos años vi cómo miles de aficionados del Real Madrid pasaban bajo mi ventana con una sonrisa en la cara, como si les hubiera tocado la lotería. Pero no habían ganado nada. Iban a la presentación de Gareth Bale, un jugador de poca trayectoria hasta aquel momento (once partidos en Champions, ningún título relevante y que nunca había participado en un Mundial) y muy buenas estadísticas (30 goles y 17 asistencias en su última temporada en el Tottenham, además de la consideración de mejor jugador de la Premier). La mayoría de quienes pasaban en feliz procesión no sabían quién era ese nuevo ídolo planetario un año atrás. Pero en los últimos meses Bale no había hecho otra cosa que estar llegando, sin llegar, al Real Madrid. En cada impulso mediático su precio iba subiendo sin necesidad de jugar un solo partido. Una inflación veraniega sin soporte futbolístico que ayuda a entender ciertas coordenadas del fútbol actual, sobre todo una: el dinero manda.

Los tímidos comienzos

En el Real Madrid esto empezó hace tres décadas, en los tiempos en que la Quinta del Buitre y la Quinta del Macho se repartían los titulares de los periódicos y acaparaban títulos de Liga. Lo que Florentino Pérez sostiene desde una estrategia, Ramón Mendoza (el presidente de entonces) lo resolvía desde la intuición. Emilio Butragueño fue el primer jugador en entrar en el «club de los cien millones de pesetas» (600.000 euros al cambio, cifra que hoy alcanzan algunos jugadores del Real Madrid B). Aquello fue un escándalo, pero poco después alcanzaron y superaron ese techo Martín Vázquez, Michel, Hugo Sánchez… Ramón Mendoza percibía que un jugador caro daba prestigio a la institución entera. Una visión que se adelantó a su tiempo.

En 1993 llegó al Madrid Peter Dubovsky, un joven eslovaco muy prometedor al que le sobraba talento, pero que por cierta timidez nunca cumplió las expectativas. Dubovsky estaba dispuesto a firmar por una cantidad que oscilaba entre los 30 y 35 millones de pesetas. El representante del jugador era el célebre Josep Maria Minguella que en sus memorias relata así la extravagante negociación final: «Nos reunimos en el despacho particular con el presidente del Madrid y Ramón Martínez, director de fútbol, le explicó los términos de la operación a Ramón Mendoza. Y salta Mendoza: "No, esto no puede ser. Un jugador del Real Madrid no puede ganar tan poco dinero, o sea, que ¡o pide más dinero o no firma por el Madrid!". Le subió el sueldo hasta 50 millones el primer año, subiendo 5 millones por año hasta el final del contrato». Minguella, que llevó al Barcelona a jugadores tan emblemáticos como Maradona y tuvo cierto protagonismo en la llegada de Messi, termina la historia así: «Me quedé estupefacto, nunca había visto nada igual: ¡era la primera vez en mi vida que veía a un club superar las expectativas de un jugador!». Hoy los héroes son estratégicos y lo que es estratégico no tiene precio. Por eso Bale vale lo que vale.

Aquella gente que desfilaba hacia el Bernabéu orgullosamente vestida de blanco, no parecía preocupada ni por el equilibrio ecológico que podía alterar la llegada del nuevo crack, ni por las finanzas. Bale poseía la fuerza del impacto, de la novedad, de la esperanza de un futuro mejor. Son del Madrid y a la pasión no puede pedírsele ni neutralidad ni matices. Por otra parte, aunque mucha gente haya puesto el grito en el cielo por una cifra calificada de «obscena», el precio de Bale se lo puso el mercado; luego, es un precio justo. Se llama justicia capitalista. Muchos de quienes participaban en aquella procesión, por una simple cuestión estadística, estarían viviendo en primera persona el drama del paro, que en aquellos días afectaba a 6 millones de españoles, pero iban al Bernabéu para aplaudir a rabiar al hombre de los 100 millones. No me digan que no es maravilloso. O espantoso, como ustedes quieran.

¡Cuidado!: Línea roja

Si algo ha caracterizado al Real Madrid a lo largo del siglo xx es su capacidad para imaginar el futuro del espectáculo deportivo. Por esa condición de visionario a Santiago Bernabéu se lo considera una leyenda. Ir un paso por delante del resto ha contribuido a que en el imaginario colectivo ocupe el lugar de club líder, referente, modelo. Pero la experiencia nos ha enseñado que hay que tener cuidado con la velocidad de los cambios. A comienzos del siglo XXI, el Madrid «galáctico» se proyectó universalmente y logró, además de buenos resultados, una imagen mundial extraordinaria que le devolvió el liderazgo económico. Aquello fue bendecido por las principales escuelas de negocio del mundo como gran ejemplo de visión empresarial. Lo fue. Pero las virtudes pasan a ser defectos si se exageran. La fascinación por mirarse en el espejo terminó debilitando el juego y hasta el discurso que lo sostenía. En aquellos días había ejecutivos del club enfermos de éxito y muy alejados del mundo del fútbol, que contaban chistes sobre el hallazgo de la nueva estrategia. Alguno decía: «Yo veo salir del túnel a Zidane, Ronaldo, Figo, Beckham… y me voy a mi casa, el partido no me interesa en absoluto». Otro llegaba más lejos: «Para el próximo partido vamos a hacer un sorteo entre los socios, el que lo gane juega de central». A un tercero le oí decir algo que me hizo preferir la opción humorística: «En el Madrid, el resultado ha dejado de ser importante». Después de tanto alarde intelectual, no era difícil imaginar que, tarde o temprano, el Madrid cruzaría la línea roja. Lo hicimos, a mi modo de ver, con el fichaje de Beckham, un excelente profesional que, precisamente por el poder de su imagen, convirtió al club en un fenómeno pop que inflamaba los egos y alejaba el fútbol del centro de atención.

El Real Madrid ganó la batalla del dinero y su éxito arrastró al Barcelona, también millonario a corta distancia de su enemigo. Y el dinero creó un abismo. No hay marketing que pueda vender la Liga en condiciones de igualdad con la Premier, ante el gigantismo de los dos grandes. En la moneda al aire que tiran Madrid y Barça, se concentra toda la fuerza del campeonato. El que saque cara triunfará por todo lo alto y el que saque cruz fracasará estrepitosamente, aunque los dos batirán récords de puntos. La globalización parecía traer el efecto (si lo prefieren, el defecto) de igualar las identidades, los estilos, las culturas. Pero acarreó un defecto aún mayor, un abismo económico que afecta a la parte más sensible del juego: la emoción que provoca la incertidumbre del resultado.

Aplaudimos lo mismo

Pero el Madrid y el Barça, como el Manchester United o el Bayern Munich, aspiran a ser grandes del mundo en virtud de sus propias estrategias y con el dinero que han sabido ganarse. Hay casos más controvertidos de tiburones de las finanzas que están robándole la ingenuidad al fútbol. Fue Arsène Wenger quien definió como «dopaje financiero» la arrogante llegada de Roman Abramóvich al Chelsea. Hoy la expresión es aplicable al Manchester City, al PSG, al Mónaco, y no sigo para no aburrirles. Todos, clubes que pueden permitirse vivir muy por encima de sus posibilidades en la tranquilidad de que un millonario compensará las pérdidas. Pero esto es fútbol, un mundo de singularidades donde el atropello al sentido común tiene lugar ante millones de aficionados que no dejan de aplaudir.

La puerta giratoria

Cuando decimos que el fútbol se ha convertido en un negocio, queda flotando en el aire la sensación de que el dinero ha acabado con él. Eso se encuentra en el imaginario colectivo desde que el amateurismo dio paso al profesionalismo. O sea, que nos hemos escandalizado un poco tarde. La comercialización del fútbol, de la que no paramos de hablar, es coherente con estos tiempos. El fútbol es un juego y, como tal, está al margen de lo serio. Pero pensar que, como industria, se halla fuera de las reglas que lo circundan es una idiotez. El fútbol profesional está muy lejos de ser algo puro que levita sobre la realidad. Es más, si un club no sabe interactuar con su contexto económico, pone en peligro su competitividad y en ocasiones hasta su supervivencia.

Una vez expresada esta verdad poco romántica, hay que dar paso a los matices. La comercialización también ha tenido efectos contaminantes. No me refiero a la mezcla antinatura de números y pasión. Esa incompatibilidad ya quedó demostrada en Europa y también su fama de convertir el fútbol en una industria responsable. La mayoría de los clubes se transformaron en sociedades anónimas para consagrar su seriedad: honrar las deudas, ser austeros en los gastos, pagar impuestos… Esa conversión, como me dijo en una ocasión un directivo del Real Madrid, «fue como ponerle una camisa de fuerza a un loco: le contuvo durante un tiempo, pero el loco siguió siendo un loco». Efectivamente, la pasión empuja a los directivos hacia la imprudencia al punto de que, solo en España, más de la mitad de los clubes convertidos en sociedades anónimas han llegado a estar en quiebra técnica.

La comercialización ha modificado en poco tiempo verdades que parecían indiscutibles, y el fútbol no permanece indiferente cuando se fuerzan algunos de sus principios. Se rebela. Un fin de semana y por razones que no vienen al caso, estuve clavado ante un televisor que me llevaba de un campo de fútbol a otro sin detenerse en ninguna frontera europea. Y a medida que pasaba de partido a partido comprobé, con cierta incomodidad, que la identidad está despedazada. Vi al Chelsea, a los dos Manchester (el United y el City), al Madrid y al Barça, al Valencia (que recibía al Sevilla), al Nápoles frente al Milan, al París Saint-Germain contra el Mónaco… De los diez equipos nombrados, solo dos mantenían al entrenador de la temporada anterior. Todos los demás caballos habían cambiado de jinete, y es imposible hablar de identidad cuando se cambia de idea cada vez que se pierde un partido, que no se llega a un campeonato, que comienza una nueva temporada.

Pero siendo grave el baile de entrenadores, me pareció más llamativo y desmoralizante el tránsito de futbolistas. Tuve la sensación de que en los clubes hay una puerta giratoria por la que entran y salen constantemente los protagonistas.

Entrar y salir

La necesidad de comprar y vender genera también aberraciones que en el segundo y tercer nivel competitivo se parecen mucho a una estafa. Esto se ve con claridad en mercados eminentemente vendedores como el argentino, que tiene su puerta giratoria en el aeropuerto de Ezeiza. Debido a la necesidad de los clubes de saldar sus números rojos y a la ansiedad de algunos representantes por aumentar sus números negros, muchos jugadores salen tan jóvenes que ni siquiera parecen conocer el mecanismo de esas puertas. De modo que entran y, a idéntica velocidad, salen por el mismo lugar. Cada temporada vuelven al campeonato nacional varios jugadores que apenas un año antes habían llegado a Europa a cumplir un sueño. Pero al fútbol europeo hay que ir ya aprendido, no a aprender. Sin embargo, este no es un fenómeno nuevo. El proceso de ida y vuelta lo vivieron hace más de una década jugadores de la categoría de Sorín, Cambiasso, D'Alessandro, Coloccini... La mayoría de ellos tuvieron otra oportunidad después, cuando completaron su ciclo formativo. Como la avaricia no tiene fin, la cadena de salidas apresuradas sigue sumando eslabones. Esta temporada (no importa el año en que usted lea este libro) volverán a emigrar jugadores a quienes auguro un pronto regreso, porque resulta obvio que aún no están preparados para un salto tan largo. Alguno de ellos no volverá a levantar cabeza, porque esa experiencia frustrada afectará a la parte más delicada de la personalidad de un futbolista: la confianza.

La autoridad del hincha

La puerta cada vez gira más rápido, impulsada por el dinero. Los únicos que la utilizan solo para entrar son los aficionados, que tienen derecho a sentirse los representantes legítimos de un club frente a tanta ida y vuelta. Ellos siempre están, porque su sentimiento es desinteresado. Ya en 1993 Nick Hornby, en ese canto al hincha que es *Fever Pitch* (*Fiebre en las gradas*, en su edición española), formulaba estas preguntas a los jugadores: «¿Dónde estarán ustedes dentro de diez, veinte, treinta años?», en la seguridad de que su ventaja sentimental consistía en que él estaría, dentro de diez, veinte y treinta años, en el mismo sitio: la tribuna del Arsenal, club del que era fanático.

Lo cierto es que, después de ver tantos partidos seguidos a lo largo del fin de semana, me levanté del sofá con la sensación de estar empachado de fútbol. Un gol de Higuaín: ¡qué bien! Un pase de Özil: ¡perfecto! La goleada del Madrid: ¡maravillosa! Pellegrini gana un gran duelo: ¡qué alegría! Pero cada signo de admiración que ponía, aún me liaba más. ¿De qué equipo soy en realidad? Ante semejante confusión, he decidido que también pasaré cada semana por la puerta giratoria para disfrutar de lo que me gusta y lamentar lo que detesto. De la identidad volveré a hablar cuando la puerta se detenga y mi sistema emocional recobre la paz. O sea, en otro capítulo.

James y los nuevos tiempos

Empecemos por una pregunta: ¿hubiera llegado James al Real Madrid sin haber hecho un excelente Mundial? La respuesta es no. Como ya hemos dicho, el modelo de negocio del Real Madrid requiere de una constante renovación de héroes para asegurarse un impacto planetario. Si hablamos de títulos, diez Copas de Europa; si hablamos de dinero, el club más rico del mundo; si estamos en temporada, el infinito fútbol que siempre se las arregla para generar titulares; si estamos en verano, las incorporaciones de nuevas estrellas… Hablemos de lo que hablemos en cualquier lugar del mundo, el Madrid tiene que estar en todas las conversaciones.

James es un medio creativo de juego seductor, con un toque de balón preciso y elegante, y que tiene la virtud de eliminar adversarios y relacionarse maravillosamente con sus compañeros más cercanos y con el arco contrario. Además, es joven y guapo, lo que no lleva a ganar partidos, pero sí a ser atractivo para los medios, a generar ruido en las redes, a vender camisetas... Un gran fichaje para el club, igual de útil dentro y fuera del campo. El entrenador está feliz y el departamento de marketing, también.

Fascinar a los clientes

Los jugadores fascinantes atraen la mirada y la emoción allá donde van. Estaba en Colombia cuando James fue presentado en el Bernabéu ante una gran expectativa popular. Al día siguiente, en Bogotá se hablaba de la llegada de James al Real Madrid como si un colombiano hubiera llegado a Marte. El país entero prolongaba en este logro personal de James el orgullo del gran Mundial que había hecho Colombia. En medio de esa temperatura emocional, le pregunté a una chica de qué equipo era. La respuesta le dio la razón a Florentino y me aclaró la fuerza de estos personajes: «Hasta ayer, del Barça». Si usted sigue preguntándose para qué sirven los héroes, quizá esta amiga le ayude a entenderlo: para hacer prisioneros sentimentales.

En el Mundial, James mostró una versión de sí mismo extraordinaria, marcando seis goles en cinco partidos. El madridismo, que acababa de descubrirlo (incluidos sus dirigentes), quizá estuviera convencido de que había comprado a un goleador. Un malentendido de estos tiempos en que lo último tiene más valor que todo lo anterior. Nada más lejos de la realidad. James es un gran jugador que aporta claridad y una buena cuota de goles para un centrocampista (aproximadamente un tanto cada tres partidos, si analizamos su carrera en perspectiva). Hay que tener cuidado porque el fútbol está llenándose de amigos del impacto que se interesan mucho más por lo excepcional que por lo normal. Y las expectativas son muy traicioneras. Si estos nuevos hinchas, hijos de las redes sociales y la inmediatez, esperan que James sea el del Mundial marcando un golazo por partido, van a terminar echándole la culpa al jugador por no cumplir las fantasías que ellos mismos se crearon durante el campeonato. James, un jugador con cuatro millones de seguidores en Twitter es, a la vez, beneficiario y víctima de esta cultura del impacto que, por un lado, lo ha ayudado a llegar al Madrid y, por el otro, ha confundido a la opinión pública, que lo considera lo que no es: un goleador.

¡Un 10!

Volvamos al campo a reencontrarnos con James. El Madrid ha comprado un 10 con una zurda traviesa y letal, capaz de hacer «la pausa» cuando la jugada lo pide, de acelerar si encuentra un claro, de abrirse paso entre una maraña de piernas amagando con la pelota pegada al pie, y capaz de encontrar en el área a un compañero mejor ubicado para el pase medido o un rincón de la portería para el gol. Durante el Mundial tuvo momentos en que su talento pareció desatado por una rabia competitiva extraordinaria. En los tramos finales de algunos partidos, como los que Colombia jugó contra Japón o Brasil, daba la impresión de que podía convertir en gol cada pelota que recibía. Su juego desprendía esa energía. Esa fe. Lo logró frente a Japón y estuvo cerca ante Brasil. Pero James es lo que llamaríamos un 10 de toda la vida. Por tanto, nos trae, además de su juego, la alegría del reencuentro con un tipo de futbolista que el tiempo ha ido llevándose.

Un jugador que llegó para aplacar el vértigo que en las últimas temporadas proponía la naturaleza futbolística de Cristiano y Bale, dos trenes de alta velocidad que no conocen el freno. La importancia del talento de James se ve, sobre todo, ante defensas cerradas, cuando la velocidad deja de tener incidencia y solo la imaginación y la habilidad son capaces de encontrar huecos. Desde lo futbolístico, estuve encantado con su llegada. Y desde lo humano también, porque en el Mundial demostró que sabía afrontar con normalidad los episodios excepcionales que le tocó protagonizar. Supo ganar y perder.

Convivir con un gran precio y un gran escudo

James es joven para cargar con la responsabilidad de su precio: 70 o 80 millones de dólares. En todo caso, una barbaridad. El precio es solo un valor de cambio que altera la percepción que se tiene de un jugador, pero eso únicamente vale del campo hacia fuera. Por otra parte su juego, como el de todos los jugadores creativos de la historia del fútbol, es desigual. Puede parecer que está desaparecido durante cierto rato y conectarse al juego en el momento menos pensado con una genialidad. Digo esto porque los amigos del impacto no suelen tener mucha paciencia y se llevan mal con los tiempos del fútbol, que dentro del campo no son los que proponen los resúmenes televisivos. Un jugador necesita adaptarse al escenario, descifrar las exigencias de la afición, entender a sus socios más cercanos dentro del campo, recabar confianza de su entorno para atreverse... James ya está entrenado en ello porque, a pesar de su juventud, ha jugado en el Banfield (Argentina), el Oporto (Portugal) y el Mónaco (Liga francesa). Con todo el respeto a sus anteriores clubes, en el Madrid ha alcanzado otra dimensión y la vara de medir es distinta. No creo que eso lo impresione, a pesar de ciertos momentos en que pareció confundido. Normal. Cuando el tren de la fama te atropella no deja nada en su lugar. Lo superará. De hecho, en su primera temporada, que suele ser la más difícil, jugó partidos memorables, tuvo un número de participaciones alto en cada uno de ellos y su zurda dibujó cosas fascinantes. Suficiente para saber que su talento sigue pidiendo retos.

Ya demostró en el Mundial que uno crece a la altura de los desafíos que se propone. Si eso es así, ha hecho muy bien en llegar al Real Madrid, donde palabras como «grande», «siempre» o «todo» forman parte de lo cotidiano. Las armas para afrontarlo son mucho más viejas que Twitter. Se llaman «calidad» y «carácter», las armas más antiguas del fútbol, y a James le sobran.

La cara buena del dinero

El mundo del deporte siempre ha demonizado el dinero. Ya hemos dicho que esto comenzó a principios del siglo XX, cuando lo *amateur* dio paso a lo profesional. El fútbol cruzó antes y con más decisión que cualquier otro deporte ese arriesgado puente hacia el profesionalismo, lo que provocó el espanto de una buena parte de la sociedad, que consideraba el deporte algo puro que el amateurismo dignificaba y el dinero mancillaba. A estas alturas, esa visión nos parece una bobada porque el fútbol ni está fuera de la sociedad ni mucho menos al margen de la economía. Además, con mi tesis quiero demostrar que, a pesar de la desconfianza histórica, el dinero no tiene mala puntería.

Ganar seduciendo

Siempre que un pícaro encuentre el modo de acortar el camino hacia la victoria, tendrá la tentación de recorrerlo. La vieja pugna entre los pocos entrenadores que sienten pasión por el juego y los muchos que la sienten por el resultado no morirá nunca. Pero hay un hecho significativo en el que últimamente insisto, porque creo que es donde el fútbol está jugándose su futuro. Cuando se trataba de un deporte con más espíritu *amateur*, con mayor pureza sentimental, los técnicos especuladores lograron entronizar el resultado tildando de «romántica» cualquier otra pretensión. Nunca olvidaré un gran titular dedicado al entrenador argentino César Luis Menotti: «Don Quijote de la cancha». Un elogio a su idealismo pero, al mismo tiempo, una manera de subrayar su ingenuidad en un tiempo en el cual solo quien ganaba tenía razón. Como ocurre aún y como seguirá ocurriendo. Pero desde que el dinero marca la pauta, se acusa al fútbol de ser un negocio al servicio del marketing, de ser un contenido televisivo al servicio del espectáculo, de ser una miserable tentación al servicio de las casas de apuestas. Lo cierto es que lo que no supo ver un fútbol más desinteresado lo entendió a la perfección el dinero: para atraer la atención hay que darle más encanto al juego. Hay que seducir. Hay que diferenciarse.

Esto ya empecé a entenderlo en mi primera experiencia como entrenador, al frente del Tenerife. Fueron algo más de dos años en los que el club alcanzó honores desconocidos: llenar el estadio en cada partido, ganarles al Madrid y al Barça, clasificarse para las competiciones europeas… Al final del ciclo recibí un único homenaje y fue de la Asociación de Empresarios, que agradecían el esfuerzo por fortalecer el nombre de Tenerife (como isla paradisíaca antes que como club de fútbol) y las consecuencias positivas que eso había supuesto para el turismo. Entonces entendí que el dinero sabe mirar un poco más allá de las dos porterías.

Carrera entre grandes

Cualquier entrenador que llega al Real Madrid promete ganar ofreciendo espectáculo, lo que significa que entiende, de entrada, la línea que une la historia con la estrategia del club: jugar bien, ganar y seducir a nuevos aficionados.

La directiva del Barcelona le pide, a cada entrenador que contrata, respeto por la idea que ha hecho del Barça un club reconocible y reconocido: una identidad estética y de gran calidad competitiva que ganó admiradores en el mundo entero.

Al Bayern Munich no le bastaba con ganar y, en plena racha de triunfos impresionantes (seis de seis), contrató a Pep Guardiola para seguir ganando, pero por el camino de la fascinación.

El Manchester City, al que le sale el dinero por las orejas, prescindió del pragmatismo de Mancini y le entregó el equipo a Manuel Pellegrini, un entrenador que pretende ser pragmático sin ofender a la pelota ni matarnos de aburrimiento. El escalafón siguiente es

Guardiola, y no hace falta agregar más porque a estas alturas es una contraseña del buen fútbol.

Arsène Wenger pasó mucho tiempo sin ganar con «su» Arsenal, pero nunca negoció su estilo. Sigue al frente del equipo porque delineó una estrategia que hizo honor al buen fútbol, y que le dio al club una nueva dimensión y un nuevo estadio.

En Francia acaba de ganar el campeonato el PSG, un club rico con buen gusto, porque aún estando obsesionado con conquistar Europa, se gasta el dinero en marcar goles antes que en evitarlos.

Qué bueno que al fútbol le suelten las riendas. Qué bueno tener a mano ejemplos tan exitosos de equipos que pretenden ser ganadores sin perder frescura y sin proponerse torturar a los aficionados.

Vender emoción

«Yo vendo un producto llamado fútbol», dijo Havelange hace muchos años. De hecho, se lo vendió a la dictadura argentina en el Mundial del 78 y a la uruguaya en el Mundialito del 79. Y, en un ejercicio de coherencia, llevó el «yo» de la frase hasta las últimas consecuencias, porque ya sabemos que parte del dinero que correspondía a la FIFA terminaba en su bolsillo. Un visionario… de la corrupción económica, política y moral. ¿Qué tiene el fútbol para vender? Pasión, que, como vienen demostrando la literatura y el cine a lo largo de muchos de años, no está mal como negocio. Sentimiento, que tiene que ver con «nuestra» infancia, «nuestra» gente y con «nuestro» territorio, porque está ligado nada menos que a la representatividad. Héroes, que son una necesidad humana porque en ellos pretendemos proyectarnos. Ilusión, para escapar de una cotidianidad que ofrece poca aventura. Y también belleza, que sublima el juego y es la más visible expresión de la excelencia.

El Bayern tiene un plan

De todos los grandes de Europa, el que más merece analizarse como ejemplo es el Bayern Munich, que aun tocando la cumbre decidió reinventarse.

Corría la temporada 2012-13 y el mundo del fútbol quedó pasmado. El Bayern Munich parecía haber encontrado la fórmula del éxito, pero la rechazó porque la consideró insuficiente. Como el fútbol es materia opinable, algunos consideraron la decisión con espanto y otros, como yo, con admiración. No hubo absolutamente nada que reprochar a Jupp Heynckes, conductor de trayectoria impecable en lo profesional y lo personal; esto es, un gran entrenador y una buena persona. Su equipo había pasado por la Bundesliga (22 puntos de ventaja con respecto al segundo) y por la Champions (7 a 0 de global en semifinales al Barcelona) como un vendaval. De paso, también ganó la Copa Alemana. Para eso hacen falta jugadores comprometidos que, siendo grandes artistas como Ribéry o Robben, cumplan con sus obligaciones con la aplicación de un aprendiz; un andamiaje táctico que permita al equipo desplegarse o replegarse igual que si fuera un acordeón; una convicción que los empuje a buscar el cuarto gol cuando ya han marcado tres; una presencia física que no parezca distinguir entre el primer minuto de partido y el último... Ni siquiera hizo falta esperar a verle levantar la Champions para reconocer a un gran entrenador. Gloria a Heynckes, autor de esa obra monumental.

Un club grande y singular

Y, sin embargo, el Bayern aspiró a algo distinto. Se trata de un club poderoso que representa a un país poderoso. Pero tiene un plan que consiste en no mirarse el ombligo y apuntar mucho más allá de sus fronteras. Se lo oí decir a Rummenigge en aquellos días de gloria, poco antes de las semifinales de la Champions League, donde humillaron al Barça: «Tenemos un sueño: ser el mejor club del mundo». Convendría tomarlo en serio, porque estos tipos pasan del sueño a la realidad a la velocidad de la luz. Es verdad que cualquier idea que salga de Alemania parece más sólida que si saliera de cualquier otro país europeo. Pero no solo es un problema de percepción. El Bayern Munich tiene claridad estratégica, algo difícil de encontrar en el pasional mundo del fútbol, donde las emociones llevan a los clubes de una convicción a la contraria, solo con que se pierdan tres partidos seguidos. La presencia de Franz Beckenbauer como presidente de honor del club, y de Uli Hoeness y Karl-Heinz Rummenigge al frente de la gestión, también contribuyeron a dar credibilidad deportiva al proyecto. Los aficionados no discuten con los ídolos de siempre.

El Bayern hace tiempo que es alguien en Europa. Imperialista en su afán de comprar el talento de los clubes alemanes que amenazan su hegemonía; histórico, en el mejor de los sentidos, como nos indica un simple repaso a sus títulos y a los grandes jugadores que han forjado su leyenda; con el aire de prepotencia que caracteriza a todo club que se resiste a la derrota; tan amado por sus hinchas como odiado por los rivales, como es norma con todos los clubes que destacan; de una seducción algo fría para nuestra mentalidad latina, pero siempre de fiar como cualquier tornillo alemán… Para no extenderme: un grande de ayer, hoy y siempre.

Y SIN EMBARGO…

Pero la globalización ha cambiado la visión de las cosas y, en estos días, lo que es suficiente de fronteras hacia dentro, puede no bastar para conquistar el mundo. A los aficionados lejanos e inciertos solo se los convence de dos maneras: a través de los grandes héroes (por eso Messi y Ronaldo son impagables) o a través de un juego fascinante (y aquí entra otro impagable: Pep Guardiola). El Bayern es consciente de que no puede competir con el Madrid y el Barça porque la Liga (y también la Premier) tienen aún más prestigio que la Bundesliga, y porque no es propio de la seria personalidad del club cometer una imprudencia financiera para pujar por los mejores jugadores del mundo. Puesto que no puede comprar a los héroes más rutilantes, han tenido la inteligencia primero y el atrevimiento después de lanzarse en pos de la gran idea, la que permitió al Barcelona reinar en el mundo del fútbol durante casi un lustro. Así es como se empieza a tender el puente entre el sueño y la realidad.

El Bayern sabe cómo hacer las cosas. O, al menos, dónde buscar soluciones. Si al Barcelona le robaron la idea futbolística, al Madrid le copiaron su expansión económica. ¡Y sin pagar la patente! Al fútbol español le queda el consuelo de haber servido de modelo.

Una nueva visión

Un día de hace ya algunos años, estábamos jugando en Berlín uno de esos partidos de veteranos con que solemos divertirnos los ex jugadores. Yo acababa de sentarme en el banquillo de suplentes al lado de Mario Kempes. A los pocos minutos, Rummenigge hizo una jugada soberbia a toda velocidad. Ya dentro del área, se frenó en seco y levantó la cabeza. Fue entonces cuando me sobresaltó el grito de Kempes: «¡No pensés!». Rummenigge terminó su jugada de un modo algo infantil y Mario aprovechó para llenarse de razón: «Te lo dije, sos alemán y no tenés que pensar». Nos reímos, porque así los veíamos. Y resulta muy difícil acabar con un prejuicio. Esa es la principal razón por la que veo valor en la revolución del Bayern. En un ejercicio de adaptación sin precedentes, desafían el imperio del resultado y una personalidad futbolística muy arraigada en el tiempo. «La Alemania de las ideas» fue el eslogan de Alemania 2006 y el país entero ha seguido, desde entonces, esa estela. Hasta al duro Bayern de siempre, igual que a la Selección Alemana, se le puso una sonrisa. Han descubierto que, para seducir y convertir en clientes a los aficionados remotos, la máquina necesitaba pasión, estilo, imaginación… Necesitaba a Pep Guardiola.

Convencer a los neutrales

La gran ventaja del hincha es su lealtad: no hace falta convencerle de nada. Pero si algo necesita un club para sobrevivir a la competencia (y no correr el riesgo de desaparecer) es convencer a quienes no están convencidos, atraer a los neutrales. A millones y millones de nuevos aficionados a los que el fútbol les ha entrado por el infinito ojo de la televisión y no por medio de una herencia sentimental. El negocio necesita de esos nuevos hinchas, y para eso hace falta provocar un tipo de admiración que va mucho más allá de un simple resultado. Piense en usted mismo. Una vez que ya ha jugado su equipo, ¿qué busca el resto de la tarde para entretenerse? Si es únicamente tensión, bastará con que vea los últimos cinco minutos de cualquier partido con el marcador ajustado. Si quiere disfrutar de verdad, buscará jugadores con un talento singular o equipos con un juego apasionante. Eso es lo que el dinero está entendiendo: la rentabilidad que da el buen fútbol. ¿O creía usted que los millonarios eran tontos? Al revés, saben como nadie que todo tiene dos caras, y se las arreglan para explotar ambas.

Balón de cuero y balón de oro

Hay algo infantil en nuestra pretensión de que un solo jugador concentre todos los poderes y los exhiba en todos los partidos. Esas cosas solo ocurren en los cómics. No puede extrañarnos porque el fútbol, como los cómics, tiene algo de ficción y es lícito pedir a esos héroes que nos ayuden a escapar de las frustraciones cotidianas con acciones extraordinarias. Un taxista mexicano me lo dijo de la manera más simple: «A mí el fútbol me gusta porque me hace olvidar aquello que no me gusta». Claro que sí: es en los jugadores donde proyectamos nuestras ilusiones y es gracias a ellos como compensamos nuestras desilusiones. Viva la simplicidad.

Esa necesidad de consagrar héroes está en el origen de la fascinación que nos produce la entrega de los Balones de Oro. Una excusa perfecta para suscitar conversaciones, porque ni hay un criterio científico que avale la elección ni una tanda de penaltis que entronice a un ganador. Todo es opinable.

Soldado Cannavaro: «¡Presente!»

Para empezar, quiero recordar que el Balón de Oro lo recibió en cierta ocasión Fabio Cannavaro, un jugador con problemas para dominar un balón de verdad, de modo que hay que dar al trofeo el valor justo. Aquello fue después de Alemania 2006, cuando Zinedine Zidane cerró el campeonato con un cabezazo increíble a Materazzi. Digo increíble porque nunca habíamos visto a un bailarín noqueando a un boxeador. Pero ahí se terminó la poesía del episodio. Una de las consecuencias indeseadas de la agresión fue que descartó a Zidane como candidato para el Balón de Oro. Otra, que la expulsión ayudó a proclamar a la Selección Italiana campeona del mundo. Por ese sentido de la oportunidad (estar en el lugar justo en el momento justo), el destino consagró a Cannavaro, central de una selección que convirtió a Totti y Del Piero en actores secundarios. Cuando el fútbol se pone perro, no deja nada en su lugar. Tengo a Cannavaro por un excelente profesional, un central de categoría internacional y un tipo simpático con quien estaría dispuesto a salir a cenar cualquier noche de estas. Pero hay que reconocer que cuando su talento llegaba al máximo era porque le quitaba la pelota a un jugador contrario. A veces, sin cometer falta. Antes y después de aquello, el Balón de Oro lo habían levantado el mismo Zidane, Ronaldinho, Messi, Ronaldo… jugadores que cuando entraban (y entran) en contacto con un balón de verdad elevaban (y elevan) el fútbol a la condición de arte.

Ya que hablamos de fascinaciones infantiles voy a aportar una teoría que, estoy seguro, ayudaría a la justicia de las nominaciones. Deberían votar niños de cinco a diez años, pues solo se sienten atraídos por los jugadores que los deslumbran, como si el fútbol fuera una prolongación de cualquier serie de dibujos animados. Eso ayudaría a que la elección fuese mucho más acertada. Los adultos, en cambio, pensamos demasiado. Y cuanto más sofisticados nos ponemos, más posibilidades hay de entregar un Balón de Oro a Cannavaro (perdona la insistencia, querido Fabio).

El «balón» como cuestión de fondo

Esperamos el Balón de Oro como uno de los grandes acontecimientos futbolísticos de la temporada. Tiene gran valor comercial, porque no se trata de premiar a un equipo (no olvidemos que el fútbol es un deporte colectivo), sino a un jugador; no se trata de una final en un gran estadio, sino de una entrega de premios en un lujoso hotel; no se trata de ver a esas grandes figuras en pantalón corto, sino con un impecable esmoquin. Es el fútbol individualizando el mérito para entretener al mundo durante un rato. Los jugadores saben que jugar muy bien es solo parte de la cuestión y, en los tres últimos meses del año, cuando los votantes deben decidir, se convierten en relaciones públicas de sí mismos, activando elementales recursos de marketing. A veces, de una manera directa (recuerdo a Ribéry declarando que su mujer ya había elegido el sitio donde pondría el Balón de Oro en 2014), otras a través de una persona cercana (en el mismo año, el hermano de Messi comparó en Facebook los trofeos ganados por Leo y por Cristiano), y algunas movilizando al club en el que juegan para complacer las expectativas del candidato propio (el Madrid se pasó un mes convirtiendo a Ronaldo en víctima de una conspiración, a partir de unas desafortunadas palabras pronunciadas por Blatter en aquellos días).

En el Balón de Oro confluyen todos los parámetros del nuevo fútbol. Está el mérito, que nadie lo dude (hay demasiados votantes y somos muchos los testigos como para creernos una conspiración). Está la publicidad, que ilumina a estas estrellas planetarias como si fueran actores que presentan una superproducción. Está la emoción, que muchas veces elige caminos distintos de los de la inteligencia. Están los medios de comunicación, convirtiéndolo todo en un gran espectáculo. Está el glamour de la fiesta de entrega, donde las mujeres de los jugadores exhiben su belleza y, en algunos casos, compiten en fama con los galardonados. Una fiesta que se encuentra exactamente en el extremo opuesto de un juego salvaje y simple como el fútbol. Esa gala tan glamurosa se parece tan poco a lo que ocurre en el campo como el esmoquin rojo de Dolce & Gabbana que Messi llevó en una de esas noches a una camiseta de fútbol. La evolución de este deporte tiene, en esta nueva versión del Balón de Oro, la ocasión perfecta para entender la complejidad del fenómeno: un juego apasionante devenido en espectáculo total.

Lo nuevo y lo viejo

Cuando en enero de 2016 Messi ganó el ya eterno partido que disputa cada año con Cristiano, en su discurso se acordó del fútbol: «Quiero dar las gracias al fútbol, en general, por lo que me hizo vivir, por lo bueno y lo malo, porque me hizo crecer». Lo dijo acariciando su quinto Balón de Oro, y aquellas breves palabras parecieron tender un puente entre lo viejo y lo nuevo. Luis Suárez (Barcelona, Inter de Milan…) me contó por esos días que cuando le concedieron el Balón de Oro en 1960 (también ganó dos veces el de plata y uno el de bronce), se lo entregaron en el campo de juego antes de que empezara un partido. La gente aplaudió, él saludó y dos minutos después el utilero se llevaba el trofeo al vestuario. Fin de la fiesta. Era un breve y discreto reconocimiento entregado en el campo de batalla. Solo fútbol.

Aquel era un mundo simple donde no había razones para confundirse. Pero estos son días algo esquizofrénicos, en que un jugador tiene que estar tan dispuesto a partirse las cejas cuando va a cabecear un córner, como a subirse a un avión junto a su peluquero personal para ir a recoger un premio.

Las lágrimas también tienen precio

Comentario aparte merecen las lágrimas de Cristiano en 2015, no importa si artificiales, porque de cualquier manera conmovieron al mundo. Primero, porque la emoción siempre produce una adhesión solidaria y, segundo, porque su habitual dureza gestual había creado una percepción de hombre duro, algo distante, poco empático con las masas que gobiernan sentimentalmente el juego. De pronto, en medio de la alegría y delante de su hijo, Cristiano se quebró y con su reacción se presentó ante los ojos del mundo como un hombre desconocido: sensible y cercano. Hasta muchos portugueses que decían admirarlo, pero que no acababan de quererlo, se rindieron ante esta nueva versión del ídolo. Como reír o llorar son grandes productos de consumo, el departamento de marketing habrá aplaudido la inesperada reacción… O la habrá programado al milímetro.

De hecho, el día antes de la entrega del Balón de Oro, el IPAM (una escuela de marketing portuguesa) establecía el valor de la imagen de Cristiano Ronaldo en 43 millones de euros. El estudio se basaba en una fórmula «científica» que usaba variantes como la reputación, la popularidad y la notoriedad. En el caso de que Ronaldo ganara el trofeo, habría un incremento de 7 millones, de modo que, si fuera un coche, aquel día le hubieran colgado un cartel con la cifra de 50 millones de euros (por temporada). Pero lo que no sabía la «fórmula científica» era el efecto en la cotización que tendría la emoción de Cristiano. Esas lágrimas, no lo dudemos, pusieron el precio del futbolista por las nubes. El autor del estudio habló de «números impresionantes que superan los límites del fútbol». Yo prefiero que no superen esos límites y permanezcan dentro del terreno de juego. Porque si Ronaldo llegó ahí arriba, ha sido precisamente porque se ha concentrado en su profesión con el fanatismo de un iluminado sin distraerse más que lo justo con todas las tentaciones (comerciales y humanas) que se le presentan a un futbolista de su nivel hoy en día. Como Cristiano siempre quiere volver a por otro Balón de Oro, lo primero que tiene que hacer es concentrarse en el de cuero. En definitiva, hacer lo que ha hecho durante toda su vida.

La mezcolanza

El Balón de Oro es parte importante de la confusión entre lo sustancial y lo anecdótico. En la temporada 2014, como en todas últimamente, el debate se alargó durante meses porque el enfrentamiento Ronaldo-Messi no es más que una prolongación de la guerra Madrid-Barça. Ambos se pasan la vida mirándose de reojo a distancia, y esa noche se miran de cerca para saber el resultado de un pulso que está marcando la historia del fútbol actual. En la polémica que antecede a la entrega, no solo son responsables los medios de comunicación. Muchas veces, la rivalidad se ve espoleada por los mismos clubes o por el entorno de los candidatos. Cuidado, porque son dos cosas distintas. Los jugadores de ese nivel forman parte de dos equipos: el de fútbol, para el que juegan, y otro, en el que se alinean sus representantes, sus asesores de comunicación, sus especialistas en marketing, sus abogados… Cuando escribo «sus» quiero decir que le pertenecen y que no se trata de profesionales que comparten su tiempo entre el jugador y la institución para la que juegan. Aquí está incubándose un problema porque, a medida que se agranda el segundo equipo, va reduciéndose el compromiso con el primero.

A veces ambos mundos parecen confundirse, como ocurre en cualquier entrega del premio: si bien se trata de un reconocimiento individual (que excluye al equipo) y su valor no es más que simbólico, la emoción, el festejo y hasta el fortalecimiento del prestigio del club donde juegan parecen dignos de un campeonato ganado. Así lo sienten los hinchas: otra batalla ganada. Pero la pregunta que queda en el aire es: ¿en cuánto tiempo esta entronización del individuo terminará perjudicando al equipo? ¿Cuánto falta para que el espectáculo contamine definitivamente el fútbol? Ya está haciéndolo. Tengo la sensación de que el marketing está pisando el césped y que eso es peligrosísimo para la fuerza sentimental del deporte y para la pureza profesional de los jugadores. Porque no todos tienen la obsesión de Cristiano ni la calma de Messi para centrarse en lo principal.

El seductor destronado

Es tal el bochornoso espectáculo que ha dado la FIFA tras el Mundial de Brasil, que no se puede mirar para otro lado. Primero fueron los rumores, después las evidencias, finalmente el ataque de la justicia estadounidense ante la pasividad de Europa y Sudamérica que son, se supone, la madre y el padre del fútbol. El día en que se jugó la final de la Champions 2015 (sin duda, el partido del año entre clubes), Joseph Blatter le robó el protagonismo a Messi. Lo único que le faltaba por robar al organismo que rige el fútbol mundial.

El vendedor

Siempre he visto a Blatter como un personaje que tiene algo de vendedor de plaza pública. Atrevido, simpático, persuasivo… Hay que aclarar que lo que vendía no era un crecepelo, sino un artículo de extraordinario poder emocional, capaz de mover miles de millones de dólares al año: fútbol. Si ese producto lo vendiera un papanatas, no dejaría de tener éxito. Las dotes de diplomático que permitieron a Blatter trepar hasta la presidencia de la FIFA, las lució el día que el Real Madrid festejó con una gran cena su centenario. Estaba allí medio mundo futbolístico, sobre todo el de la rica Europa. Un buen número éramos empleados del Madrid, y el resto ilustres personajes del mundo del fútbol que representaban a clubes, federaciones, ligas profesionales y organismos como la UEFA o la FIFA. A la hora de los discursos, Blatter pidió el micrófono para decir unas palabras entre divertidas y emocionadas, que pusieron en valor la consideración del Madrid como mejor club del siglo xx. Aquel hombre bajito, poderoso y seguro de sí mismo tenía sentido del espectáculo. Al final de su intervención pidió a todos los invitados que no pertenecían al Real Madrid que se pusieran de pie. Lo hizo en varios idiomas (Blatter convence en cinco lenguas) porque se dirigía a representantes de distintos países. A esas alturas ya se había convertido en maestro de ceremonias de la fiesta. Fue entonces cuando solicitó a los que estaban de pie (les recuerdo que eran invitados ajenos al Madrid) que aplaudieran a quienes estábamos sentados (empleados del club) «también en nombre de los que ya no están y por la extraordinaria obra realizada en los últimos cien años». Una sencilla y eficaz puesta en escena. Cuando Blatter terminó su actuación, yo ya había entendido cómo había conseguido aquel hombre que un personaje duro y reaccionario como Joao Havelange, presidente de la FIFA durante veinticuatro largos años, lo nombrara secretario general del organismo más importante del fútbol mundial. Sencillamente, estábamos ante un seductor.

En el Comité de la FIFA no hay grandes ingenieros ni grandes empresarios ni grandes artistas ni, por lo visto en estas últimas elecciones, grandes estrategas, sino personajes muy particulares que representan el popular y arcaico mundo del fútbol. La locura planetaria que genera este deporte tiene más que ver con equipos y jugadores que fascinan con su talento, que con los directivos que controlan el negocio. Es el juego el que maravilla y apasiona. Por cada Santiago Bernabéu (uno de los visionarios que fundaron la FIFA) que hemos conocido, hay siete sinvergüenzas como los que enchironaron en Suiza. Para Blatter fue un juego de niños meterse en el bolsillo a esos personajes de intelecto menor. Menor, me refiero, comparándolo con el tamaño de su ambición, codicia y falta de escrúpulos. Como comprobaremos a lo largo de los funestos (para el fútbol) años que vienen, a estos tipos les da igual venderse a un magnate de la televisión que revender entradas para el próximo partido. Son insaciables. Nos queda por saber si durante sus cuatro mandatos (no cuento este último), Blatter ha formado parte de la banda o solo la ha permitido. Aunque su renuncia cuatro días después de su última reelección fue una seria contribución al desconcierto y la sospecha. La tercera posibilidad —ni robaba ni se enteraba— sería igual de grave en términos de responsabilidad política. De modo que cualquiera de las tres lo convertían en un cadáver, aunque mantuviera intactas sus dotes de seductor y por mucho que pretendieran ampararlo esos votos irresponsables que lo reeligieron. Perdida la autoridad moral, todo (desde el árbitro de un partido hasta la elección de una sede para el Mundial) provoca recelos que convierten el fútbol en un esperpento.

Habría que preguntarle a Blatter y a cuantos le votaron en las últimas elecciones: ¿nadie sabía que se robaba? ¡Por favor! Pero si a algunos de los imputados solo les faltaba el antifaz y el pañuelo que les tapara la boca… Y no sirven como descargo las palabras de Beckenbauer, que atacó al sistema para defender a Blatter. Diecisiete años como secretario general de Havelange (corrupto y gran patrocinador de dictaduras), y otros diecisiete como presidente de la FIFA, en los que no instauró procedimientos de control eficaces, hacían de Blatter la encarnación del sistema. De los siete altos cargos inculpados por Estados Unidos, dos eran vicepresidentes, de modo que la espiral de corrupción empezaba en lo alto del organigrama.

Ni siquiera una acusación bien fundada que menciona el «fraude, soborno y blanqueo de dinero» bastó para persuadir a una gran mayoría de votantes a cambiar el rumbo aquel nefasto día que empezó con los altos directivos en la cárcel y terminó con la reelección de Blatter. ¡Como si no hubiera pasado nada! Es más, la sensación que tuve es que los votantes estaban repartiendo un último dinero que se escapaba en estampida. Porque mientras ellos votaban para preservar sus intereses, los patrocinadores habían empezado a correr para que la sucia mancha de la FIFA no alcanzara la reputación de sus grandes marcas. Es igual, en la FIFA si algo sobra es dinero.

El ex presidente de la FIFA habló de «regenerar el organismo» pero, cuando lo dijo, esa bandera le quedaba ya grande. Diecisiete años en la presidencia son prueba suficiente de su inmovilismo y de cierta incapacidad para la regeneración. Además, sabemos que cinco mandatos ostentando un poder absoluto y opaco suelen provocar una peligrosa sensación de impunidad. Blatter podía no haberse presentado a las últimas elecciones y lo hubiéramos interpretado como un gesto de dignidad política, ante el enorme escándalo que estaba televisándose desde un lujoso hotel de Suiza para el mundo entero. Marcharse tarde y mal, en cambio, entierra aún más su prestigio. Como Francesco Schettino, aquel surrealista comandante del *Costa Concordia* que fue el primero en abandonar su barco en llamas, Blatter se va de la FIFA «para salvarla».

El fútbol es un reino emocional que alegra la vida de cientos de millones de personas y, gracias a ello, parte esencial de la industria del ocio, capaz de generar ingresos de 50.000 millones de dólares, cifra que no hace más que crecer cada año. La FIFA gobierna ese mundo desigual donde existen federaciones grandes y pequeñas, influyentes e insignificantes, ricas y pobres… Su misión es organizar grandes eventos y promocionar el fútbol, pero también distribuir con sentido social y ética impecable el colosal dinero que administra. El potencial social y educativo del deporte, unido a las sumas astronómicas que maneja la FIFA, podría hacer del organismo que administra el fútbol mundial una escuela de vida para millones de niños que se acercan al juego con la mente abierta por la pasión. Un campo de juego, un balón y un buen profesor bastarían para convertirlos en futbolistas (si las ilusiones corren parejas con el talento) y mejores personas. A esos niños necesitados de oportunidades han estado robándoles los directivos de la FIFA imputados.

Para la refundación bastará con gente honrada y austera que responda ante los controles de la FIFA, y no parásitos que actúan como virreyes impunes, dedicados a saquear en los lugares del mundo que les toca gestionar. Y para confirmar periódicamente la honradez, auditores externos que den cuenta del destino de cada moneda que sale de la organización. A partir de ahí, habrá que poner en marcha ideas a través de proyectos que dignifiquen el fútbol y la sociedad. ¡Es tan fácil con dinero! Solo así, la FIFA podrá recuperar su credibilidad y devolverle a la gente lo que le pertenece.

De lo contrario, los actos de corrupción que vamos conociendo irán alejando a los clientes de la FIFA del campo de juego y pondrán en peligro el espectáculo mismo. No sea cosa que vacíen el fútbol de contenido, de aficionados y hasta de ingresos, al punto de que un buen día no encuentren nada que robar.

Gianni Infantino llegó a la presidencia de la FIFA con buenas intenciones (publicación de sueldo y patrimonio) y las mejores palabras: «mis padres me enseñaron a distinguir el bien del mal». La lección le resultará oportuna para descubrir a quienes, entre los que lo eligieron, se favorecieron de piraterías de todo signo. Por muy honestos que sean los planes del nuevo presidente, es muy importante extremar los controles para que la enfermedad de base (que empieza en las Federaciones nacionales y regionales) no produzca un nuevo contagio que afecte a todo el organismo y avergüence a los padres de Infantino.

6
La emoción

El fútbol deshumanizado

Ahí va el individuo subido encima de un equipo de fútbol, integrado en un colectivo con el que comparte opiniones, sentimientos, vecindad... Su equipo hace que el hincha se sienta de un lugar, razón por la cual da a la camiseta el valor de una bandera. Finalmente busca un alma a su incondicional sentimiento de adhesión y lo personaliza en la figura de un jugador, que le pone cara a la pasión de los aficionados. Símbolos, mitos, héroes... Ídolos. Desde el comienzo mismo de este párrafo no hemos hecho más que hablar de fútbol e identidad. Cuanto más globales somos, mayor necesidad tenemos de afirmarnos en un lugar, en una historia, en una lengua, en una etnia y, también, en un club de fútbol.

La globalización ha puesto a prueba las identidades que, para no desbarrancarse, se agarran a cualquier referencia. Una de esas trincheras que cava la identidad es la del fútbol, superficial quizá (no estamos hablando de una religión, una nación o una raza), posiblemente más imaginaria que real, pero eficaz. En nombre de la globalización el liberalismo ha ido acabando con la cadena de solidaridades que, en forma de asistencia, acercaba el Estado a la gente. En la nueva economía (que se caracteriza por movilizar capitales de los países pobres a los ricos, de los ciudadanos pobres a los ricos, etcétera), el Estado abandona a su gente, se aleja de ella. Es el problema de convertir a los ciudadanos en consumidores: aquellos que se quedan fuera del consumo, se quedan fuera de la ciudadanía. ¿Qué compensa esa pérdida? Pues, creámoslo o no, en muchos de estos países la compensación la ofrece el fútbol que, desde la ficción, toma el relevo para volver a articular barrios, ciudades, naciones. Lo que el Estado expulsa lo recoge el estadio. Ese es el terreno simbólico que cada día pisa con más autoridad este deporte.

Pero esta conclusión apresurada necesita de matices porque el sistema de lealtades que siempre ha caracterizado al fútbol está cambiando: el escudo de un club vale más que aquellos que lo lucen. La entronización del presente, el culto a la novedad y el sentimiento global que las nuevas tecnologías están consagrando nos sitúan ante un cambio de paradigma. Queramos o no, hay que empezar a mirar la identidad de otra manera.

Una de las piezas que siempre me ha ayudado a pensar sobre la importancia sociológica del fútbol ha sido la de su fuerza simbólica. Desde niño, tuve el orgullo de ponerme la camiseta de mi colegio, de mi pueblo, de mi club, de mi país… Además de disfrutar del juego, me veía compartiendo un sentimiento colectivo, percepción que daba al fútbol un rango especial. Me creía distinto a los del otro equipo, me sentía distinguido ante mi comunidad y, por esas razones, el fútbol dejaba de ser un asunto trivial para convertirse en algo importante. Bastaba con ponerle un escudo a mi camiseta para que se obrara el milagro de la representatividad. Por supuesto, siempre tuve claro que en esa asociación hombre/escudo, el importante era el hombre. Los colores de mis equipos (ya estoy hablando como jugador y también como aficionado) eran el soporte emocional de mi identificación, pero necesitaba humanizar mi pasión recitando las alineaciones, eligiendo a un ídolo, poniéndole un rostro al último gol. Esos nombres propios me pertenecían por la sencilla razón de que jugaban en «mi» equipo.

Lo impuro es... perder

En el primer partido de la temporada 2015-2016, ocurrió en España algo a mi juicio extraordinario. Lo diré de otro modo: algo que siempre he creído relevante pasó totalmente inadvertido para mucha gente. Por entonces, yo era comentarista en la Cadena Ser de España de todos los partidos de Liga del Real Madrid. En la presentación del equipo en el Santiago Bernabéu había, como siempre, varios aspectos objeto de atención. ¿Espabilaría Bale? ¿Sería sensible el equipo al generoso aporte creativo de Benzema? La reaparición de James, ¿sería tan desequilibrante y seductora como en la temporada anterior? ¿Keylor Navas convencería al Bernabéu con sus reflejos gatunos?... El partido fue respondiendo afirmativamente a todas esas preguntas, que formaban parte de la rabiosa actualidad del club. Y como todos sabemos, hoy en día el presente es Dios.

De pronto, un oyente llamó ofendido porque en ningún momento habíamos comentado que el único jugador español del Madrid en el campo era Sergio Ramos. Indignación razonable. Lo que este amable señor no dijo es que era la primera vez en sesenta años que el Real Madrid salía al terreno de juego sin ningún jugador de la cantera. El primer dato nos había parecido secundario, pero el segundo directamente fue invisible. Y las cosas que resultan «secundarias» o «invisibles» lo son porque no interesan a nadie. Importa el escudo muy por encima de las personas que lo llevan. A los ojos del madridismo, el escudo en el pecho de un portugués, un colombiano, un francés, un brasileño o un galés los nacionaliza a todos. ¿Y el factor local? ¿Y la fuerza representativa del hombre de la casa? Esas eran debilidades de otra época, cuando no existían las nuevas tecnologías ni sabíamos lo que significaba la palabra «globalidad». Estos son tiempos pragmáticos en los que, como nos cuenta el filósofo Claudio M. Tamburrini en un interesante artículo titulado «Cuando la patria es el fútbol», «mejor que el equipo del pueblo gane, aunque esté lleno de extranjeros, que tener un equipo étnicamente "puro" que no le gane a nadie».

La consagración del olvido

En su día dediqué muchos artículos a hablar del «vacío sentimental» que provocaría la marcha de Iker Casillas. Pura literatura. El Santiago Bernabéu me desmintió sin piedad. En el primer partido sin Casillas, bastaron dos grandes paradas de Keylor Navas para que todo el estadio coreara su nombre. Cada «Keylor» que repetía la grada con sus cánticos era como una palada más de tierra sobre la tumba futbolística de Iker. Pero lo que cierra la historia es que, cuarenta y ocho horas después, Keylor era traspasado al Manchester United para hacer sitio en la portería del Madrid a David de Gea. En las encuestas que se realizaron de inmediato, el 87 por ciento de la afición estaba en desacuerdo con una operación que finalmente se frustró por un inexplicable fallo de coordinación de ambos clubes, según la versión oficial. De acuerdo con las nuevas reglas de lealtad, de haberse concretado el traspaso, el madridismo hubiera cambiado su voto en el momento en que viera el escudo del club en el pecho de David de Gea. Esta especie de deshumanización del fútbol debería ser un drama social antes que futbolístico. No es una cosa ni la otra. Solo un signo de la época.

El análisis de esta operación frustrada nos pone ante el fútbol como mero objeto de consumo, desposeído de sentimiento y de los viejos códigos de nobleza. Muchos aficionados, y algunos periodistas, no se creyeron la versión oficial. Para ellos, después de que Keylor fuera aclamado por el Bernabéu, el fichaje de David de Gea se habría convertido en un problema de 35 millones de euros. En consecuencia, era mejor hacer el ridículo que comprar una granada a la que la afición había quitado la espoleta. Lo curioso es que tanto la versión oficial como la versión alternativa solo consideren el sentido de la oportunidad, sin tener en cuenta la reputación de los clubes ni, sobre todo, los perjuicios sufridos por los jugadores ante las promesas incumplidas.

Ganar (dinero o partidos) lo justifica todo

Tras la batalla, había que hacer recuento de las víctimas. La primera es el prestigio institucional de dos de los clubes más importantes del mundo, ante aquel sainete calificado de «grotesco», «ridículo» y «vergonzoso». ¿Cómo se arregla el serio deterioro de la imagen del Real Madrid y del Manchester? Con resultados, por supuesto. Ganar borraría de inmediato cualquier huella dejada por el bochornoso espectáculo veraniego. Es la costumbre del fútbol actual: el triunfo lo arregla todo. Da igual que nos refiramos a un mal partido, a un problema ético o a un inexplicable descuido a la hora de fichar. Ganar limpia.

Pero también hay víctimas personales. La primera se llama David de Gea, que, en aquella larga negociación, había roto los puentes profesionales con el entrenador del club al que pertenecería al menos un año más, así como la relación sentimental con los aficionados. La segunda se llama Keylor Navas, que durante algunas horas se sintió una modesta moneda de cambio despreciada por el club del que sería portero durante toda la temporada. ¿Cómo arreglar lo que está roto? Con dinero, por supuesto. Un día cualquiera leeríamos: «De Gea ha renovado por el Manchester United», y como su categoría profesional está fuera de toda duda, la afición lo perdonaría por ser un recurso imprescindible. Poco antes o poco después, también sabríamos que a Keylor Navas le mejorarían el contrato con el Real Madrid, prueba indiscutible del afecto de la institución a su gran portero. Y así, ganando partidos y dinero, la obra de teatro llegaría a su fin.

El fútbol seguirá su camino hacia el éxito comercial seduciendo a una masa que hierve de pasión por el amor a su escudo y por el odio al escudo rival, renovando la incertidumbre del resultado cada semana, abrazando el presente, proporcionando el placer primitivo de sentirse parte de algo... Siendo, en definitiva, un entretenimiento de primer orden con un indiscutible anclaje sentimental. Pero, cuidado, porque estamos tan entretenidos con el nuevo fenómeno que estamos deshumanizándolo, como si los héroes, antes que hombres representativos, fueran carne que se compra y se vende. Ese imaginario colectivo que llamamos «identidad» es la base en que se asienta un club. Si la identidad es frágil, solo el triunfo asegura la fidelidad y la pasión de los aficionados. Pero apostarlo todo al resultado siendo el del fútbol un mundo tan pendular (triunfo, fracaso; fracaso, triunfo; alegría, tristeza; tristeza, alegría) lleva directamente a la desesperación, primero, y a la confusión, después.

La acción por la acción

Desde la Ley Bosman, los clubes europeos se han convertido en aspiradores de talento. Cuanto más dinero circula, mejor funciona la aspiradora, obvio. El Barça forma su delantera con el mejor jugador de Argentina (Messi), el mejor de Brasil (Neymar) y el mejor de Uruguay (Luis Suárez). Los aficionados de cualquiera de estos países, lejos de sentirse ofendidos por el expolio, se identifican con el comprador por entender que en ese equipo está jugando un pedacito del país. La globalización destroza las identidades, pero al menos nos deja disfrutar de los «pedacitos». Pagando, claro, porque la Champions es carísima si queremos acudir al estadio y nunca gratis si queremos verla por televisión.

La aspiradora europea no es igual de eficaz en todos los países. La de España, por ejemplo, funciona a todo tren. El Real Madrid tiene, entre sus grandes atacantes, al mejor jugador de Portugal (Cristiano), al mejor de Gales (Bale) y al mejor de Francia (Benzema), lo que demuestra que también existe desigualdad en los continentes opulentos: España o Inglaterra compran más que nadie, y Portugal, Gales y Francia venden. La vida de los ricos es un martirio. Como podemos comprobar, siempre hay alguien que tiene un barco más grande.

La desconexión sentimental

Dentro del gran carnaval cultural que es el fútbol, un club es un bien sentimental que pertenece a mucha gente, aunque algunos ricos lo compren y se sientan propietarios de esa complejidad emocional. Cada día ocurre con mayor frecuencia.

Al Valencia, por ejemplo, lo compró un tal Peter Lim, residente en Singapur. Su llegada impactó mucho en la afición, como si a un familiar le hubiera tocado la lotería. Algo me caerá, pensarían. Se trata de un millonario, lo que permite soñar con la llegada de cracks, las únicas armas sofisticadas con las que se puede ir a la guerra contra el Barça, el Madrid y los grandes de Europa. Lim es amigo de Jorge Mendes, representante entre otros de Cristiano Ronaldo y Mourinho, personajes del primer mundo futbolístico. La sociedad prometía: uno tenía la pasta y el otro la influencia. Pero el que tiene influencia también tiene compromisos. Como entrenador llegó Nuno Espírito Santo, un entrenador sin pasado en la élite y amigo de Mendes.

La primera temporada el equipo alcanzó su objetivo, que era clasificarse para la Champions. Fue entonces cuando Lim y Mendes se liberaron del presidente (Amadeo Salvo, que había luchado por atraer a Lim como inversor) y del director deportivo (Rufete, un ex jugador del Valencia). Ahí empezó a romperse la identificación del hincha con el club, ahora encarnado por personajes extraños al valencianismo. Además vendieron a Otamendi, un líder indiscutible al que el Manchester City había hecho una oferta espeluznante. El millonario que había llegado para atraer talento empezó perdiendo al más grande. Aparecieron otros jugadores, pero no eran ni igual de consistentes ni igual de seductores. La afición se mosqueó porque con la marcha del presidente y del director deportivo se perdía compromiso emocional, y con la de Otamendi, competitividad e ilusión. Para dar explicaciones no había nadie, porque el propietario vive en Singapur y Mendes encima de su avión privado.

El pobre Nuno se quedó tan solo como el Espíritu Santo que adorna su apellido. La afición olió la debilidad y, como no había nadie a mano al que culpar, fue despedazándolo partido a partido al grito de «¡Nuno, vete ya!». Como en tal ambiente es muy difícil jugar decentemente al fútbol, el equipo perdió seguridad y las pálidas actuaciones trajeron malos resultados. El «¡NUNO, VETE YA!» fue haciéndose cada vez más grande, y ahora llega lo curioso del fútbol actual: ni el dueño del club (aunque viva en Singapur) ni el amigo del entrenador (aunque viva subido en un avión) pueden desoír los gritos indignados de una afición que pide la cabeza del entrenador. Los propietarios podrán comprar acciones, derechos, infraestructuras y todo lo que no tenga corazón. Lo que no es posible comprar con dinero es el sentimiento. Eso es propiedad del hincha.

La solución al problema es otro disparate de gestión sentimental: Gary Neville, ex jugador del Manchester United, fue el nuevo entrenador. Hacía falta un comunicador y llegó un tipo que solo habla inglés. Hacía falta experiencia y llegó un entrenador sin pasado. Hacía falta identidad y llegó alguien que no tiene el menor vínculo con el Valencia. ¿Qué decidió la elección? Al parecer Neville, el nuevo entrenador, es amigo de Lim, el propietario. Bien mirado, la amistad es un buen principio para reconstruir los sentimientos. Solo hacía falta convencer a los miles de socios del Valencia, que ven el club cada vez más alejado de sus corazones.

Sentimientos: Dimes y diretes

Subestimamos los sentimientos. Creemos que se tratan de una debilidad que pone en peligro nada menos que el negocio. Pensemos si no en el llamado Caso Tévez, un jugador notable que volvió a Boca cuando vivía su mejor momento en el fútbol europeo. La opinión más repetida en Argentina entre el pueblo no boquense es que «este pibe perdió la cabeza». Es curioso que nos quejemos de la mercantilización del fútbol y de sus nefastas consecuencias en la pureza y la identidad del juego y, sin embargo, cuando un jugador da prioridad a los sentimientos antes que al dinero, lo vemos como un signo de irresponsabilidad. ¿En qué quedamos? Tévez siente a Argentina y tiene alma boquense. Se fue del país y de su club por conveniencia profesional e hizo una carrera brillante en clubes del relieve de los dos Manchester o de la Juve. No debe de haber sido fácil adaptarse, y tengo la sensación de que tuvo que luchar contra la nostalgia durante casi diez años. Razones suficientes para volver a su país, no a arrastrarse, sino a mostrar su plenitud en el club que ama y en el que es aclamado como «jugador del pueblo». Sesenta mil personas lo recibieron solo para verlo levantar los brazos y darle las gracias en la Bombonera el día de su presentación. Ese tipo de veneración al ídolo da sentido a la vida de un hincha. Cuentan que el súper profesionalismo que Tévez aprendió en Europa lo transmite entre sus compañeros, exigiendo con el ejemplo. Si Tévez entrena con rigor, los demás no pueden quedarse atrás; si Tévez decide comer en el club, los demás se sientan a su mesa; si Tévez firma autógrafos después de un entrenamiento, los demás también fortalecen su relación con los hinchas demorando un poco la ducha. Y sobre todo, él llegó para aportar sentimiento boquense: esto es, lo que el fútbol conoce como identidad. Pero en lugar de aplaudir, nos preguntamos: ¿qué le pasa a este pibe?

El calor del líder

En el Real Madrid Rafa Benítez luchó por alcanzar cierto nivel de conexión con la esencia del club, apelando a su pasado y buscando refugio, en los malos momentos, en los valores históricos del Madrid: entrega, espectáculo, deportividad... Pero su fútbol rígido y su poca capacidad de seducción no lograron la aproximación deseada. Para haber sobrevivido, Benítez tendría que haber asegurado triunfos al equipo, goles a Cristiano, espectáculo al hincha... En fin, resultados. Solo que en el fútbol los resultados no pueden asegurarse y son más difíciles de alcanzar cuando no hay una persona, una idea o unos valores que generen en el vestuario lo que conocemos como «orgullo de pertenencia». Es curioso, porque la llegada de Zidane produjo un efecto mágico. No hace falta que lo cuente.

Desde el primer minuto la pelota empezó a correr más rápido; los jugadores siguieron como un solo hombre las tres verdades simples que les contó ese entrenador al que consideraban uno de los suyos; y los aficionados, siempre nostálgicos, aplaudían con entusiasmo el deseo de ver, en el futuro, el fútbol que Zidane les había regalado en el pasado. El Bernabéu respiró de inmediato otro aire e hizo que nos asombráramos de nuevo por la increíble velocidad con la que un círculo vicioso puede llegar a convertirse en virtuoso. Con Zidane lo que se activó fue el recuerdo, al fin y al cabo el material primigenio con el que se construye la identidad.

Cambio: Sale la identidad, entra la amistad

El Barcelona tiene tres cracks conviviendo en la misma zona del campo. Un argentino, un uruguayo y un brasileño. Si a cualquiera de ellos se le preguntara por qué el Barça es más que un club, posiblemente no sabrían responder. Pero la identidad ha encontrado entre los tres un sustituto inesperado: la amistad. Ese revuelto de egos no parecía apto para la buena digestión competitiva. «Demasiados gallos en el gallinero», se dijo. Pero Neymar llegó al club hablando maravillas de Messi, Suárez es un gran gregario sin pretensiones de vedete y Messi está feliz de repartir la responsabilidad de los goles con sus compañeros. Hasta sus esposas se han hecho amigas, contribuyendo a una unión más personal que profesional. Un milagro que produce efectos tan sorprendentes como que cada crack se siente más contento por los goles que marcan sus compañeros que por los propios. Esa amistad parece haberlos devuelto al barrio, al placer de jugar, a la esencia soñadora y romántica de este deporte. Y es más eficaz para el buen fútbol que los entrenamientos, la táctica y todos los desvelos del entrenador por alcanzar la excelencia. La afición lo percibe y se suma al buen rollo. Ese mundo feliz ha ayudado a superar infinidad de problemas: el fallecimiento de un entrenador, el cese de un gran director deportivo, la dimisión de un presidente, los escándalos fiscales de algunas de sus grandes figuras, el retiro de líderes como Pujol y Xavi, las lesiones de Messi… El estilo, la unión y el afecto personal sigue haciéndolo reconocible como equipo.

Exceso de velocidad

El fútbol se ha vuelto rico y famoso. El dinero hace que los clubes contraten entrenadores y jugadores con una ansiedad consumista nunca vista. El presidente de un club de segunda división española acaba de asegurarme que hizo todo lo posible para no descender: «Hasta cambié a cinco entrenadores en una misma temporada», me dijo para exculparse. La respuesta me salió del alma: «La próxima vez, intenta no cambiar a ninguno, igual te da mejor resultado». Nadie le pide el pasaporte al talento, y me parece bien. Lo que me parece peor es que vivamos tiempos tan veloces que nos hacen víctimas de la acción. De la acción por la acción, quiero decir. La estabilidad debe de ser muy aburrida, porque el cambio se ha convertido en una constante en todos los clubes. A la afición le gusta la novedad, y aplaude.

La fama hace que el fútbol se aferre a las modas, al lujo, al marketing, a las giras por el mundo… Y cuando lo aparente se vuelve importante, lo importante se vuelve secundario. ¿Qué es lo importante? El juego, el balón, el partido, el vínculo con el hincha, el sentimiento de unión de los jugadores alrededor de algo trascendente… En la misma semana en que caía el entrenador del Valencia, estuvimos atentos a la cumbre sobre el clima: cientos de líderes sentados a una gran mesa redonda nos hicieron recordar los primeros tiempos de la humanidad, cuando nos reuníamos alrededor del fuego para contar historias y solucionar problemas. A veces, volver a los orígenes es una buena idea. A lo mejor el fútbol solo necesita que los directivos se queden quietos ante un proyecto durante un tiempo, y que los jugadores vuelvan a sentirse amigos alrededor de una pelota. O sea, recordar una vieja fórmula o imaginar una nueva para lograr despertar la adormecida identidad.

Crisis F. C.

Desde hace algún tiempo, se lleva mucho que los entrenadores organicen comidas para que el equipo conviva más allá de sus obligaciones profesionales. Hemos convertido en obligación lo que en otros tiempos se hacía de manera habitual y espontánea. Después de entrenar, lo normal era ir a tomar algo con los compañeros, lo que fortalecía las relaciones personales, que es la mejor vacuna posible contra los conflictos. Era un buen momento para reprochar, discutir y, finalmente, aclarar y airear el ambiente. Hoy, las sesiones de convivencia hay que programarlas como si se tratara de un entrenamiento más. No es fácil, porque hay que encajar la comida dentro de las repletas agendas de los futbolistas. El problema es que ir a comer por obligación tiene más o menos el mismo encanto que hacer una sesión de abdominales en grupo. Las crisis, en muchas ocasiones, tienen que ver con el distanciamiento de los jugadores respecto a su profesión, sus compañeros, el entrenador, el club…

Tempestad y calma

Gran tema el de las crisis, porque ya forman parte del árido paisaje deportivo. La palabra «crisis» (más asociada al conflicto que al cambio) y la palabra «fútbol» ya se han hecho amigas, porque se encuentran varias veces a lo largo de una temporada en el ámbito de cualquier club. En el fútbol, y no solo por el machaqueo periodístico, hay que tener una gran tolerancia a la presión. Los malos resultados, los egos mal administrados y la tremenda presión de la opinión pública contribuyen a los conflictos, primero, y después, a cierto estado de ansiedad. En esos momentos el club ficha mal y caro, el entrenador toma decisiones para sobrevivir y los jugadores, por no respetar los principios ni los tiempos del juego, terminan haciendo todo al revés. Como escribe Rodolfo Braceli en *De fútbol somos: la condición argentina*, «el fútbol es el espejo que mejor nos espeja…», y agrega: «Espeja la violencia, espeja el nacionalismo, espeja el gangsterismo, espeja el exitismo, espeja el fracasismo...». El espejo del fútbol, hay que aclararlo, es deformante porque es exagerado. Si algo he aprendido tras mirarme en él durante cuarenta años es que en situaciones de gran turbulencia ambiental hay que transmitir tranquilidad, confianza, ilusión. También es el momento de mostrar frialdad y valentía. Lo primero favorece el sentido común y lo segundo la determinación, porque los problemas no se resuelven solos.

En tiempos de conflictos poco puede esperarse del periodismo porque, como decía Oreste Corbata (un Garrincha argentino en su manera de jugar y de vivir), «te bajan cuando estás bajando y te suben cuando estás subiendo». Mantener la serenidad, en momentos así, es la única respuesta posible. Julio Grondona, presidente de la Asociación del Fútbol Argentino y vicepresidente de la FIFA durante veintisiete años, llevaba un anillo de sello que se hizo célebre por su inscripción: «Todo pasa». Hortera, pero sabio y adecuado con la trayectoria de un personaje que, a base de perpetuarse en el cargo, llegó a creer que el tiempo le pertenecía. Murió repentinamente, antes de saber que el tiempo no pertenece a nadie, y antes de que la justicia de Estados Unidos implicara a muchos de sus «socios» en casos de corrupción. Salvo que creamos que perder un partido es equiparable a perder la salud o la vida, conviene seguir su consejo.

Nubarrones tras la derrota

«Es el resultado, estúpido», parafraseando a quien en política lo reducía todo a la economía. Hace muchos años, un jugador español fue tentado por el Inter de Milán que dirigía Héctor Cúper. En Italia el resultado siempre ha sido el capitán general. El jugador, para hacerse el interesante, preguntó cuál era el proyecto. Cúper contestó lo único que merece el fútbol actual: «El proyecto es ganar el próximo partido». El resultado siempre ha sido importante, pero nunca se ha sentido tan seguro de sí mismo como en estos tiempos.

El poderoso peso del presente equipara, no solo la trayectoria de personajes, sino también de instituciones, y es que la psicología del resultado maneja claves disparatadas. El Real Madrid, por ejemplo, juega contra un club sin historia y, si le toca perder, el rival se siente legitimado a pensar: «Tú tienes diez Copas de Europa y yo ninguna, pero te he ganado hoy y eso te hace sufrir a ti muy por debajo de las viejas glorias europeas, igual que yo disfruto muy por encima de todas tus Copas». Todo se fortalece o debilita hasta extremos ridículos, por un buen o mal resultado, porque el fútbol, no me canso de repetirlo, ha entronizado el presente.

El presente manda porque en el fútbol mandan las emociones, que no son ni buenas ni malas. Pueden servir para ablandar los corazones con el fin de liberar a una etnia oprimida, como hizo con inolvidable inteligencia Nelson Mandela en el Mundial de Rugby de 1995 que se jugó en Sudáfrica; o para pisarle la cabeza al prójimo solo porque lleva en su camiseta un escudo que no es el nuestro, como ocurre con preocupante frecuencia en partidos de cualquier país en el que el fútbol signifique mucho para la gente.

Cambius interruptus

Temporada 2015-16. Jugaban el Eibar y el Barça un partido cualquiera de la Liga, poco tiempo después de aquel traumático episodio en San Sebastián, donde la suplencia de Messi provocó un terremoto. Las heridas aún estaban cicatrizando y todo en el Barça se hallaba bajo observación.

Con un resultado cómodo para el Barça, cuando faltaban pocos minutos para el final y pensando en la exigencia de los próximos partidos (Ajax en Europa, Real Madrid en España), Luis Enrique pretendió cambiar a Messi. Antes de ejecutar su decisión, quiso consultarlo con el jugador en una negociación a distancia que necesitó de gestos. Luis Enrique le preguntó al crack si estaba dispuesto a abandonar el campo y la respuesta fue poco entusiasta, pero clara. Messi dijo que se encontraba bien (con el dedo pulgar hacia arriba) y le dio la espalda a su lejano interlocutor, en una señal de claro rechazo al cambio que se interpretó como de cierto ninguneo al entrenador. Luis Enrique entendió el mensaje y la importancia del momento. No estaba la cosa para medir públicamente la relación de poder. Acto seguido fue sustituido Neymar, aplicando ese dicho tan práctico del mundo de los toros: «Más vale una pitá que una corná». Había 70.000 testigos directos. Pero hay que sumar el resto del mundo, que veríamos las imágenes en bucle por todas las vías que ofrece la tecnología. Al lado de una buena anécdota, un partido vale poco. Así que el periodismo giró esa manivela durante toda la semana, adornando lo sucedido con opiniones de todo tipo.

Cada uno ve «su» partido

Hay quien habló de rendición o incluso de sumisión de Luis Enrique ante el gran crack del Barça y quien, por el contrario, defendió la inteligente flexibilidad del entrenador ante un jugador que tiene a su favor el poder descomunal de su talento. Para mí, el incidente no es más que la demostración de que no todos los integrantes de un club ven el mismo partido. Luis Enrique, al fin y al cabo el hombre obligado a gestionar con sensatez el capital físico de una plantilla, seguramente pensaría en descontarle unos minutos a las piernas de su mejor jugador para que, de cara a los importantísimos partidos que debían afrontar (una obviedad, porque los grandes equipos siempre juegan partidos importantísimos), la frescura le permitiera ser aún más desequilibrante. Normal. Messi quizá pensaría que, en ese momento, estaba a un gol de romper el récord goleador de la historia de la Liga que ostentaba Zarra desde hacía más de sesenta años (1951) y que tremendo desafío no admitía ni dosificación ni demora. O, teniendo en cuenta su personalidad tan poco épica, quizá solo pretendía jugar un rato más porque estaba divirtiéndose. Ni reparó en las consecuencias. Los aficionados tal vez estuvieran de acuerdo con Messi porque, cuando un jugador de esa categoría abandona el campo, la calidad de vida de un aficionado (construida de ilusión, expectativas y emoción) empeora al instante. Hay gente que paga la entrada solo para ver a Messi. La directiva seguramente pensaría que daba igual que se fuese o se quedase, siempre que el desenlace no terminara en un nuevo conflicto. Tres días después de la discordia que generó tanta literatura (incluso la de este artículo, lejano en el tiempo), Luis Enrique cambió a Messi frente al Ajax en la Champions, pero el solemne acto quedó como un intento forzado de salvaguardar su autoridad. Como siempre que las cosas se hacen a destiempo, la solución solo fue una manifestación teatral.

¿Quién manda?

Para muchos, aquel episodio demostró que los futbolistas de ahora mandan más que los entrenadores. Creo que la reflexión necesita de un matiz. Es verdad que los jugadores han potenciado incluso su fuerza legal con contratos por los que disfrutan de más derechos que obligaciones. Contratos que, además, son flexibles de manera leonina. Si no juega sigue cobrando, y si es titular, puede pretender un aumento. Como si el club lo hubiera comprado para ser suplente. Pero además de reforzar su poder económico, el futbolista ha aumentado su poder social, porque el fútbol ha elevado la cotización y también el estatus de aquellos que alcanzan el primer nivel. Sin embargo, como el juego es cada vez más táctico y a los medios les encanta la individualización del éxito y el fracaso, la importancia del entrenador no se ha quedado atrás y ha aumentado por lo menos a la par que los caprichos de los nuevos héroes. En esa nueva relación de fuerzas el genio, como siempre, exige sus propias reglas. Su condición de figura excepcional que se siente dueño del espectáculo nos da ejemplos parecidos en todas las generaciones. Como verán, ante un desafío de semejantes monstruos lo mejor es hacerse el distraído.

Johan

El Barcelona disputó una eliminatoria de Copa del Rey frente al Alavés en el que yo jugaba, en aquellos días de la década de los años setenta (aclaro que d.C.). La gran atracción de aquel Barça era Johan Cruyff, el genio que gobernaba a su equipo y los partidos como le daba la gana. A poco de comenzar el encuentro, se puso a llover con fuerza (eso en Vitoria es mucho llover) y el terreno quedó impracticable. Un rival de segunda división y un tiempo de perros... Nada era digno de un crack de la dimensión de Cruyff que, al parecer, se aburría de esperar allá arriba a que le llegara alguna improbable pelota para pelearla en medio de un charco. Uno no sueña con ser futbolista para jugar semejante partido. De modo que, sin encomendarse a nadie, Johan se puso de líbero, reorganizó a todo el equipo y manejó los hilos del partido desde atrás con la soltura del crack que era. Huelga decir que bordó su nueva función bailando sobre la lluvia. El entrenador era Hennes Weisweiler, un alemán con fama de autoritario que aquel día, no sé si por miedo a mojarse o a Cruyff, no se movió del banquillo. ¿Para qué, si cualquier orden que diera hubiese sido desatendida?

Diego

En pleno Mundial del 86 fui testigo de otra demostración del carácter, la ambición y el poder que hay en todo jugador grande de la historia del fútbol. Argentina se había adelantado en el marcador en el primer tiempo de no recuerdo qué partido. Tras el gol, nos habíamos tirado atrás, más que siguiendo una orden del entrenador, por el instinto de conservar el resultado. En el intermedio, Maradona entró en el vestuario enfurecido y dirigiéndose no solo a los compañeros sino también al entrenador, tronó: «Todas las tácticas que quieran, pero para delante. Para atrás, no». Y así se hizo, porque la sugerencia de un genio siempre hay que atenderla.

Alfredo

En una ocasión, el gran Alfredo Di Stéfano, en una concentración con su equipo, estaba comiendo con sus compañeros en el restaurante de un hotel entre una numerosa clientela. El camarero sirvió tortilla para todo el grupo como primera opción, pero Alfredo, después de mirar el plato, llamó al segundo entrenador para consultarle si podía variar su menú. El auxiliar fue a consultarle a Miguel Muñoz, ex compañero de Alfredo y primer entrenador del Madrid por entonces, que negó el permiso para cualquier cambio. El pobre segundo entrenador volvió con la dura misión de comunicárselo a Di Stéfano quien, cuando oyó el veredicto, agarró la tortilla con todas las malas pulgas que tenía y la tiró por la ventana demostrando su malestar. La clientela del hotel quedó perpleja, pero Muñoz siguió comiendo como si nada.

La fuerza de la anécdota

Hoy en día, la exposición pública de los protagonistas durante un partido ha cambiado. Cualquier gesto, cualquier palabra, cualquier episodio (sobre todo extrafutbolístico) tiene resonancia mundial. Quizá, Luis Enrique hubiera debido aclarar su idea en la intimidad del vestuario, antes de presentarla en sociedad, para no terminar convirtiendo una simple decisión en un polémico espectáculo. Pero ni siquiera hace falta que esté implícito, como en el caso de Luis Enrique y Messi, un conflicto de poder. Basta una cuestión anecdótica, diría que cuanto más estúpida mejor, para que la imagen se convierta en viral. En la misma semana del incidente entre Luis Enrique y Messi, Marcelo Bielsa, aún entrenador del Marsella, se sentó encima de una nevera, que se hizo famosa porque la había convertido en su asiento durante los partidos, sin saber que un ayudante había puesto encima un café caliente. Bielsa se quemó, pegó un salto y se enfadó con el café (al que propinó una patada) y con quien lo había puesto ahí sin advertirle, al que le pegó tres gritos.

A los veinte minutos, la escena se había visto ya desde China hasta Argentina. Fue la imagen del partido. Junto a la de Luis Enrique y Messi, la imagen de la semana. En ninguna de ellas, la pelota había tenido nada que ver. Empieza a ser lo normal.

La mejor protección contra los ruidosos conflictos que genera el fútbol es ganar. Si el resultado tampoco ayuda, propongo cualquier extravagancia: aquel escorpión de Higuita en Wembley, que el lector recordará, es un buen ejemplo. Propongo algún otro aún más estúpido: que un delantero vaya a cabecear un córner con un clavel en la oreja, o que todos los jugadores hagan el pino para formar una barrera. Sería una conmoción mundial que haría olvidar la catástrofe deportiva y que, al menos, tendría la virtud de arrebatarle la iniciativa a los medios más ruidosos.

Lo viejo contra lo nuevo

Lo que no se discute es que el fútbol nos ha acostumbrado al conflicto en cualquiera de sus formas. Con el nacimiento del nuevo milenio, el Real Madrid activó con éxito todos los vínculos comerciales posibles vendiéndoles palcos vips a grandes empresas, publicidad a todo tipo de marcas, camisetas a los hinchas remotos... Cruzar ese puente entre la pureza del viejo fútbol y las oportunidades que ofrecía la globalización ha creado dificultades de adaptación. El director de marketing del Real Madrid en aquellos días llegó a una conclusión inevitable: «Solo progresaremos desde el conflicto». Huelga decir que «el conflicto» era sobre todo conmigo, que en mi condición de director deportivo defendía el territorio primitivo del fútbol. Como quedó dicho, la falta de sintonía entre ambos mundos sigue creando problemas.

Conflictos sin dirección

En ocasiones al conflicto le sale el tiro por la culata. Recuerden a Joseph Blatter antes de que se le viniera la FIFA encima. En una entrevista se puso a imitar el paso marcial de Cristiano Ronaldo, al que llamó «Comandante», después de una comida en la que seguramente no faltó el vino. Esa actuación, digna de un teatro infantil, provocó una enorme indignación en Madrid y Portugal, donde se entendió como una burla que condenaba a Cristiano en la lucha por el Balón de Oro. Blatter tuvo que retroceder haciendo concesiones, como la de alargar el plazo de votación con la intención de que se valoraran las actuaciones en el repechaje de las selecciones que aún no tenían plaza para el Mundial de Brasil, como Portugal. Lo increíble es que el ruido mediático que provocó aquella ofensa, más la compasión que genera toda persona a la que se considera víctima de un atropello, más las últimas y deslumbrantes actuaciones de Cristiano en esa temporada, provocaron un fenómeno reactivo que inclinaron los votos, como habían inclinado las encuestas, a favor del jugador. Cuando al final del camino Cristiano levantó el Balón de Oro, entre sus sentidas dedicatorias debería haber incluido a Blatter, que había hecho una buena contribución a su éxito con aquella torpe e irresponsable imitación. Los conflictos, como ven, evolucionan como les da la gana.

El humor como remedio

Quizá el humor sea una de las claves para desactivar un potencial conflicto. Pelé, un símbolo del éxito futbolístico a gran escala, tiene que convivir con constantes comparaciones con jugadores de distintas épocas. Hace un tiempo coincidimos en una conferencia en Sao Paulo, y atendiendo a mi condición de argentino convirtió un viejo litigio en una buena historia. Lo dijo más o menos así: «Desde hace muchos años tengo un amigo argentino que se llama Guillermo. Un día llegó y me dijo que había un gran jugador de nombre Alfredo Di Stéfano que era mejor que yo. Mucho más adelante vino a contarme que había un fenómeno que se llamaba Maradona y que era mejor que yo. Ahora lleva tiempo diciéndome que hay un jugador que se llama Messi y que también es mejor que yo... Ya me cansó, así que le dije que los argentinos, primero, se tienen que poner de acuerdo sobre quién es el mejor, y después mandarlo a competir conmigo». Pelé sabe cómo desactivar una polémica sin perder la compostura, y esa condición de sabio simpático prolonga su reinado.

La responsabilidad de cierto periodismo

Basta con abrir un periódico para comprobar que los conflictos, manifiestos o latentes, se han convertido en parte fundamental del periodismo deportivo. Las polémicas animan debates interminables donde los periodistas se convierten en actores que se enfrentan desde posiciones extremas y provocan una atracción malsana en la audiencia. Un nuevo entretenimiento que resulta poco creíble para todo aquel con dos dedos de frente y que acaba con la credibilidad de los periodistas que se prestan. Muchos de ellos aclaran en privado que «de algo hay que comer». Por supuesto. Pero el precio que hay que pagar es que esa comida basura los convierte en caricaturas, y de ahí es muy difícil salir. Hay que decir que esta deriva del periodismo les sienta de maravilla a personajes que harían cualquier cosa para volverse visibles (menos pensar).

Precisamente por el atractivo veneno de la polémica hay jugadores que parecen imantar a otros nombres propios. Si hablamos de celebridades, resulta tentador buscar similitudes y diferencias, pero no siempre se hace para debatir desde el conocimiento. En muchas ocasiones Cristiano Ronaldo atrae el nombre de Messi, Messi el de Maradona, Maradona el de Pelé. Y no suele ser por nada bueno. Tiene que ver con el gusto por la rivalidad y la disputa que el fútbol excita hasta límites grotescos. Es admirable la imaginación con la que cada semana inventamos un nuevo conflicto para satisfacer nuestros instintos más bajos. Al parecer, solo alejándonos del sentido común y reavivando crisis pasajeras que siempre parecen terminales somos capaces de disfrutar a fondo de las emociones que genera el fútbol.

Demagogia, rebeldía y dignidad

Al poco de llegar a Francia, Marcelo Bielsa vivía días de vino y rosas como entrenador del Marsella. En aquellos momentos de alegría colectiva un periodista francés, en plena rueda de prensa, quiso congraciarse con el personaje hermético y misterioso que es Bielsa y le hizo una pregunta amable: «¿A qué cree usted que se debe el amor que le tiene la afición del Marsella?». Acodado en la mesa y con la vista fija en un lugar donde no había nadie, como es su costumbre, Bielsa respondió con un discurso despojado de toda demagogia: «Las adhesiones se valoran en el fracaso y yo todavía no fracasé con este equipo». Respuesta para enmarcar. No dio las gracias ni tuvo dudas, sencillamente su afición no había pasado aún la prueba de lealtad, que no es otra que demostrar afecto en la derrota. La verdad es siempre digna, y Bielsa no sabe mentir.

Esa sinceridad impacta porque también en el fútbol el lenguaje es víctima de la hipocresía o, simplemente, de los eufemismos, que atenúan o disfrazan la verdad para que no ofenda a nadie. Lo que ocurre es que este deporte ha agigantado su influencia hasta alcanzar tal peso en la opinión pública, que todos los que entramos en su ámbito nos convertimos en políticos. Incluso los jugadores. No es de extrañar: los aficionados tienen la misma fuerza que el electorado y son mucho más implacables porque, cuando votan en contra, suelen ayudarse de algún que otro insulto.

Nadie está a salvo de las pasiones

Hasta los más grandes jugadores de todos los tiempos alguna vez han sido cuestionados por su propio público. En los días en que Casillas sufría un martirio cada vez que jugaba en el Santiago Bernabéu, los más viejos del lugar intentaban poner en perspectiva el episodio recordando la época en que ese mismo estadio había silbado a Alfredo Di Stéfano, o al propio Santiago Bernabéu. Normal, cuando las cosas no funcionan la responsabilidad recae primero en las grandes figuras. En la película de Messi, cuando se debate sobre el trato agresivo que recibió cuando Argentina fue eliminada en la Copa América de 2011, el «Flaco» Menotti saca al aficionado que lleva dentro para decir que él también le hubiera silbado: «¿Con quién la va a tomar el público, con el lateral derecho?». Las grandes figuras sirven para lo bueno y para lo malo. Messi, «fetiche» cuando cubre las expectativas y «chivo expiatorio» cuando las defrauda (por decirlo con las palabras del sociólogo uruguayo Rafael Bayce), encajó aquel golpe en silencio, como es su estilo y el de la generación a la que pertenece, que está convencida de que el cliente siempre tiene razón.

Rebeldes con causa

En tiempos de corrección política y abierta demagogia, a nadie se le ocurre desafiar a su propio público. Se interpreta como un acto suicida. Hace muchos años me contaron la historia de un jugador que, cansado de que su afición lo increpara, sacó un córner al revés. Esto es, puso la pelota en el punto donde se sacan los córneres, pero tomó carrera desde dentro del campo hacia fuera para tirarle un pelotazo a la tribuna que le silbaba. Hecho lo cual, abandonó el campo tranquilamente. Para siempre. Nunca supe si aquello fue verdad, pero en su momento vi aquella reacción con una romántica simpatía. Hasta con admiración. Siempre hay coraje en un desafío de esa dimensión. En Argentina es famosa la historia de Ramón Centurión, un prometedor jugador santafesino que fichó para Boca Juniors a mediados de los años ochenta. Se inició superando las expectativas y tuvo picos brillantes, como cuando le marcó tres goles en cuatro minutos a Gimnasia y Esgrima de la Plata. Pero, por esas cosas del fútbol, muy pronto empezó a fallarle la puntería hasta tal punto que llegó a errar tres penaltis consecutivos en otros tantos partidos. La «Número 12» se cansó. En la segunda rueda del campeonato, y precisamente frente a Gimnasia y Esgrima de la Plata, el partido se iba agotando en un tedioso 0 a 0. La hinchada de

Boca solo se entretenía insultando a Centurión cada vez que tocaba la pelota. Con saña. Pero, ya en tiempo de descuento, la víctima recogió un balón que le llegó picando dentro del área, recortó hacia su pierna buena y la clavó en un ángulo con un derechazo cruzado. Golazo. A Centurión no había manera de pararlo. Salió corriendo, gritó, saltó los carteles de publicidad y, como la locura no le había afectado a la memoria, en recuerdo de tanto agravio se plantó delante de su hinchada y se agarró los genitales con ambas manos. Me da pena hasta escribir el final de esta historia. Porque Centurión, por un exceso de entusiasmo, ni se dio cuenta de que el árbitro había anulado el gol por fuera de juego. Así que abandonó el estadio en un furgón policial y nunca más se puso la camiseta de Boca. Hay cosas que ni las mejores palabras pueden arreglar.

El fuego amigo

Las cosas han cambiado y no porque el público sea más paciente, sino porque los jugadores y hasta los entrenadores han terminando aceptando algo que solo se da en el ámbito del fútbol: la hinchada únicamente tiene derechos (incluso el de insultar). El Cholo Simeone es un mito indiscutible del Atlético de Madrid. Pero como aún está sentado en el banquillo, sufre como cualquier entrenador el desgaste diario. El vínculo que mantiene con su afición es como el de un director de música con su orquesta: todos se mueven, gritan, aplauden y silban a las órdenes de la batuta que agita Simeone. Pero el público, un día cualquiera, se le volvió en contra porque realizó un cambio que se entendió como inoportuno (quitó a Griezmann, la figura del equipo, cuando el Atlético necesitaba un gol). Aquella reacción de la hinchada sorprendió a la misma hinchada, que desde entonces multiplicó su amor por el entrenador. Igual que se comporta un marido al día siguiente de haber llegado a casa tarde y borracho. Pero la respuesta de Simeone estuvo lejos de ser agresiva: «Fue una reacción espontánea y eso es lo lindo», dijo. La espontaneidad no es un descargo si en su nombre se comete un asesinato, pero el Cholo sabe que debe mantener bien apretado el nudo que lo ata a su afición, porque es su mejor jugador cuando el Atlético juega en el Vicente Calderón.

El Cholo Simeone está encantado con la «espontaneidad» de su gente cuando protestan, y Casillas decía que «el público es soberano» cuando lo ajusticiaban. Puedo dar cien ejemplos más. Todo vale para contentar o no enfadar al cliente. Un gran entrenador me dijo un día que «todos los jugadores son unos hijos de puta, pero hay que quererlos». La definición terminará sirviendo a los protagonistas para definir su vínculo con la afición: «Es cambiante, impaciente, insoportable en ocasiones... Pero hay que quererla».

Disfrutar del camino

Hemos entronizado el triunfo hasta tal punto que nadie repara en la justicia, en el mérito. Solo merece admiración quien cruza la meta en primer lugar. Me doy cuenta de que hay mucha gente expectante por ver partidos, pero no para vivir la emoción de noventa minutos de gran fútbol, sino para esperar un veredicto: el de quién triunfa y el de quién fracasa. Disfrutar el partido solo por el resultado es como festejar una eyaculación precoz. Para conocer el resultado basta con hacer en Google la clásica pregunta: «¿Cómo han quedado?». Las cosas necesitan de su tiempo y conviene encontrar placer en el camino, aunque solo sea para alargarlo (el placer, no el camino).

Pero la hinchada es impaciente y tiene poder, nadie lo discute. La manera de enfrentarse al poder popular no es ni la sumisión ni la que propuso el pobre Centurión. Lo digno es hacerlo, simplemente, desde la verdad y la honestidad profesional. La otra posibilidad es ganar indefinidamente, para que los aficionados no tengan que pasar la prueba del fracaso.

La palabra y los hechos

«Pinino» Más fue un extremo argentino que marcó una época en River Plate y que en 1973 fichó por el Real Madrid. Cuentan que una vez llegado a Madrid, como el jugador no se comunicaba con su familia, esta le pidió desde Argentina que mandara cartas. Pinino lo solucionó de inmediato mandando un paquete con tres juegos de naipes. Algo más cerca en el tiempo, un compañero del Madrid con fama de poco comunicativo se defendió diciendo que él era «terco en palabras». Podría seguir contando anécdotas que ilustran la histórica rivalidad entre el futbolista y la palabra, pero en la actualidad no sería justo. Si bien es cierto que cada vez dicen menos cosas interesantes, también lo es que cada vez se equivocan menos. Las patadas al diccionario, en otros tiempos tan frecuentes, ahora las dan cuando se animan con el inglés, como Sergio Ramos. Pero son patadas simpáticas, como con efecto.

Enemigos íntimos

La enemistad entre el fútbol y la palabra viene de la noche de los tiempos. Al jugador, eso sí, no le importaba en absoluto. El que más se reía de la anécdota de Más era el propio Más. Cuando pedí a mi compañero del Madrid que cambiara la palabra «terco» por «parco», respondió: «Ya está el filósofo este corrigiendo». Como pueden ver, a un simple corrector se lo ascendía a filósofo. Hoy, el jugador es más consciente de su responsabilidad social, y la evolución de los medios lo obliga a una mayor exposición (más seguimiento, más entrevistas, más interrelación a través de las redes sociales…). Ser futbolista conlleva obligaciones: hay que hablar más y mejor sobre muchos temas. Además los jugadores, como los entrenadores, han aprendido a que las palabras vayan acordes con sus intereses. Se podrá decir que abusan de la simpleza, de los lugares comunes y de la demagogia, pero no son más que mañas defensivas ante la sobrevigilancia a la que están sometidos.

El peligro viaja en Twitter

La palabra puede ser inteligente, visceral, parabólica, directa, ingeniosa, aburrida, respetuosa, agresiva... Si tuviera espacio, seguiría escribiendo opciones. Pero, digan lo que digan los expertos en marketing, la palabra solo necesita una condición: ser creíble.

Las redes sociales merecen un párrafo aparte porque convierten en un clamor todo lo que afecta a un famoso. De hecho, el de Brasil fue el Mundial de los *selfies*, pero también el de la participación de la gente, lo mismo para comentar una jugada que para desahogarse: las redes condenaron a Suárez por morder y a Zúñiga por lesionar a Neymar, ese nuevo icono del fútbol hecho a la medida de estos tiempos. Sin embargo, el estruendo no alcanzó al ignoto Onazi, jugador nigeriano al que le rompieron la tibia y el peroné. La FIFA, como todo organismo político, solo se asusta ante el clamor y responde del modo más demagógico que puede. Únicamente le faltó condenar a pena de muerte a Luis Suárez. Aún no se ha enterado de que los clamores en la red ante determinados episodios duran exactamente hasta el siguiente episodio. Pero la sanción a Suárez fue una demostración de que las redes no solo crean opinión, sino que también motivan decisiones. El pobre Onazi sigue siendo invisible.

Cuando el Atlético de Madrid y el Real Madrid habían recobrado el ardor de su vieja rivalidad en una triple e inesperada pelea (Copa, Liga y Champions), Raúl Jiménez aún jugaba en el América de México. Con la ingenuidad de un hincha, Jiménez proclamó su sentimiento madridista en medio de aquellas batallas, pegando tiros con ese revólver de efectos retardados que es Twitter. Con tan mala suerte (y puntería) que pocos meses después el Atlético lo incorporó a su plantilla. Las balas de Twitter demostraron entonces su buena memoria. A su llegada, Jiménez aplicó la practicidad de un profesional para demostrar un súbito «enamoramiento» del Atlético con intención de fortalecer el vínculo con los aficionados. Como en un mundo tan pasional no es fácil quitar la pata después de haberla metido, algunos atléticos desconfiaron de esta rápida conversión y le pitaban cada vez que pisaba el campo. No puede extrañarnos. Todos sabemos que las palabras del hincha son desinteresadas; al fin y al cabo, los hinchas son los únicos que no cobran por adherirse a un club. En cambio, las opiniones de un profesional siempre parecerán inspiradas por la conveniencia. Raúl Jiménez hizo bien en tratar de escapar de esa trampa que le tendió el destino, pero yo no hubiera hecho tantos esfuerzos dialécticos. El perdón se consigue con goles, no con palabras. Que nadie dude de que de haber gritado con ganas un gol frente al Real Madrid se habrían terminado sus penas. No tuvo esa suerte y su aventura en el Atlético solo duró un año, porque dio un rendimiento menor y la hinchada nunca olvidó cuál había sido su primer amor. Como podemos ver, la afición no perdona ni los cuernos prematrimoniales. En la sociedad del entretenimiento, donde reina el ahora y a nadie le importa el pasado, a la afición del Atlético le dio por tener memoria.

El arte de saber contarlo

También Xabi Alonso cambió de equipo en medio de un huracán, pero lo solventó con inteligencia. Se fue del Real Madrid al Bayern Munich entre aplausos, por la elegancia de su discurso de despedida. Hay que recordar que Xabi fue un pretoriano de Mourinho, cuando se había desatado aquella tormenta de clásicos en la que Guardiola pasó a ser el enemigo público número uno del Madrid y del mismo Mourinho. Pero un par de años después Xabi necesitaba nuevos desafíos que el Bayern podía satisfacer y Pep tenía necesidades que Xabi podía resolver. Cuando en su última rueda de prensa en el Bernabéu se le preguntó si entendía la sensación de traición que sentía la afición del Madrid por lanzarse precisamente a los brazos de Guardiola, Xabi pareció extrañado y contestó, con toda naturalidad, que «para los profesionales las cosas son mucho más simples». Claro que sí. El sectarismo del aficionado tiende a dividir el mundo en buenos y malos. Para esa guerra, declaran a los jugadores soldados de sus propias obsesiones, pero la lógica profesional es muy distinta. Para desconcierto de los hinchas más revoltosos, uno de los principales guerreros de Mourinho se fue encantado a ponerse a las órdenes de Guardiola. Desconcierto, porque el futbolista lo explicó con tanta soltura que no pudieron enfadarse.

Algo parecido pudo decirse de Cesc Fàbregas, que llegó al Barça atraído por el fútbol de Pep y se convirtió en uno de los jugadores que más se significó con sus declaraciones «antimourinhistas». Pero la etapa de Cesc en el Barça prescribió por los motivos que fueran y Mourinho necesitaba de un medio de creación para el Chelsea. El resultado fue un matrimonio de conveniencia. Según palabras del entrenador, los dos tardaron cinco minutos en aclarar el pasado. No piensan como aficionados, sino como profesionales. Dos mundos. Tiempo después, ya no extrañó a nadie que Pedrito hiciera el mismo viaje, del Barça al Chelsea, cubriendo de elogios a Mou.

Ganadores natos

Como muchos políticos de profesión, los protagonistas del fútbol (directivos, entrenadores, jugadores) hemos aprendido a decir una cosa y a pensar la contraria. O a ocultar una idea detrás de un eufemismo. Cuando alguien dice: «Mi problema es que soy un ganador», seguro que acaba de dar una prueba concluyente de que no sabe perder. La palabra «perder» es clave en estos momentos. Como la derrota es la gran peste de los entrenadores, siempre se encuentra a alguien a quien responsabilizar de ella.

También en los debates, los polemistas retuercen y fuerzan las ideas para demostrar que no son unos románticos, porque esa fama te destruye. En mi último paso por México, conocí una nueva versión de la vieja y absurda comparación entre jugar bien o ganar. El absurdo consiste en comparar cosas de distinta naturaleza. En una viñeta del inolvidable Negro Fontanarrosa, un entrenador declaraba muy serio ante el micrófono: «Yo prefiero jugar mal y ganar, antes que jugar bien y perder. Y, para lograrlo, voy a formar un equipo con los peores jugadores que encuentre». El chiste tiene la claridad de un editorial, y debería avergonzar a todos los que hacen trampas con las palabras para parecer eficaces.

Modelos opuestos

Hay dos maneras de salvarse de la presión de los medios. Una es el método Mourinho que, con un perfil mediático altísimo, consigue hacer de la palabra un espectáculo diario para construir una imagen que salta de lo bendito a lo maldito con toda naturalidad. Cada rueda de prensa es un spot publicitario de sí mismo y de sus logros. En el Real Madrid convirtió una Copa del Rey (competición históricamente muy secundaria para el club) en un triunfo legendario. Para eso se requiere habilidad. En un ejercicio de interpretación que no se le alaba lo suficiente, en algunas ocasiones desprestigia a un profesional, en otras se siente víctima de una conspiración, un día polemiza con cualquiera que pasaba por ahí, otro se enfada, se levanta de la rueda de prensa y se va... Lo que lo convierte en el único entrenador del mercado que compite en protagonismo con los jugadores. Un chico malo que nunca defrauda. Ese sentido del espectáculo termina transformándolo en un titán para los periodistas que viven de la polémica. Mourinho reconoce el poder de los medios, se enfrenta con ellos y saca rédito del conflicto.

La otra manera la representa muy bien Carlo Ancelotti, que intenta (y logra) pasar por debajo de los sensores que andan a la búsqueda de escándalos de cualquier tipo. En pleno campeonato, un periodista le preguntó por la falta de compromiso de Di María, a quien últimamente se le había visto melancólico. Como Di María había perdido «centralidad» (eufemismo que significa que lo habían mandado al banquillo), cuando le tocaba jugar exteriorizaba su descontento corriendo poco y se le adivinaba en el gesto un fastidio continuo. La respuesta de Ancelotti no parecía fácil, pero cuando dijo «mi confianza en Di María es total», desactivó el problema. Cualquier otra cosa que se le hubiera ocurrido muy probablemente hubiera multiplicado por tres el conflicto. Ancelotti conoce muy bien el poder de los medios y no pierde energías en la confrontación. Tres días más tarde, Di María fue titular en un partido de la Copa y jugó como el gran jugador que es. Lo que parecía un problema ya no era ni un problemita. En eso Ancelotti es insuperable, y en cada rueda de prensa daba un ejemplo de su capacidad para reducir conflictos y anular problemas.

Palabras ganadoras y perdedoras

Juan Manuel Lillo entrenó al Millonarios F.C. de Bogotá, un grande de Colombia. En los primeros partidos sus palabras en las ruedas de prensa eran calificadas de fuegos artificiales dialécticos, y al pobre Lillo lo llamaban «cuentista», «vendehumos» y lindezas parecidas con las que yo mismo estoy muy familiarizado. Sin embargo, cuando su equipo empezó a ganar, sus palabras se consideraron «clarividentes» porque tenían «altura» y «dignifican el fútbol colombiano». ¿Había evolucionado el periodismo colombiano? ¿Cambiado Lillo su discurso? Nada de eso. Simplemente había ganado. «Es que en Colombia somos muy triunfalistas», me dijo un periodista amigo. Pero los colombianos no son especiales. Si cambiamos la palabra Colombia por Argentina, México, España, Alemania o Inglaterra, la conclusión es la misma. Es el fútbol, que arrastra al ser humano desde cualquier punto hacia los extremos solo por la fuerza del resultado.

Lo siento, pero no...

Siempre el resultado, condicionándolo todo. Me gusta disfrutar con los pequeños giros de las tendencias, y últimamente me sorprenden las palabras de los ganadores y los perdedores. Los primeros siempre creen merecerlo porque «es la recompensa del trabajo impresionante de un grupo que antes que profesionales son amigos». No lo pongo en duda, pero me permito suponer que los derrotados habrán trabajado de un modo parecido y estoy convencido de que cuando ganan se llevan igual de bien. Pero son los perdedores quienes están introduciendo un nuevo y lamentable matiz en su discurso. Sobre todo en situaciones definitivas como las finales, los entrenadores y los jugadores dicen tras la derrota: «Quiero pedir perdón a los aficionados por esta desilusión». Ya lo he oído en varios países. ¿Perdón por perder? Perder una final es como morir en la orilla después de haber cruzado el océano a nado. ¿Cómo no valorar el cansancio, los temporales y los ataques de tiburones que se sortearon en el largo trayecto? Solo debe pedirse perdón si uno cree no haberlo dado todo en el intento. Y siento mucho decirles que aquellos que no se esfuerzan hasta el límite en la alta competición, no tienen perdón. Si solo lo hacen como un acto de demagogia más, tampoco lo tienen. O sea, que no se les concede.

En terreno crítico, prohibido improvisar

Podemos identificarnos con el modelo que nos dé la gana. Pero lo que está claro es que, en estos momentos, no se puede entrenar ni jugar sin una estrategia de comunicación en un mundo que provoca y arrastra tantas opiniones como el del fútbol. No doy crédito cuando, a estas alturas, veo a tantos entrenadores cometer errores básicos ante un micrófono. Algunos de ellos dicen siempre exactamente lo contrario de lo que deben. Mourinho cree, con razón, que la rueda de prensa es parte del partido. Fue inolvidable aquel duelo al sol entre él y Guardiola el día antes de un clásico crucial en la Champions League. Los dos entrenadores jugando con fiereza el partido veinticuatro horas antes de que se jugara el partido. El partido de mentira fue crucial para el de verdad. Mourinho logró sacar de su perfil a Guardiola, lo que puede considerarse un triunfo. Pero también es verdad que Guardiola fue ovacionado por sus jugadores al volver al hotel tras la comparecencia, y ganarse al equipo resultó crucial para ganar el partido.

Bielsa y Guardiola tienen una estrategia innegociable: solo hablan en rueda de prensa y jamás aceptan una entrevista personal. Messi tiene otra: habla lo justo. Claro que las circunstancias, a veces, requieren tomar una posición. Casillas la necesitó para enfrentarse al banquillo y a la desatada imaginación de algunos medios que lo acusaban de todos lo males del Madrid. Se protegió de los ataques invocando uno de los valores históricos del club: la discreción. Eligió la prudencia y poner al club por delante de sus intereses personales. O sea, no convertir el conflicto en un espectáculo infecto para la imagen de la institución. Aún hoy, no sé qué opina la opinión pública sobre quién ganó aquella batalla. Lo que tengo claro es que en aquellos días el Madrid perdió mucho como institución.

El Atlético de Madrid se ha convertido en una potencia que amenaza la bipolaridad de la Liga. Ante esta situación, Simeone no abandona la condición de tercero en discordia y, tras cada victoria, sigue cediendo amablemente la condición de favoritos a los dos grandes. Y no hay quien lo saque de ahí, porque sabe que las ilusiones, cuando son excesivas, aumentan las obligaciones y la presión. Por lo demás, ya es mítico su «partido a partido», con el que se refugia de las expectativas que al periodismo tanto le gusta desatar.

La fuerza de la pureza

Hay que reconocer que cuando los dos mundos (el de los intereses y el de los sentimientos) se convierten en uno solo, nos reconciliamos con el fútbol más puro y sentimos una emoción infantil. He hablado con admiración del Athletic de Bilbao en muchas ocasiones por la fuerza de su identidad. Durante el Mundial de Brasil, cuando el planeta miraba hacia otra parte, el jugador del Athletic Óscar De Marcos hizo unas declaraciones para el diario vasco *Deia* que pasaron inadvertidas y que, sin embargo, deberían enmarcarse y colgarse en todos los vestuarios del fútbol formativo. Decía: «Mira, es como cuando le ves a Mascherano en este Mundial. Como está con esa concentración y entrega, que lo da todo en cada jugada. Vete hoy y pregúntale si para ser campeón está dispuesto a jugar con otra selección. Te dirá que no, que quiere ser campeón con Argentina. Pues yo quiero ser campeón con el Athletic y si me ofrecen otro destino que me asegurara títulos, no me interesa... Por no hablar del dinero. Personalmente me siento valorado, muy bien pagado y no me movería por ganar seis millones de euros al año. Hay gente que lo verá de otra forma y me parece bien: no critico a nadie. Pero yo solo me iría de aquí cuando dejara de interesarle al club». Insisto en que ocurrió durante el Mundial del 2014, no durante el de 1930. Estamos, sencillamente, ante alguien que se siente hincha antes que profesional y que no cambia ese sentimiento de adhesión por nada. Pero algo más: alguien al que no le gusta que los demás le digan cómo tiene que pensar y que no le dice a los demás cómo tienen que pensar. Ni antiguo ni moderno: auténtico. Algo me queda claro, a De Marcos nadie ha de estimularlo antes de un partido con un discurso motivador. Todo eso lo trae de fábrica porque siente lo que hace.

No intento dar lecciones de autenticidad (yo me fui de mi país en busca de mejores oportunidades profesionales con diecinueve años), porque entiendo que no hay nada más humano que la contradicción y que el fútbol profesional tiene reglas que son despiadadas con la coherencia. Pero —y esto me lo digo a mí mismo con envidia— todos los profesionales que sienten lo que hacen y pueden hablar de ello con toda naturalidad, como De Marcos, reciben el premio de la felicidad absoluta.

Cuando la pasión mata

He asistido a conferencias, simposios y debates para discutir sobre la violencia en el fútbol y siempre acabo con la sensación de que, a pesar de mis esfuerzos por relativizar el tema, el deporte termina siendo percibido como un ámbito que empeora el mundo en el que vivimos. De modo que en esta reflexión me apresuro en aclarar la fe que tengo en el deporte como vehículo de formación. Si educar es «seducir con lo valioso», el deporte es la mejor escuela. Se trata de prestar atención a aquello que lo dignifica y no a sus enfermedades.

Declaración de guerra

Basta con pasar una semana en Argentina para que la mirada se dirija hacia lo más odioso del fútbol. Aficionados que se quedan sin poder entrar en el estadio a pesar de tener la entrada en la mano por errores inexplicables de organización; partidos del Campeonato Nacional de Liga que se suspenden porque un grupo de salvajes decide que es una buena idea invadir el campo; algún muerto por «una bala perdida» que en los estadios o en sus inmediaciones siempre dan en el blanco... Sin embargo, nadie se escandaliza como cabe suponer porque, repiten mis interlocutores, «esto es lo normal». ¿Cómo se ha podido llegar a esta situación?

No se trata de algo nuevo. Juan Villoro, en su libro *Balón dividido*, cuenta una anécdota que vivió la primera vez que fue al estadio de River, en 1974: «Un señor oyó mi acento y me preguntó si era cierto que en México el hincha de un equipo como River podía sentarse al lado de un hincha equivalente a un bostero. Le dije que sí. "¿Y no se matan?", preguntó con interés. Le expliqué que, al menos para eso, éramos pacíficos. Su respuesta fue fulminante: "Pero ¡qué degenerados!"». Este es un bosquejo gracioso de lo que vendría años más tarde. La declaración de guerra al rival. Una violencia imprescindible, un «aguante» heroico sin el cual no queda del todo demostrada la fidelidad al equipo.

Los jugadores pasaron a segundo plano

Los hinchas «se han enamorado de sí mismos» me asegura un periodista amigo. Se han hecho fuertes y reclaman su espacio de poder dentro de las estructuras de los clubes. Sobre todo en países vendedores, porque los jugadores, que se marchan muy jóvenes, han perdido fuerza representativa. El lugar que los ídolos dejan vacío, lo ocupan los aficionados, que entienden que su lealtad es un valor que debe ser reconocido. ¿Qué va a ver un fanático al estadio? A muchos de ellos no les interesan los jugadores ni el juego. Van a defender una bandera, a entregarse a una camiseta con independencia de que el equipo juegue bien o mal, o de que emplee recursos nobles o innobles. Desde el momento en que el rival se convierte en enemigo, se produce una suspensión de lo ético que ya no tiene vuelta atrás.

Pero el fenómeno también llega a países compradores, porque la violencia tiene asimismo un componente exhibicionista y los medios, en su afán por hablar del «colorido» de las tribunas, terminan por avivar los impulsos más primitivos dando cobertura a la barbarie. La alta emotividad del fútbol, la identificación enfermiza con una tribu, el anonimato que el individuo encuentra en la muchedumbre... todo contribuye a que afloren comportamientos atávicos y agresivos. Debemos escuchar a José Antonio Marina cuando dice que «la experiencia de la humanidad nos enseña que no podemos vivir sin emociones ni nos podemos fiar de ellas». Cuando la identidad se pone sectaria, necesita de un rival al que derrotar. Y como el fútbol lo brinda, los medios de comunicación suelen asociarlo a metáforas guerreras. Para completar el cuadro, los medios excitan los bajos instintos al recordar viejas ofensas, que es lo mismo que desenterrar el hacha de guerra. Mala idea, porque la violencia anda siempre en busca de oportunidades.

El hombre, el hincha, el negocio...

Hay datos incontestables de que la violencia tiene un componente social. Hablemos del país que hablemos, está protagonizada por más jóvenes que viejos, más hombres que mujeres, más fanáticos que tolerantes, más pobres que ricos, más pandillas que individuos... En Copenhague hay mucha menos violencia que en Buenos Aires por la sencilla razón de que hay menos marginalidad. El campo de juego vomita una injusticia que el hincha ha traído de la calle. Conviene saber que los violentos no se han educado en la selva, son gente como nosotros, que viven a nuestro alrededor. Nadie está a salvo. Lo dice muy bien Umberto Eco: «Lo curioso es que criaturas tan convencidas de que todos los hombres son iguales, están siempre dispuestas a partirle la cabeza al hincha de la provincia limítrofe». Resulta asombroso lo expuestos que estamos cuando nos quitamos el disfraz de hombres civilizados al entrar en un estadio.

Cuando los hinchas se sienten tan o más importantes que los jugadores, la fascinación ya no la causan los ídolos futbolísticos, sino los vándalos a los que convierten en líderes o, para usar la palabra de moda, en «referentes». Estos referentes no solo ejercen su poder durante el partido, sino también en el antes y el después, convirtiéndose en el brazo armado de una institución, «apretando» a jugadores que no quieren renovar, amenazando a árbitros que no se muestran amables y prestando todo tipo de dudosos servicios. A cambio, hacen negocios. Carlos «Colorado» Javier McAllister, ex futbolista y máximo responsable de Deportes durante el gobierno de Macri, nos introduce con una anécdota en esta «normalidad» empresarial. Se la contó así al diario *La Nación* pocos días después de su nombramiento, cuando le preguntaron por el tema de la violencia: «Hace seis años tomé un taxi en Bulnes y Libertador. Y cuando subo el tipo me mira por el espejo y me dice: "Qué hacés, Colo, ¿como te va?". Ya estoy acostumbrado a que me conozcan por la cara o cuando empiezo a hablar me sacan por la voz. "¿Te acordás de mí?", me preguntó y le respondí: "La verdad es que no". Y me dice: "Yo soy Fulanito de tal", no me acuerdo del nombre. "Yo estaba en la época que vos estabas en Racing." "¿No seguís más en la barra?", le pregunté y me respondió: "No, vendimos". "¿Cómo que vendieron?", le pregunté y me dijo: "Los pibes de ahora no son como los de antes. Nosotros teníamos doce unidades de negocios: los trapos, los micros, los recitales, la comida… Y la cambiamos por tres o cuatro meses de recaudación"».

Revenden entradas, se hacen cargo de los aparcamientos cercanos al campo de juego y hasta se reparten algún dinero suelto que los clubes les dan para asegurarse su lealtad. Estas son otras de las «unidades de negocio» que manejan. Lo que empezó como un acto de amor a unos colores, se transformó en un negocio mafioso que ha necesitado de dirigentes débiles y autoridades complacientes para alcanzar esta «normalidad». Es tal la sofisticación que ha alcanzado la violencia en los estadios argentinos que ya es un producto de exportación a países como Colombia, Chile o México. Las hinchadas de esos países empiezan importando «inocentes» cantitos y terminan formalizando nuevas mafias alrededor de la «cultura del aguante», de la que nos habla Pablo Alabarces en su libro *Crónicas del aguante*.

De síntoma a detonante

Hay una palabra que explica el crecimiento de estas bandas de delincuentes: impunidad. Se entiende mal que cada día haya más policías y, sin embargo, más violencia. Señal clara de que la represión no basta para solucionar el problema. O señal inequívoca de que la policía, los jueces y la clase política son cómplices de los delincuentes. Los bien intencionados, que los habrá, se enredan en marañas burocráticas o son expulsados del sistema corrupto del que forman parte.

Un buen enemigo es siempre eficaz. Y eso va en aumento. En ocasiones, en el emocional mundo del fútbol, se disfruta más del sufrimiento ajeno que de las alegrías propias. Pero las hinchadas han cambiado sus ejes de identificación. Una barra ya no está conformada por un líder y centenares de gregarios que lo siguen más o menos ciegamente. En las tribunas conviven muchas tribus urbanas que se agrupan por pertenecer a un barrio, o por amistades surgidas alrededor de una misma manera de entender el fútbol, o por la defensa de parecidos intereses. De modo que a los enemigos empezamos a encontrarlos en la propia tribuna, entre los de nuestro propio club. Las personas perdemos conciencia y autocontrol cuando nos juntamos en una pandilla, y esa desinhibición nos vuelve más impulsivos, como si delegáramos en el grupo o el líder la responsabilidad individual.

Lo cierto es que tenemos que elegir entre ser parte de un espectáculo sano o de un espectáculo enfermo. No es un problema menor, porque el fútbol tiene una fuerza simbólica que no conviene subestimar. Muchas veces las tribunas no hacen más que adelantar reacciones latentes en la maraña social. Si es así, conviene que atendamos el síntoma. Porque, si somos tolerantes con la violencia convertida en espectáculo, tarde o temprano los jóvenes llevarán ese tipo de comportamientos a su forma de vida. Y ya no será un síntoma, sino un detonante.

Igual que el bisturí nos habla mal de la medicina preventiva, la represión no es más que la manifestación del fracaso educativo. El fútbol también es un desafío ético que compromete a protagonistas, directivos e hinchas. A la tribu entera. Se trata de un juego que nació, igual que tantos otros, como una metáfora de la guerra; un enfrentamiento que supo poner un balón donde antes había un hacha. Sería una parábola absurda que, por irresponsabilidad o estupidez, dejáramos que la metáfora nos devolviera a la realidad violenta de la que pretendíamos escapar.

El fútbol como montaña rusa

No siempre hay lógica, ni justicia, ni siquiera piedad en el sinuoso mundo del fútbol. Además, las emociones viven al día. No importa lo conseguido durante el año. Vale lo último. No importa el mérito. Vale el resultado. No importa la realidad. Vale la percepción. Si el triunfo y el fracaso dependen de tan poca cosa, ¿por qué millones de personas sufren y se alegran tanto? Porque esa es la naturaleza del fútbol, lanzarnos hacia arriba o hacia abajo como si viajáramos en una montaña rusa.

Miremos donde miremos, el fútbol tiene la costumbre de partirse en dos. En un rincón del cuadrilátero, como ya hemos comentado, está el juego y, en el otro, el dinero luchando por parcelas de poder. Por un lado, el pasado con su carga nostálgica; por el otro, el presente tironeado por la emoción. Por un lado, los viejos códigos recogidos en los barrios donde aprendimos a jugar; por el otro, la picardía que el pragmatismo ha ido enseñándonos. Por un lado, el origen del futbolista, generalmente humilde; por el otro, su desclasamiento cuando alcanza la fama. Esa tensión entre opuestos anima muchas conversaciones pero, como siempre que los límites son tan laxos, en el camino vamos olvidando valores. Recuperar la ética de las pequeñas cosas sería un gran ejemplo, porque el fútbol es una escuela para millones de personas que proyectan en su estilo de vida lo que recogen en los estadios.

Chicharito a escena

Cuando Javier «Chicharito» Hernández llegó al Madrid, nadie acababa de tomárselo en serio. Hasta el apodo invitaba a subestimarlo. Parecía escondido en algún cajón del Bernabéu, invisible para Ancelotti, para el periodismo, para los aficionados. Pero precisamente en el momento más delicado de la temporada, las circunstancias le otorgaron la condición de necesario y, de pronto, pasó de ser invisible a ser portada de los periódicos, de ser anecdótico a providencial. La revolución la produjo un gol al Atlético de Madrid en el ámbito de la Champions, hasta ese momento el gol más importante del año para el Madrid y, quizá, el más importante de su vida para Javier Hernández. Fue relevante por el momento (cuartos de final) de la competición más valiosa para el club; porque el partido estaba tenso y el tiempo se agotaba y, con el tiempo, también la paciencia de la afición más exigente del mundo; y, sobre todo, porque enfrente estaba el gran enemigo de la ciudad, aún sin ninguna Champions. Perder hubiera significado una humillación de las que duran mucho tiempo. Pero si el gol tuvo un gran valor institucional, no hablemos a título personal, ya que justificaba el esfuerzo de un año entero. El deporte enseña mucho sobre el aplazamiento de la recompensa: se entrena durante toda la semana para llegar al partido en las mejores condiciones. ¿Y si no hay partido, porque el entrenador te deja en el banquillo? Esas repetidas desilusiones solo las superan las cabezas más tenaces, que siguen esperando una remota oportunidad entrenando con un entusiasmo que tienen que nutrir con razones inventadas. Aunque invoquemos la profesionalidad, no es fácil. El grito desaforado de Chicharito tras meter el gol que eliminaba al Atlético y salvaba al Madrid de una deshonra estaba más que justificado, porque compensaba muchos meses de frustraciones y de trabajo invisible. En casos así, es normal que la palabra «gol» no quepa en la boca.

Solo el mundo exagerado del fútbol permite vivir esta especie de sueño americano exprés, que lleva a un jugador de la nada al todo. La opinión pública de hoy en día necesita de un solo episodio para elevar a héroe a una persona. También para consagrar el olvido. Es más, posiblemente haya gente que ya ha olvidado la fugaz explosión de Chicharito, aunque haya pasado relativamente poco tiempo desde entonces.

Zizou y el contraste entre el antes y el ahora

Los futbolistas están acostumbrados a estos ritos de inversión desde el inicio mismo de su carrera. Donde mejor se cuece el fútbol es en las comunidades más pobres. De pronto, uno de estos chicos sin mayor esperanza que sus sueños de futbolista aparece en primera división, y ese talento singular le cambia la vida de una manera brutal. Llega el dinero, que desclasa; la fama, que envanece; los «nuevos amigos», que te alejan de la realidad... Muy clarividentes tienen que ser quienes no se marean en ese viaje desde las carencias, a veces extremas, a una abundancia de nuevo rico.

Vayamos a Marsella. En 2010. Yo aún ocupaba un puesto ejecutivo en el Real Madrid y, como siempre, viajé con el equipo a una eliminatoria de la Champions. Zinedine Zidane, que ya había abandonado el fútbol, nos acompañó como embajador del club, pues el partido se jugaba en su Marsella natal. El Real Madrid tiene algo de circo ambulante cuando llega a una ciudad. No importa en qué lugar del mundo. Miles de personas esperan en el aeropuerto, cientos de niños y adultos gritan a la puerta del hotel o persiguen al autobús en sus desplazamientos. En ese viaje, me llamó mucho la atención lo que provocaba Zizou en su ciudad. De ese autobús no bajaban seres anónimos, sino ídolos planetarios como Casillas, Raúl o Cristiano Ronaldo, todos debidamente ovacionados. Pero cuando Zidane asomaba la cabeza, el sonido era totalmente distinto: era el de la fascinación. No sé reproducirlo, pero era como un grito que portara un suspiro. Vayamos al grano. La directiva del Olympique de Marsella nos invitó a un restaurante que estaba al lado del mar para la comida oficial. Desde la mesa en la que nos encontrábamos se veían unas largas escaleras que llevaban a una playa hermosa, pequeña y exclusiva. Zidane, aclamado por hombres y mujeres que tenían la nariz pegada contra la ventana, parecía ajeno a todo, como hipnotizado por el paisaje invernal donde fijaba la mirada: la coqueta playa. De pronto dio la impresión de despertar y, ante mi cara de asombro por su extravío, se sintió en la obligación de compartir conmigo un recuerdo increíble. Dijo que de adolescente venía con sus amigos hasta este lugar para mirar a las chicas inalcanzables que tomaban el sol en esa playa. La excursión siempre terminaba igual, concluyó: llegaba la policía, nos cargaban en un furgón y nos devolvían a nuestro barrio. Sentí una especie de emoción al escuchar la historia, porque el contraste con lo que estaba ocurriendo en aquel instante en el restaurante resultaba brutal. Se me ocurrió pensar que entre las chicas que en ese momento se asomaban a la ventana, muertas de amor por Zidane, quizá habría alguna a la que Zizou y su pandilla habían mirado de lejos en su adolescencia. Más aún: que uno de los policías que contenía a esa multitud que pretendía al menos una mirada de su ídolo posiblemente fuera el mismo que los metiera en aquel lejano furgón.

El talento llevó a Zidane de la condición de sospechoso a la de protegido, como la tenacidad llevó a Chicharito de la situación de invisible a la de héroe. El viaje de Zizou hacia la gloria fue definitivo porque, incluso hoy, el recuerdo de su elegante juego permanece en la memoria. El de Chicharito fue más ocasional y más coherente con estos tiempos, donde aparecer y desaparecer depende de un partido, de un gol, de estar o pasar de moda. Porque esta «cultura del impacto» tiene el monstruoso defecto de la fugacidad.

En esta descomunal obra de teatro, el futbolista debe adaptar su vida y su profesión a cambios permanentes que ponen a prueba su resistencia moral. Cada partido es un entrenamiento para gestionar la incertidumbre. Encuentros que pueden resolverse con un golpe de suerte (ya saben: pelotas que pegan en el palo y entran, o que pegan en el palo y salen), como si un dios malvado jugara a los dados con nuestras emociones y se muriera de risa con nuestro sufrimiento. La afición, mientras tanto, hablará de triunfo y fracaso como si la trayectoria no existiera. Como si el fútbol, igual que el pan, fuera un producto del día.

Dos orillas sociales

El fútbol no solo se caracteriza por llevarnos a los extremos emocionales, también nos pasea por los extremos sociales. Basta con mirar las tribunas para observar que en este juego caben todos. Los jugadores llegan al gran estadio porque aman el fútbol, lo han practicado desde niños con una ilusión loca y de ahí han saltado al profesionalismo, porque el talento y la pasión son el mejor pasaporte para viajar hacia los sueños infantiles. Los directivos, en cambio, se desvelan pensando en cómo traducir el sentimiento de millones de personas en dinero. Un sueño de otra índole. Pero, a pesar de los orígenes y los enfoques distintos, entre unos y otros hay un lugar de encuentro: el interés por ganar el próximo partido.

Son mundos diferentes y hay poca gente con autoridad para moverse con la misma soltura en ambos. Me contaron que la boda de Kaká fue un gran espectáculo social. Los padres del jugador y la familia de su ya ex esposa pertenecen a la alta burguesía brasileña, y muchos de los invitados provenían de ese ambiente privilegiado. Como tantos directivos del mundo del fútbol. Por otra parte, Kaká, en el momento de casarse, ya era una figura mundial del fútbol y eso le había permitido establecer una relación de amistad con ese atractivo zoo humano que son los jugadores, a quienes también invitó. La boda puso en contacto a las dos esferas sociales, pero como si fuera un ring: en un ángulo, el Brasil próspero y elegante; en el otro, el Brasil pobre subido a una riqueza de última hora, la que permite el fútbol. Agua y aceite en la conducta, en el vestir, en las visiones del mundo. De hecho, solo una persona tenía la suficiente gimnasia como para moverse con gracia natural entre las dos orillas: Kaká. Nadie más se sentía con derecho a cruzarlas.

Yo mismo viví, durante mucho tiempo, en esa esquizofrenia. El ejecutivo de un club de fútbol tiene que relacionarse con la Junta Directiva y con el vestuario, en una lucha diaria de adaptación al medio. Los directivos necesitan que se les explique el juego con un discurso en el que dos más dos se aproximen lo máximo posible a cuatro. Todo tiene que responder a una lógica empresarial y eso requiere de un lenguaje frío, en el que no cabe ni la improvisación ni el azar ni la emoción, productos típicos del fútbol. En el vestuario seducen otros códigos que confunden el lenguaje profesional con el de barrio, donde las palabras académicas suenan extrañas y donde, sin apelar a la pasión, la arenga no llega a ninguna parte. Dos mundos que cuidan, cada uno a su manera, de un único tesoro: el fútbol.

La valentía

Me encanta señalar estos contrastes porque marcan las singularidades de esos especímenes tan particulares: los jugadores de fútbol. Aún me conmueve observar cómo los futbolistas cinco estrellas recuerdan la nobleza de los viejos códigos de barrio. La globalización ha internacionalizado los vestuarios, y sorprende ver cómo el alfabeto del fútbol no necesita de muchas palabras para que la comunidad se entienda. En la época de «los galácticos», los jugadores del Real Madrid solían comer en dos grandes mesas: a una se sentaban los jugadores extranjeros y, a la otra, los españoles. En ocasiones, cuando terminaban de cenar, los dos grupos empezaban a provocarse como en un juego de niños. Los extranjeros acusaban a los españoles de «perdedores» (todavía no habían ganado europeos y mundiales) y los españoles acusaban a los extranjeros de «mercenarios». El tono iba subiendo hasta pasar de las palabras a los hechos. Se levantaban como si fueran dos grupos ultras y escenificaban una pelea, pegándose algunos sopapos. Me sorprendía ver a Beckham liderando a los extranjeros y hasta me daba miedo que le estropearan esa cara tan vendible. Pero en ese momento la valentía contaba más que las apariencias, y Beckham no perdía la oportunidad de demostrar su orgullo inglés y su condición de futbolista antes que la de modelo. Ese rito, que presencié en más de una ocasión, me recordaba a los autobuses de la Selección Argentina en la década de los ochenta. Los que viajaban atrás insultaban con cánticos a los de delante, y viceversa, hasta que los más decididos se levantaban de los asientos y se pegaban al mejor estilo barra brava. Cuanto más ruidosos eran los golpes, más acreditado estaba el coraje. La valentía es un código que hay que demostrar dentro de un territorio tan macho como el del fútbol, aunque sea teatralizándolo, y, como pueden ver, prestigia tanto al futbolista español, como al argentino o al inglés. Antes y también ahora.

Otros códigos que palidecen

Otro código desprecia la delación, por eso siempre se consideró pecado mortal levantar los brazos para poner en evidencia el error de un compañero de equipo durante un partido, da igual de qué continente hablemos. Se supone que ese gesto es una denuncia inaceptable ante esa policía implacable que es la afición. El respeto en ocasiones se extendía al rival, y en eso sí empiezo a encontrar diferencias hasta groseras entre el fútbol de antes y el de ahora. En el Brasil-Uruguay del Mundial de 1970, Pelé le pegó un codazo terrible e inolvidable a Matosas (pregúntenle a Google). El uruguayo, lejos de exagerar el efecto del golpe, siguió jugando como si nada. Ni siquiera se tocó la boca para comprobar si tenía todos los dientes. En ese acto quedaba demostrado la solidez de un futbolista de verdad, que no llora ni delata. Y que tampoco da al rival el gusto de mostrarle su dolor.

A los que fuimos testigos de aquellas exhibiciones de lealtad y nobleza aprendidas en la calle y exhibidas al más alto nivel, nos irrita mucho ver a un jugador exagerar los efectos de un golpe, o reclamar una tarjeta amarilla para un rival… Muestras claras de cómo los códigos, aunque se conozcan a la perfección, han ido relajándose. Fuera del campo, la consideración de los futbolistas como modelos sociales ha acabado con otro valor muy apreciado en el pasado: la discreción. Hay veces que un simple gesto nos reconcilia con la ética más elemental del juego. En uno de los pasajes más calientes de los Madrid-Barça disputados en el Bernabéu durante el mourinhato, un espectador lanzó un mechero al campo. Piqué lo levantó con la intención de enseñárselo al árbitro, pero Pujol se lo quitó y lo lanzó fuera del terreno, como recordándole a su compañero que lo importante era el juego y no denunciar la estupidez de uno solo de los 80.000 aficionados. Aquel gesto fue muy elogiado porque en estos tiempos resulta excepcional. Pero también fue una señal de que aún sabemos distinguir lo que está bien de lo que está mal. Si en ocasiones lo olvidamos es, sobre todo, porque la desesperación por ganar termina invirtiendo los valores, hasta el punto de anteponer la picardía a la honestidad. Si Kaká vuelve a saltar de una esfera social a otra, o si yo mismo, como en este artículo, vuelvo a hacer el ejercicio de pasar del viejo al nuevo fútbol, sería muy saludable que en las dos orillas nos sintiéramos igual de orgullosos.

¿El fin de la lealtad?

Empezaré contando una historia de identidad relacionada con el fútbol que en su día me impactó. No hace tanto tiempo. Había llegado a Bilbao para ver al Manchester contra el Athletic en el ámbito de la Copa de la UEFA. Aun con los ojos cerrados, se percibía en la atmósfera que era un día grande para la ciudad. Si los abrías, no había dudas: de todos los balcones colgaba una bandera del Athletic, un club, como sabrán, en el que solo admiten a jugadores vascos. Llamé a un periodista amigo y me dijo que estaba llevando a su hija (de solo cuatro años) al colegio. Mientras hablábamos de la temperatura futbolística de la ciudad, mi amigo me interrumpió para comentarme que en la clase de su hija estaba sonando el himno del club. Me pareció simpático. Pero cuando abrió la puerta de la clase, me hizo partícipe de su emoción: «Espera, espera», me dijo, «es que la profesora lleva una camiseta del Athletic». Me pareció una imagen muy potente que explica a la perfección cómo el fútbol se filtra por todos los resquicios sentimentales de una comunidad. Me quedó claro que esa niña que iba al colegio de la mano de un padre que hablaba por teléfono del Athletic, y que en clase la recibía una maestra que oía el himno del Athletic con la camiseta del Athletic, tendría muy pocas posibilidades de no amar al Athletic. Así se transmiten las pasiones comunitarias.

Donde no ha llegado la globalización

La globalización difumina las fronteras, pero en estos tiempos que exaltan el individualismo es tal la necesidad de sentirnos parte de una tribu que el fútbol, en ese proceso, no hace más que aumentar su poder. En efecto, es un juego que exalta la identidad, de modo que un club es una pequeña patria habitada por algunos miles de fanáticos que se envuelven en una bandera, cantan un himno y se entregan a sus próceres. Ellos, los aficionados, son los únicos desinteresados de esa patria chica. Solo los mueve el amor a un escudo y, en general, saben reconocer a sus mejores representantes.

Para esos creyentes de una sola iglesia que son los aficionados, resulta muy importante la diferenciación. Distinguirse. Cada club va forjando su personalidad partido tras partido, campeonato tras campeonato, ídolo tras ídolo. La historia deportiva y algunos personajes providenciales van dejando huella, y con ese legado va construyéndose una cultura que hace reconocible a un club. Cuando se está al frente de un equipo en una tarea ejecutiva (un entrenador es un ejecutivo en chándal y al aire libre), hay que preguntarse qué haremos el día que perdamos. Por ganar no hay que preocuparse, porque eso, con más o menos soberbia, todos sabemos hacerlo. Si solo nos preocupa el resultado, la sensación de vacío el día que se pierde un partido es insoportable. Si se gana, es el triunfo de la nada y, si se pierde, es la nada sin más. Pero si detrás hay un estilo o jugadores que, por su historia, poseen el poder de un símbolo, al menos tendremos un refugio donde guarecernos a la espera de tiempos mejores.

Ídolos: La fuerza representativa

Recuerdo a Giggs con la camiseta del Manchester, que a esas alturas parecía pintada en su piel, jugar frente al Real Madrid su partido número 1.000. Aguantando de pie los noventa minutos con casi cuarenta años, rebelándose ante la derrota como un niño y saliendo del campo con una tristeza que agigantaba su figura de jugador comprometido con la historia de su club. Qué difícil va a resultar olvidar la fuerza de su ejemplo a varias generaciones de aficionados al United. Porque Giggs representa un poder que el fútbol está perdiendo.

Recordé aquel mismo partido pocos meses más tarde, cuando vi por televisión la emocionante despedida de Steven Gerrard del Liverpool ante su público de Anfield Road. Tuvo todos los ingredientes que hacen de este deporte el extraordinario fenómeno sociológico que conocemos. No hubo marketing, ni patrocinadores, ni fuegos artificiales. Fue la austera despedida de un jugador de fútbol, no de una estrella pop. Gerrard acarició el mítico escudo que corona la escalera del vestuario como hizo a lo largo de toda su carrera, y salió por el túnel para reencontrarse en el campo con sus compañeros y entregarse por última vez a su público. El equipo había perdido, pero ese día no era el partido lo que interesaba. Hablaba la historia. Media hora más tarde del final, la gente seguía clavada a su asiento: tocaba homenajear a un hijo de Liverpool, a un hincha del Liverpool, a un jugador legendario del Liverpool. Gerrard nació en un barrio popular de esa dura ciudad portuaria en la que el fútbol manifiesta el orgullo de clase de toda una comunidad. Pocos clubes en el mundo expresan con mayor vehemencia el amor a una camiseta. Había llegado al club con siete años y se fue con treinta y cinco, después de haber rechazado ofertas «irrechazables» de grandes equipos europeos y de convertirse en un ídolo que encarnó como muy pocos el sentimiento colectivo que es el Liverpool. Gerrard dijo algunas palabras emotivas («Jugar en este equipo ha sido un sueño cumplido... Gracias, hinchas del Liverpool, sois los mejores»), saludó cortésmente a la hinchada visitante, dio una lenta vuelta olímpica entre aplausos agradecidos y lágrimas contenidas, y se fue por donde había venido. Cuando llegó al túnel, el estadio entero sabía que con la marcha de aquel jugador se iba una época.

Quedan pocos de su estirpe: se fueron Xavi del Barça y Casillas del Madrid, se irá Totti de la Roma... Todos ellos, estandartes de un fútbol en el que permanecer en un club te daba un indiscutible poder espiritual. Pero la globalización ha traído un tiempo nuevo: los grandes fichajes producen más fascinación y tienen mayor poder que los hijos de la casa. La novedad empieza a ser más relevante que la tradición. De hecho, ninguno de estos jugadores será sustituido en el corazón de los aficionados. Habrá futbolistas igual de seductores por su técnica, imaginación y entrega, pero nunca tan enraizados en la historia del club. Una cosa es un profesional que llega a un equipo y se identifica con su escudo y otra, estas leyendas que fueron hinchas del equipo antes que jugadores. ¿Quién en el Liverpool significará lo mismo que Gerrard? La respuesta duele: nadie.

La fuerza del escudo

Pero la lealtad sigue sostenida por el poder simbólico de un trozo de tela con los colores de siempre. En ella descansa el recuerdo de ídolos que, en el pasado, construyeron el vínculo entre el hincha y el club. Se fue Casillas del Real Madrid entre un ruido que incomodó a cuantos creemos que un club es un conjunto de valores. Algunos jugadores encarnan esos valores porque se criaron en el club, se formaron moralmente con esas enseñanzas. Casillas fue un portero grandioso, pero algo más: se trataba de un representante legítimo del madridismo. También en el Barcelona dijo adiós Xavi, un futbolista único que hizo del fútbol una ciencia (no hubo nadie que, con una pelota en los pies, se comunicara tan inteligentemente con los diez jugadores restantes de su equipo). Xavi honra el estilo de su club y se relaciona con el éxito (estamos hablando del futbolista que, hasta el momento de su retirada, más títulos había ganado en la historia del fútbol español) con tanta normalidad que, al parecer, para él también la vida es una ciencia que está a su alcance. Y pronto se tendrá que ir Totti, el romano más célebre de la última década por su talento único y su personalidad ingenua y divertida. En el libro *Todos los chistes sobre Totti (contados por mí mismo)* se narra esta noticia: «Incendio en la biblioteca de Totti, destruidos los dos libros». Totti está desesperado: «¡Aún no había terminado de colorear el segundo!». Qué más da que hablemos de una leyenda como Casillas, de un sabio como Xavi o de un tipo que se pasa el día riéndose de sí mismo como Totti, lo cierto es que el fútbol está despidiéndose de talentos superiores que han llevado casi dos décadas la camiseta de su club pintada en el cuerpo.

Los elegidos

Los aficionados al fútbol nos sentimos predestinados desde la primera infancia: como nuestro club, ninguno. Yo, por ejemplo, sentía una lealtad a prueba de bomba hacia el Sportivo de Las Parejas, club de mi pueblo que estaba de este lado de la vía del tren. Del otro lado de la vía estaba el Argentino, que era otra cosa. ¿Qué cosa?, se preguntará el lector. No sabría especificarla, pero sin duda una cosa peor, porque para eso eran nuestros enemigos naturales. Mirándolo en retrospectiva, ¿a quién puede importarle el Sportivo de Las Parejas no habiendo nacido en Las Parejas? La respuesta es descorazonadora: a nadie. Luego fui escalando clubes (incluso jugué en el Argentino: gracias, queridos enemigos) y así, escalón tras escalón, llegué a jugar en el Real Madrid, que es como el Sportivo pero a lo bestia. Al final del camino, mi conclusión sobre los equipos termina siendo la misma que extrajo Jorge Luis Borges con respecto a los pueblos: «Todos son iguales incluso en su pretensión de sentirse diferentes». Idea demasiado racional para ser admitida por los habitantes de cualquier pueblo, y menos aún por los hinchas de cualquier club, convencidos de ser dueños de una incomparable verdad sentimental.

Sorprende que el milagro de la adhesión siga intacto. Después de tantos destrozos identitarios, el hincha no ha perdido su ingenuidad. El club puede pertenecer a un empresario con pretensiones políticas como Jesús Gil en España, Silvio Berlusconi en Italia o Mauricio Macri en Argentina. La camiseta pueden ponérsela once jugadores extranjeros, como ya ocurrió en las últimas temporadas con varios clubes europeos, pero la lealtad sigue ahí.

Lo nuevo como valor

En la actualidad está de moda la movilidad de los jugadores de un equipo a otro, para no aburrir a los aficionados y renovar la literatura periodística. Pero las modas vuelven, y estoy convencido de que el dinero nunca podrá sustituir el vacío sentimental que nos dejarán estos futbolistas que juegan al fútbol como los dioses, pero que también nos enseñaron a construir la lealtad inalterable a unos colores. Simplemente, porque también ellos fueron hinchas.

Quizá el mayor desafío de un entrenador hoy en día sea dar una directriz única a la diversidad que gestiona. No es fácil porque en un vestuario hay que alinear orígenes, culturas e idiomas distintos para un proyecto que a todos les resulte común. Los directivos del City, en un esfuerzo encaminado a esa dirección, obligan a sus jugadores extranjeros a que vean los *Telettubies* (serie de dibujos animados) para mejorar su inglés. Algo es algo y, además, parece coherente, pues al fin y al cabo el fútbol es uno de esos ámbitos que nos retrotraen a la infancia. Es una de las dificultades del fútbol actual: acelerar los procesos de adaptación. También los entrenadores de selecciones de países vendedores tienen que luchar a contrarreloj para crear un equipo armónico con material disperso. No es nada nuevo. Hace treinta años, Bilardo ya decía que tenía que ir a Nápoles para explicarle a Maradona cómo filtrar los pases, luego a Nantes para explicarle a Burruchaga cómo centrar y finalmente a Madrid para explicarme a mí cómo cabecear.

Movilidad de pobres y de ricos

Claro que hay imposiciones económicas que obligan a una búsqueda constante de soluciones baratas. En la Liga española, el Rayo Vallecano, un club que representa a un barrio humilde de Madrid, es un gran ejemplo. Su director deportivo, Felipe Miñambres y su entrenador, Paco Jémez, decidieron hace tiempo que la pobreza no tenía por qué ir reñida con la grandeza y la dignidad. El Rayo nunca ficha a menos de 15 jugadores por temporada y a coste cero. Cuarenta y siete futbolistas por el mismo precio en las últimas tres temporadas. Están obligados por la Liga Profesional a pagar a todo el personal (incluidos jugadores y entrenadores), por todo concepto, 11.200.000 euros. El resto de sus ingresos es para saldar deudas con la Hacienda Pública por las malas gestiones heredadas. Pedir estabilidad a una economía de supervivencia es como pedir a un pobre de solemnidad que coma orgánico. Lo primero es lo primero y, en un club como el Rayo Vallecano, mantenerse en primera será siempre una cuestión digna de festejarse como un título.

El Madrid es otro buen ejemplo, solo que de signo contrario. Como club orgulloso que es, nunca se resigna a la mediocridad. Cada año sale con desesperación a comprar jugadores para estar a la altura de su leyenda. Esa búsqueda permanente de la excelencia me parece un rasgo inconfundible de cualquier institución que aspira al liderazgo. Hubo un tiempo en que recitar las alineaciones era una prueba de que ese equipo jugaba de memoria. Ya no. Ahora se celebra la novedad.

Volver a los orígenes

Sobre la importancia de la estabilidad también nos habla cada temporada el Athletic de Bilbao. Un club formado solo por jugadores vascos al que el mercado le quita regularmente a su mejor jugador (Javi Martínez, que se fue al Bayern Munich; Fernando Llorente, a la Juventus, y Ander Herrera, al Manchester United, son los últimos e ilustres casos), pero cuyo sentimiento de equipo suple con eficacia la amputación de cualquier individualidad. La fuerza de la identidad, un espíritu familiar dentro del vestuario, una especie de comunión con una afición leal que se entrega como un jugador más… Es muy difícil que el Athletic vuelva a ser campeón de Liga, porque solo puede seleccionar a jugadores entre una población un poco más grande que la que habita en Madrid, pero la felicidad en el fútbol también tiene que ver con el orgullo de ser representados con pasión por un equipo que cada aficionado siente como suyo. El ambiente que se vive en San Mamés en las grandes ocasiones, o las festivas invasiones de miles de aficionados cuando el Athletic juega fuera, emociona a cualquier amante del fútbol e interesa a todo observador de los fenómenos de masas. La prueba de que la identidad es competitiva, es que el Athletic ha llegado, en las últimas temporadas, a finales de Copa del Rey o de Europa League, y ha ganado una Supercopa de España (nada menos que contra el Barça). ¿Quién es la figura? El equipo, por supuesto, esa manifestación de once talentos que parecen uno solo cuando los guía un propósito superior.

El Athletic nos recuerda a todos la importancia de la identidad, del sentimiento y de los grandes sueños. Como Don Quijote de la Mancha, que se hizo universal desde un lugar de la Mancha de cuyo nombre no queremos acordarnos, el Athletic suele asomarse a Europa por la gran ventana de la Champions o de la UEFA Champions League desde el País Vasco, defendiendo con orgullo todo lo que el gran fútbol parece haber olvidado.

Sentado en las gradas, mientras el Athletic le ganaba al Manchester con una exhibición de fútbol, miré alrededor y entendí el secreto de esa comunión pasional entre los que juegan y los que alientan. Cualquiera de los chicos que gritaba de alegría a mi lado podría estar jugando el partido, y cualquiera de los futbolistas que jugaba el partido podría estar gritando en la grada. Me dio gusto pensar que contra ese poder moral no puede nadie. Ni siquiera la globalización.

7
Los campeonatos

La Copa Confederaciones

La Copa Confederaciones se juega un año antes y en la misma sede que un Mundial. Una plaza es para el último campeón del mundo, otra para el país organizador y las siguientes para las selecciones campeonas de cada continente. De esta especie de entrenamiento para el Mundial se sacan interesantes conclusiones futbolísticas y sociológicas. Brasil 2013 fue un buen laboratorio, una muestra mínima pero relevante del Mundial que nos esperaría un año después. Representantes de todos los continentes midieron sus fuerzas y el diagnóstico final nos dijo que el fútbol sigue siendo alérgico a las grandes revoluciones.

La revolución se dio en las calles

Lo único sorprendente ocurrió fuera de los estadios. Brasil, que esperaba con orgullo el Mundial y los Juegos Olímpicos, empezó a mostrar su capacidad organizativa. Se trataba de un ensayo general sin mayor complejidad, a la espera de esa enorme oportunidad propagandística que ofrecía el deporte para mostrarse ante el mundo como un país pujante y ambicioso. Pero el pueblo tenía otra visión de la realidad y saltó indignado a la calle para mostrar su insatisfacción. Fueron días de movilizaciones inesperadas, puesto que nadie las había previsto; espontáneas, ya que no había un líder claro que las dirigiera; crecientes, porque empezó con una pequeña concentración de 20.000 personas para terminar con un millón de brasileños en la calle. Las autoridades creyeron que cambiando la vieja ecuación dominante de «pan y circo» por la de «pan, palo y circo», las cosas volverían a su cauce, pero la represión inflamó aún más los ánimos, hasta que la insatisfacción alcanzó la dimensión de clamor popular. Ahí estaba el fútbol y su nueva estatura social, desatando emociones escondidas en la vida cotidiana de la gente. Brasil progresa, pero cuando los pueblos avanzan también crecen sus expectativas, exigencias y deseos de transparencia. El fútbol y la importancia que ha cobrado es un buen palco donde subir la indignación.

Un Mundial en miniatura

La Copa Confederaciones cuenta con representantes de todos los continentes, lo que deja un material de análisis interesante sobre la evolución de este deporte. Europa y Sudamérica siguen siendo continentes dominantes, a pesar de los cambios de gran calado sociológico. Para atacar el castillo del *establishment* hace falta mucha más determinación que la mostrada en Brasil por las selecciones de México (Concacaf), Japón (Asia) y Nigeria (África), a las que la timidez convirtió en vulgares. La FIFA intenta promocionar a los continentes emergentes, concediéndoles la organización de mundiales, pero el intento ha favorecido más al negocio que al juego. En cuanto a Tahití, extravagante representante de Oceanía, se llevó 24 goles en tres partidos, también la simpatía y hasta la ternura de todos los que nos apiadamos de los débiles, pero en el plano futbolístico no merecieron ni una sola letra más que las contadas en este párrafo.

Compradores y vendedores

Centremos el análisis en los clásicos porque, como en la literatura y el arte, siempre están de moda. La globalización aplica una regla de hierro: los países ricos compran y los pobres venden. También vale para la carne humana, como la futbolística, de modo que Sudamérica exporta y Europa importa. Sin embargo, ninguno de los dos continentes paga las consecuencias.

Los países vendedores podrían haberse resentido porque los jugadores cada vez salen más jóvenes y rompen la cadena productiva que depende, en buena medida, de la emulación. Siempre han sido los veteranos quienes han enseñado el oficio a los jóvenes, pero la desesperación por ganar dinero ha provocado una ansiedad vendedora que nos pone ante una absurda paradoja: se traspasa a los buenos jugadores para poder pagar a los malos. El que en estos días quiera imitar el patrón creativo de un gran jugador tiene que encender la televisión para ver los campeonatos europeos. Los pobres quedan fuera de esa escuela, porque en los países periféricos esos partidos solo se ven en los canales de pago. Ni por esas el fútbol se desclasa. Sudamérica sigue produciendo talento desde las clases sociales más bajas.

Pero también Europa podría haberse resentido, porque son cientos los jugadores de todos los continentes que ocupan los lugares vacíos de las plantillas. Eso significa que los jóvenes cada vez encuentran más dificultades para permear desde las divisiones inferiores hasta el primer equipo. Sin embargo, una muy buena estructura competitiva como la que existe en España (y que ha copiado Alemania), con 20 equipos en primera, 22 en segunda, 80 en segunda «B» y 360 en tercera, no permite que el talento joven se pierda en el camino.

Selecciones clásicas

Mucho ha tenido que influir la cultura futbolística para que las cuatro selecciones que llegaron a la Copa Confederaciones y que alguna vez fueron campeonas del mundo (España, Uruguay, Brasil e Italia) se clasificaran con tanta facilidad para disputar las semifinales. Cuenta el talento, pero también la historia, la autoestima y las obligaciones que el entorno exige. Nadie quiere ser menos de lo que ya ha sido, y ese desafío desata la ambición. Solo un gran orgullo futbolístico nacional explica, por ejemplo, la obstinación de Uruguay por mantenerse a la altura cuando su masa crítica se corresponde con un país de apenas 3,5 millones de habitantes.

Así como Uruguay saca su fuerza del fondo de la historia, España la saca de la modernidad. En los últimos veinticinco años ha ido cobrando fuerza una convicción hasta convertirse en un mandato de dimensiones bíblicas: «La pelota es nuestra». Y alrededor de la pelota se han hecho importantes jugadores precisos, ágiles, inteligentes, astutos. El ingenio siempre se las arregla para defenderse de la fragilidad. Lo de España ha sido una revolución formativa que solo está midiendo el tamaño del talento; de no haber sido así, todos los enanitos geniales que llegaron a la Selección Española hubieran sido aplastados por montañas de músculos en edades infantiles.

Italia siempre ha sabido competir, pero su manera de ganar consistía en esperar con la paciencia del santo Job a que el rival cometiera un descuido, una ingenuidad, un error. Y entonces, su respuesta era como el ataque de una cobra, para luego volver a refugiarse en la cueva. Los espectadores neutrales nos aburríamos como ostras hasta el punto de quedarnos sin fuerzas para aplaudir esos triunfos sin gracia. Le otorgué mucho mérito al intento de Cesare Prandelli de salir de la caverna para intentar pelear en campo abierto. Aún se les notaba la nostalgia de aquellos defensores algo primitivos y muy numerosos que tan seguros se sentían esperando acontecimientos. Por esa razón había que aplaudir ese esfuerzo por cambiar, ese orgullo por sentirse protagonista, esa versión todavía rudimentaria de una Italia que quería renovarse. Era de esperar que durara hasta el primer mal resultado, porque cuanto más grande es una selección, menos paciencia se tiene con las novedades.

Prandelli no sobrevivió al Mundial. Yo dejo constancia de mi modesto reconocimiento al intento.

Nos queda Brasil y su condición de equipo local. Brasil y su colección de Copas del Mundo. Brasil y sus tremendos recursos técnicos para afrontar cualquier tipo de partidos. Hubo un tiempo en que la Selección Brasileña sonaba como una orquesta en la que nadie desafinaba. Pero tras la derrota de 1982, revisaron su proyecto artístico por creerlo demasiado ingenuo. Desde entonces disfruta de grandes solistas con nombres alegres como Romario, Ronaldo, Ronaldinho o, ahora, Neymar… Individualidades que, más que jugar, hacen jugadas decisivas y deslumbrantes. Esas obras de arte sirven, primero, para ganar partidos; y segundo, para disimular la vulgaridad colectiva y el excesivo número de faltas «inteligentes»: 67 en los tres primeros partidos de esa Copa Confederaciones, de las cuales 40 las cometieron los delanteros, lo que demuestra que existe un plan para interrumpir los intentos atacantes de los rivales en el mismo arranque de las jugadas. Me dicen que eso también vale. Con la complicidad arbitral, sí.

Brasil empieza a confundirse

La final, como se esperaba, sería para Brasil y España. En la espera solo quedaba decir: gracias, Brasil, por enseñarnos a jugar bien al fútbol; gracias, España, por recordárnoslo en estos días.

Ante una España intimidada que en ningún momento logró imponer su estilo, Brasil ganó por aplastamiento. Desde que tronó en el estadio la primera estrofa de un himno que llamó al arrebato, el ejército sólido y aguerrido se paseó con paso marcial por el Maracaná. Eso sí, Neymar es el general pop: ayuda a rebajar tanta testosterona con su fútbol travieso y concreto. Brasil necesitaba ganar y dejó el baile, que uno siempre le reclama a su juego, para otra ocasión. Al parecer la necesidad no tiene estilo. 3 a 0 y todos contentos. Un triunfo lleno de épica que los alejó de su propia historia y los llenó de confianza para el siguiente Mundial. Craso error. Fortalecer la fe en un fútbol que no tiene nada que ver con su sensibilidad histórica es la mejor manera de confundirse.

El Mundial

Brasil en contexto

Cada cuatro años las ligas del mundo se hacen a un lado y me parece bien: llega un Mundial, palabras mayores.

El evento es excepcional como un año bisiesto, largo como un domingo de treinta días, emocionante como la incertidumbre de todo un país, ilusionante como abrir un sobre de cromos, sufrido como el último minuto de una final, universal como la esperanza, maravilloso y apasionante como el fútbol mismo.

En cuanto a Brasil, es grande como un continente, orgulloso como un pentacampeón, divertido como una samba, rubio como la playa, negro como Pelé, original como un mulato, rítmico como sus nombres: Garrincha, Zico, Romario, Bebeto, Ronaldo, Neymar… Decir Brasil es otra manera de decir talento y de decir fútbol.

Todos sabemos que existen tres grandes grupos. Los que pierden antes de llegar (equipos que celebran los empates), los que se rebelan ante la derrota (son los que ambicionan conquistar un nuevo territorio) y aquellos a los que no les basta con ser subcampeones (selecciones clásicas, que para mí son las que ya han ganado un Mundial, más Holanda). Fuera de estas líneas generales, nadie puede arriesgar un pronóstico. El fútbol sigue siendo un enigma.

Los futbolistas juegan cientos de partidos al año. Algunos duran 90 minutos (pura burocracia), otros algunos días (partidos sin mayor historia), otros semanas (partidos relevantes), otros meses (suelen ser finales) y algunos toda la vida. Los del Mundial pertenecen a este último grupo. Son partidos imposibles de olvidar de manera que, en nombre del recuerdo, conviene que los jugadores se maten por la causa. Se juegan ser un poco más o menos felices el resto de sus vidas.

Hay partidos que no salen del barrio, otros que interesan a una ciudad, algunos que inquietan a todo un país y finalmente están los que apasionan al mundo. Los del Mundial pertenecen a los dos últimos supuestos. Hay tanta gente involucrada en la alegría y la tristeza que provoca un simple partido, que hay que jugar cada uno de ellos como si fuera el último.

Siempre que se juegue un Mundial, veremos contradicciones, como el valor de lo global y el valor de lo local al mismo tiempo. Miles de aficionados de los cinco continentes se mezclarán en una fiesta de la globalización, pero cada uno con los colores de su país pintados en la cara, en la camiseta, en una bandera. El fútbol es una ilusión sin límites y, al mismo tiempo, encuentra un tope y un disparadero en la identidad. Ese choque de percepciones también la sentirán los jugadores. Por un lado, son excelentes profesionales que en muchos casos juegan en equipos de Europa, Asia o América que jamás imaginaron como destino. Por el otro, el Mundial los convoca para devolverles el espíritu *amateur*, para recuperar el sueño de niño: jugar con la camiseta de su país. Ganarán dinero, pero no tengan dudas de que lo harían gratis.

A aquellos futbolistas que se encuentran ante su primer Mundial, les advertiré sobre tres amenazas. La primera es el aburrimiento que provoca una concentración tan larga en la que el fútbol se convierte en obsesión. La segunda es el aislamiento: los jugadores terminan desconectándose emocionalmente y perdiendo de vista lo que significa el campeonato y lo que significan ellos mismos para millones de personas. La tercera es que la enorme motivación los convierta en otros: ellos están ahí por lo que hacen habitualmente, la grandeza del Mundial no tiene que conducirlos hacia ningún tipo de exceso.

Los aficionados que viajan para ver el Mundial no son una muestra social fiable como para reflejar una tendencia. El fútbol es un juego popular porque la televisión es popular, pero cuanto más nos acercamos a un estadio, más elitista se vuelve. Ver un partido no está al alcance de cualquier economía y ver un Mundial es solo para las élites. El juego del pueblo esta mudándose hacia los barrios ricos. Así es la vida en tiempos de globalización.

Lo cierto es que el Mundial cada vez integra más perfiles sociales y más aspectos de distinta naturaleza. La religión del fútbol cada vez cuenta con menos ateos, evidencia ante la que nos pone el Mundial. El negocio futbolístico cada día mueve más dinero y el Mundial también lo reflejará, ¿Qué buscamos en el fútbol? Una emoción compartida ¿Qué buscamos en un Mundial? Una experiencia inolvidable. Aquí tienen un resumen de los que nos dejó Brasil.

América, ¿para los sudamericanos?

Un Mundial en Brasil suena hasta redundante: fútbol y fútbol. Pero suena bien. Un país que incorporó el ritmo y la belleza a su estilo de vida, que le arrancó todos los secretos a la pelota y que hizo de este deporte un lugar de encuentro de su diversidad racial, de partida tiene la obligación de organizar un Mundial fascinante.

Veníamos de un hermoso legado. Cuatro años atrás España ganaba en Sudáfrica con un juego paciente y técnico que se impuso a las obsesiones tácticas y físicas que pretendían adueñarse del juego. No es ajedrez, sino fútbol; no es atletismo, sino fútbol; no pertenece (solo) a los entrenadores, sino (y sobre todo) a los jugadores. Y para que el juego sea en verdad maravilloso, su ombligo debe seguir siendo el balón. Eso le contó España al fútbol en el Mundial de Sudáfrica, contagiando incluso a selecciones clásicas como la alemana e italiana, que se sumaron a la tendencia de reclamar mayor protagonismo técnico en cada partido. Eso no los hace más favoritos, pero sí menos aburridos.

El país que honró el balón

Viéndolo en perspectiva, era cosa de justicia histórica que en Brasil fuera otra vez el balón —al fin y al cabo, el que determina qué jugador es bueno, cuál muy bueno y quién un genio— el que también determinara qué Selección se llevaría el trofeo. Porque han sido los brasileños, desde el lejano Mundial del 58, los que nos enseñaron un tipo de atrevimiento casi burlón, indescifrable como un regate de Garrincha, sociable como una pared, único como un pueblo que nacía mezclando razas para aportar a este deporte un ritmo nuevo. Y también fueron los brasileños, en México en 1970, los que nos explicaron que cuando la belleza se junta con la eficacia, no hay más remedio que emocionarse. Aunque uno, como yo, fuera argentino, tuviera apenas quince años y viera los partidos solo en la cocina de su casa. Aquel Brasil marcó mi gusto futbolístico para siempre, por eso me siento autorizado a exigir algo más que resultados a su selección.

La Selección de Brasil empezó con la mejor defensa del mundo: dos centrales fiables y atrasados (Thiago Silva y David Luiz) y otros dos centrales adelantados (Luiz Gustavo y Paulinho), lo que aportaba solidez defensiva y algún que otro gol, pero no contribuía mucho a la elaboración del juego. Ese sólido cuerpo central, algo pesado para la salida de la pelota, tenía dos brazos que se movían hacia delante con la insistencia de Alves por la derecha y el descaro de Marcelo por la izquierda. Luego, el equipo se hacía más amenazante con la descomunal potencia de Hulk, el juego ligero y dinámico de Óscar, y Neymar: uno de esos brasileños hasta la médula, en quien se unen velocidad, ingenio y técnica para que Brasil se parezca al Brasil que nos imaginamos. Arriba, a Frey se le pedía oficio y gol. En la Copa Confederaciones habían sido contundentes arriba, pegaron más de lo que un árbitro debe permitir y el equipo pareció estar por encima de la presión que ejercen 200 millones de locos por el fútbol. Ganaron con autoridad y eso los colocó como favoritos para el Mundial. Pero así como el fútbol exagera la vida, el Mundial exagera el fútbol, y Brasil multiplicaría todo esos excesos como mínimo por dos. Por el peso del campeonato y el de las expectativas, que eran máximas. Vivir rodeados de tanta pasión durante un mes no es una cuestión apta para gente normal. Daban ganas de decir, antes de empezar: «Dios te salve, Brasil, del amor de tu pueblo».

Antes de Brasil, la historia de los mundiales nos había dicho que América era para los sudamericanos. Todos los países sudamericanos tenían su cuota de responsabilidad en este nuevo reto y merecían su análisis.

Ecuador: escalón a escalón

Empecemos por Ecuador, el último sudamericano en llegar a nivel mundialista y en claro ascenso. Tiene jugadores con un biotipo a la medida de este juego y ha mostrado una evolución ejemplar que lo ha llevado a tres de los últimos cuatro mundiales. Curiosamente, su revolución la hicieron los entrenadores. Empezó a finales de los ochenta, cuando el montenegrino Dusan Dráskovic se puso a trabajar la técnica de un modo obsesivo. A mediados de la década de los noventa, Maturana aportó táctica a esa exuberancia física ya dotada de fundamentos técnicos. Más adelante, el carisma de Hernán «Bolillo» Gómez trabajó con éxito sobre la confianza de estos jugadores hasta lograr clasificarlos para el primer Mundial de Ecuador: el de Japón/Corea de 2002. Luis Suárez, primero, y Reynaldo Rueda, después, terminaron el proceso de transformación con una aportación de disciplina y orden que puso a Ecuador a resguardo de caprichos generacionales. La materia prima es excepcional y, en su mayoría, de raza negra de dos procedencias: una del Pacífico (primordialmente de una ciudad llamada Esmeralda) y otra de la altura (la zona del Chota). Los de la primera son abiertos y alegres; los de la segunda, reservados y tímidos. En todo caso, complementarios para un juego que siempre reclama diversidad. Ecuador aún es mejor cuando juega de local que como visitante, pero su transformación tiene mucho más que ver con una política ordenada (donde grandes entrenadores han trabajado sin desdeñar lo que habían hecho sus predecesores), que con los beneficios de la altura de Quito.

Colombia volvía a empezar

Y dieciséis años después, Colombia. De la mano de otro fenómeno generacional como el que lideró Valderrama en la década de los noventa. La Selección Colombiana tiene estilo y personalidad. Igual que en los noventa nombres como el de Higuita, Rincón, Asprilla y Valderrama daban sabor caribeño a un fútbol que tenía un punto de extravagancia, en esta ocasión los James Rodríguez, Cuadrado, Jackson Martínez, Carlos Bacca y compañía tienen un carácter más formal, sin duda influidos por sus tempranas aventuras europeas en grandes clubes. Además, Pékerman ha sido siempre un líder pacífico que toma decisiones arriesgadas, y supo darle a Colombia durante las eliminatorias un aire clásico y un espíritu ganador. En un equipo de Pékerman nunca faltará un 10 de toda la vida, los laterales tendrán gran protagonismo y nadie rapiñará el juego para sacar un buen resultado.

A los colombianos les daba miedo el optimismo después de las tremendas expectativas defraudadas en el Mundial de Estados Unidos, donde llegaron convencidos de poder pelear el campeonato y terminaron perdiéndolo todo, incluso la vida de su capitán, Andrés Escobar, asesinado a balazos pocos días después de ser eliminados. Metáfora de un país que en aquellos tiempos ardía por la violencia de todo signo y que hoy lucha por la paz. Aunque solo sea por esa esperanza, me alegró que Colombia fuera una de las selecciones revelación, pues eso la convertía en protagonista de una nueva y mejor metáfora.

Chile se hizo mayor

Si seguimos bajando por el Pacífico, vemos a Chile con el apasionado Jorge Sampaoli al frente. Un entrenador tenaz al que conocí en mi pueblo hace veinte años una tarde que vino a visitarme y me acribilló a preguntas. Aquel día le comenté a un amigo que anotara ese nombre porque el fútbol es muy generoso con los locos.

Efectivamente, Sampaoli empezó siendo un admirador de Marcelo Bielsa, hasta convertirse en un buen aprendiz suyo. El ardor competitivo de estos apasionados personajes conviene a Chile, un equipo sólido, intenso y con un nivel de organización superior al de cualquier selección sudamericana. Nada de lo que he dicho resulta muy excitante y eso no le hace justicia porque Chile, juegue contra quien juegue, siempre reclama protagonismo. Tuvo delante a dos selecciones, España y Holanda, que se sentían dueñas de la pelota. Pero Chile se la disputó. Parecía que los dos finalistas del último Mundial tenían muchas posibilidades de clasificarse. Pero Chile se lo complicó. Alexis, al que tanto le costó entrar en la estricta horma estilística del Barça, se desprejuicia con la camiseta de Chile y aumenta su nivel, hasta reclamar la condición de líder del equipo. Esa transformación simboliza un nuevo Chile, con una generación fantástica y una fuerte autoestima.

¡Vamos, la Celeste!

Si volvemos la vista hacia el Atlántico, nos encontramos con el Río de la Plata, donde residen cuatro copas mundiales: dos para Uruguay y otras dos para Argentina. Uruguay fue el primer país que conoció la gloria futbolística, honor que se transforma en orgullo cada vez que pisa un estadio cualquiera de sus 3,5 millones de habitantes. Fueron cuartos en Sudáfrica con un juego austero, seco, épico, como su propia historia. Nada mejor para explicar su fuerte sentimiento colectivo que el ejemplo de Fucile. Corría el minuto 119 de la prórroga de cuartos de final entre Ghana y Uruguay y seguían 1 a 1. Ghana disfruta de una última oportunidad gracias a una falta lateral que comete nuestro amigo Fucile. Llega el envío al área, alguien la peina en el primer palo y la jugada se envenena. Un tiro que rebota, la pelota que se eleva, Muslera (el portero uruguayo) que mide mal en su desesperada salida, y Prince Tagoe que cabecea limpio y desde cerca. Si nadie lo remedia, es un gol. El mismo Fucile se esfuerza por llegar incluso con las manos, pero es de muy baja estatura y la pelota sigue su rumbo. Solo unos centímetros más atrás Luis Suárez, la gran figura del equipo, evita el gol con una parada magnífica que lleva una mala noticia consigo: es penalti y expulsión. Fucile se levanta como un rayo y con muy buenos reflejos va hacia el árbitro y le dice, muy serio: «Tiene razón, señor. Écheme». El árbitro no picó y terminó expulsando a Luis Suárez, pero queda el gesto generoso de un jugador dispuesto a renunciar a su propia gloria con tal de evitar la pérdida del mejor hombre de su equipo. Ghana falló el penalti, Uruguay siguió hasta semifinales con un inolvidable lanzamiento a lo Panenka del «Loco» Abreu y la historia de Fucile me sirve desde entonces para definir lo que debe ser un equipo.

Maravilla saber que el primer país que conoció la gloria futbolística sea el último en perder la humildad. Cuando se habla de Uruguay, no piensen en un estilo definido. Así como del cerdo se aprovecha todo, Uruguay juega sin despreciar ninguna de las posibilidades que ofrece el juego. Si van ganando, sabrán defenderse; si van perdiendo, atacarán con desesperación; si el partido se pone brusco, lucharán con los dientes; si hay que perder tiempo, lo harán con inteligencia; si juegan contra 200.000 personas, las desafiarán una a una... Juegan a ganar, pero nunca se han obsesionado con el cómo. Deben de pensar que para debatir sobre el estilo hay que vivir en un país de más de 40 millones. En un «paisito» de menos de 4 millones, el fútbol es antes un problema de supervivencia y hasta de honor, que una cuestión estética.

Uruguay llevó a Brasil ese espíritu colectivo, esa astucia de barrio y esa familiaridad con lo imposible. También a Cavani y a Luis Suárez, una de las mejores parejas de delanteros que existe. Los viejos próceres del fútbol uruguayo ya habían plantado una heroica bandera en un Maracaná con 200.000 brasileños dentro, cuando Obdulio Varela le dijo al equipo, antes de salir al estadio hirviente, que «los de afuera son de palo». Fue en la extraordinaria final de 1950, que aún admira el mundo y que Brasil nunca olvidará. Los uruguayos anduvieron por el Mundial con bermudas, chanclas y un mate debajo del brazo porque cuando se defiende la Celeste hay que volver a la humildad y al espíritu *amateur* de sus heroicos antepasados.

Uruguay abandonó el Mundial muy pronto ante Colombia, por culpa de dos grandes nombres propios: Luis Suárez (ausente por aquel recordado mordisco, que provocó un alboroto mediático y una desproporcionada sanción) y James Rodríguez (autor del gol del campeonato precisamente en aquel partido).

Y veintiocho años después…

A los argentinos, la espera se nos está haciendo demasiado larga. Cuando llegó el Mundial de Brasil ya habían pasado veintiocho años desde que Maradona ganó la revancha de las Malvinas a los ingleses, puso en pie al planeta entero y rememoró al Pelé del 70. Desde entonces, a Diego le han escrito cien canciones, le han erigido una iglesia y el imaginario colectivo lo ha colocado entre Evita y el Che. Todo eso es muy divertido, pero desde entonces Argentina no gana. Así en la política como en el campo de juego, siempre estamos a la búsqueda del hombre providencial, y el del Mundial se llamó Leo Messi, un Maradona discreto fuera del estadio y un genio con parecidos superpoderes. De Messi siempre habrá que apiadarse porque haga lo que haga será víctima del exceso. O corona de laureles, o de espinas. Un jugador de su estatura nunca conocerá el término medio.

Para levantar la Copa basta con una persona, pero para ganarla se necesita un equipo. Messi llegó al Mundial con los alrededores muy bien surtidos con Di María, Higuaín, Agüero, Lavezzi… De ahí para atrás, solo Mascherano tenía una trayectoria equiparable a la de los delanteros, pero con una batuta de mediocampista que marca mejor el ritmo defensivo que el de distribución. En todo caso, sería una figura clave para asegurar el funcionamiento del equipo a la espera de Messi, que llegó al Mundial con poca energía.

Todas estas selecciones pelearían para que la Copa se quedase una vez más en Sudamérica, pero era imposible esperar una alianza entre sí para mantener ese honor, porque no es una novedad que a la relación entre estas la anima más el odio que el amor. No hay nada peor que perder ante un vecino. Sabemos que Inglaterra es la madre del fútbol, pero en Sudamérica seguimos creyendo que somos el padre. Hay quien verá en esa imagen algo irreverente. Por supuesto que sí. ¿O ustedes piensan que jugar al fútbol en Sudamérica tiene algo que ver con el respeto? Los europeos llegaban al continente en el que el fútbol es talento y tormenta. El duelo estaba a punto de empezar…

Un Mundial con buena onda

El campeonato comenzó con una marcada tendencia hacia un juego atrevido y con buena técnica colectiva, lo que se tradujo en partidos interesantes que dejaron un buen número de goles. El calor, que anunciaba competiciones tediosas, no condicionó la calidad de partidos tan esperados como el Holanda-España, el Italia-Inglaterra o el Alemania-Portugal. Todos resultaron atractivos a su manera.

Salvo Cristiano, las figuras esperadas se subieron pronto al gran escenario del Mundial. A Neymar, Van Persie, Benzema y Müller no les bastó con un gol en su presentación (todos hicieron doblete) y en cuanto a Messi, fue una leyenda dentro de otra: Messi dentro del Maracaná. Su gol en ese escenario fue digno del encuentro mitológico entre el gran héroe de nuestro tiempo y el estadio que la historia ha convertido en mito del fútbol sudamericano.

Fue sorprendente que la goleada de Holanda a España, última campeona del mundo, se incubara a partir de una cautela táctica que no parecía a la altura de una selección siempre atrevida. Holanda empezó tratando a España de usted, después pasó al tú y en el segundo tiempo le faltó el respeto. El primer tratamiento fue premeditado porque se decidió en la preparación del partido. A la falta de respeto se llegó de un modo espontáneo, pues hay ocasiones en las que el fútbol toma sus propias decisiones. Puedo entender que un cambio tan espectacular modifique un partido, incluso que ponga en peligro el futuro deportivo de un equipo en la competición. Pero es incomprensible que un hecho de esas características modifique el pasado, la visión que se tiene de un equipo con la dimensión histórica de España. Las críticas hacia la Selección Española fueron despiadadas, hasta el punto de que ya no se recuperaría.

El foco contra la perspectiva

No me sorprendió. El Mundial, supongo que por influencia de las redes sociales y por el carácter siempre emocional del fútbol, tuvo vicios fatales para el análisis. Consagró la autoridad del presente, al punto de que un jugador valía tanto como la última jugada que realizaba; acortó las miras, hasta convertir el siguiente partido, fuera el que fuera, en una final; entronizó al individuo muy por encima del equipo; convirtió a los aficionados en protagonistas que gritaban con la alegría con que celebran un gol cuando descubrían su imagen en el marcador simultáneo del estadio… El foco le había ganado la batalla a la perspectiva y, ya que el análisis dejó de existir, también desaparecieron las conclusiones, de modo que no diré si me parece bien o mal. De lo que estoy seguro es de que será imposible salir de este estado de cosas, que condiciona severamente la actitud de los que juegan y de los que miran.

Italia-Inglaterra

Italia e Inglaterra jugaron un partido limpio, técnicamente pulcro y al ritmo que impusieron el calor y Pirlo. Inglaterra no protagonizó un concurso de pelotazos ni Italia levantó su habitual barricada. Jugaron. Y en muchos momentos, muy bien. Pirlo, que en un ejercicio de coherencia termina su carrera con cara de filósofo, movió a Italia con la autoridad de un gran director de orquesta. Pero cada vez que tocaba la pelota, lo que sonaba se parecía más a un vals que a una tarantela. Claro que en la última media hora apareció el instinto conservador que cuesta tanto desafiar, pero se agradece a Prandelli su esfuerzo por refrescar el juego italiano. Inglaterra tiene a jóvenes prometedores que se atreven a jugar con la gracia de una serpentina y la convicción de un martillo, pero por alguna razón su fútbol viaja mal y siempre incumple los pronósticos.

Portugal-Alemania

Portugal y Alemania era el enfrentamiento del individuo (Cristiano Ronaldo, claro) contra el equipo. Ganó el equipo porque, por razones desconocidas para mí, el individuo tuvo una actuación muy pálida y la Selección de Portugal no hizo nada por rescatarlo. La sensación es que un Mundial es una de las pocas cosas a la altura de la ambición de Cristiano, y por eso sorprende la falta de su habitual exuberancia futbolística. La razón, fuera cual fuera, sería poderosa. Alemania contribuyó al ostracismo del crack portugués porque jugó como ninguna otra selección. Un buen Lahm, un participativo Kroll y un inspirado Özil se adueñaron del juego, y Müller, al que los mundiales parecen sentarle bien, apareció como falso delantero para marcar tres goles muy reales. Alemania no cambió, agregó. Mostró la insistencia y fiabilidad de siempre, pero movió la pelota como nunca. Desde su primer partido fue imposible no verla como candidata.

Brasil

Un discreto Brasil pudo con los nervios de la presentación, con el gol en contra de Marcelo, al comienzo mismo del partido, y con la tradicional frialdad de la gente de São Paulo, para ganar al ritmo del artista futbolístico que es Neymar, talentoso, atrevido y sustancial cuando los partidos se vuelven agrios. Óscar le ayudó a agitar el encuentro. Pero creo que los dos son demasiado jóvenes para liderar a un aspirante a campeón en medio de tal descomunal presión ambiental. Felipão tiene carisma y capacidad para conectar con la gente con un discurso apasionado y populista, pero abusó de la continua apelación a la testosterona y de la presión a los árbitros para que autorizaran la dureza de su juego. De entrada la sensación fue que Brasil, o bien recuperaba su admirable y reconocido estilo, o lo pagaría caro.

Francia

También Francia, que no olvidemos que venía de hacer un ridículo espantoso en el Mundial de Sudáfrica, entró pisando fuerte con un Valbuena inspirado, un Griezmann dinámico y cada vez más maduro, y un Benzema que decidió desafiar a quienes ven como un defecto su falta de egoísmo, rematando todo lo que le llegó con la potencia o la clase que pedía la jugada. Los críticos de Benzema pudieron comprobar, de entrada, que de los gatos no hay que fiarse. Atrás son fuertes; en el medio, elásticos, y arriba, concluyentes. Tendrían que confirmarlo en los siguientes partidos, pero su debut fue esperanzador.

Argentina

Argentina fue dos equipos en uno: el del primer tiempo, espeso y de tracción trasera con cinco defensas y poca movilidad; y el del segundo, con Gago en la distribución e Higuaín atacando los espacios, en que el equipo pareció más entonado y Messi más cómodo. En cierta ocasión, Menotti había reunido a los jugadores de la Selección Argentina para hacerles una pregunta: «¿Cuántas pelotas creen ustedes que hay que darle a Maradona en un partido?». No tuvo paciencia para oír la respuesta y él mismo contestó: «Todas». Eso es lo que entendió Gago respecto a Messi. Se las dio todas, en la confianza de que una le saldría. En el segundo tiempo frente a Bosnia, esa asociación resultó determinante, pero en la presentación nos quedamos sin saber qué Argentina nos esperaba.

Cuando España dijo adiós

La Selección Española cayó frente a Chile, lo que disparó las críticas habituales. No era para menos: la última campeona quedaba eliminada antes que cualquier otra selección. «Esta noche, para siempre, se acabaron tus hazañas», reza un tango clásico, y daban ganas de aplicárselo a España en aquel momento trágico. La palabra «trágico» parece excesiva, pero es adecuada cuando el sufrimiento está fresco. A los tres días, a la palabra le sobra dramatismo por todos lados. Porque visto con perspectiva, y muy especialmente en este caso, debe asomar el agradecimiento.

Es verdad que en Brasil pareció acabarse de manera abrupta un ciclo, pero también que cabe calificar de hazaña lo logrado hasta entonces por la Selección Española, por lo que significó para el fútbol español y por lo que influyó en el fútbol mundial. Que ese ciclo pusiera fin a su carrera mundialista frente a Australia, en un partido que nada significaba (España ya estaba eliminada), es una prueba más de que el fútbol no conoce la piedad. Se trata de un deporte maravilloso, pero también terrible. Se puede ganar un Mundial dando lecciones de fútbol, y cuatro años más tarde perderlo de la manera más cruel. Así es la vida. María Antonieta murió guillotinada.

Chile cavó la tumba

Chile era mal rival para salir de la inevitable crisis que había provocado la goleada sufrida ante Holanda en el primer partido. Los chilenos entonaron el himno como quien sale a invadir, no como quien sale a jugar. E hicieron un partido coherente con ese entusiasmo patrio. De hecho, presionaron más de lo que jugaron, hasta el punto de que cada futbolista de España que pensaba con la pelota en los pies, se quedaba sin pelota. Y si se descuidaba, también sin pie. A veces las pequeñas cosas tienen la fuerza de un símbolo, y ver a Casillas sacar en largo las primeras pelotas que recibió fue una confirmación de la falta de confianza que había ido infectando al equipo. El de España fue un grupo de jugadores cansados, y no me refiero solo en términos físicos. Jugar al fútbol como lo ha hecho esta selección durante tantos años exige estar muy fresco: para tener las soluciones en la cabeza antes de recibir la pelota, para conectarse con los compañeros con una sola mirada, para presionar con urgencia tras la misma pérdida del balón. Ante Chile, y desde muy pronto, entendimos que muchos tornillos estaban desajustados, incluso los de la suerte.

No subestimo a Chile, agresivo en el ataque, en la presión, en los regresos; y mucho menos a Holanda, que voló el día de su presentación en el Mundial. Pero como la decadencia no suele tener fondo, no me habría extrañado que termináramos elogiando a una gran Australia en el tercer partido. No fue necesario. En España todos los jugadores parecieron estar lejos entre ellos durante el campeonato, como si hubieran olvidado que la cercanía sirve para asociarse, dar continuidad al juego o recuperar el balón en manada tras la pérdida. Acabar un ciclo de esta manera tiene que ver con el paso del tiempo, pero también con una cadena de fatalidades en la que terminan fallando jugadores que nunca fallaron, en la que cada error tiene el valor de gol (en las dos porterías) y en la que hasta el orgullo parece cansado cuando el partido requiere de una respuesta heroica.

Y sin embargo, te quiero

España, simplemente, no se encontró en el Mundial de Brasil. Pero como la principal revolución de su fútbol es formativa, el legado será recogido por las nuevas generaciones, que en el futuro tendrán que competir con los títulos, el hermoso estilo y hasta el ejemplar comportamiento de estos jugadores. Esos jóvenes partirán con una gran ventaja, que deberán a esta generación: un estilo donde guarecerse. Mucha personalidad hará falta para estar a la altura del recuerdo que nos dejan estos extraordinarios futbolistas. Aunque el

Mundial de Brasil los condenó, la historia sabrá ponerlos en el lugar que merecen. O sea, en lo más alto.

La jugada que salva el juego

Durante el Mundial, Argentina tardó en encontrarse como equipo y Messi nunca se encontró con el juego. Mientras la Selección Argentina iba transformándose, a Messi le bastaba con una jugada para confirmar su condición de genio y posponer el debate sobre el funcionamiento del equipo. El grupo, con Bosnia, Irán y Nigeria, no fue una buena unidad de medida para saber cuáles eran las posibilidades reales de Argentina en el campeonato, pero precisamente dada la debilidad de sus rivales, cada partido parecía una buena oportunidad para que el equipo creciera a fin de estar a la altura de los desafíos que encontraría a partir de los octavos.

Argentina en el laboratorio

Se había destacado Romero como héroe por su partido ante Irán, y no por ayudar a alcanzar la gloria, sino porque su providencial actuación había evitado el desastre. Y el campeonato había consagrado a Messi como salvador, ejerciendo de crack esporádico pero oportuno. Sin embargo, un buen número de jugadores perdieron confianza por no dar con lo que buscaban. Higuaín atacaba los espacios con la inteligencia de siempre, pero no encontraba el gol; Agüero buscaba la pelota con desesperación, pero no se encontraba con Messi para crear la atractiva asociación que prometían; Di María, por su parte, no se encontraba con el balón para conferir profundidad al juego, aunque su aportación resultaba siempre prometedora.

Hacia atrás, Mascherano cumplía con la puntualidad de siempre y Gago intentaba dar fluidez, jugando a uno y dos toques. Si era encontrando a Messi, mejor, pero a Leo le marcaban como al genio que es y además buscaba espacios vacíos caminando, y todos sabemos que hasta para desmarcarse hay que saber engañar con todos los medios que este deporte autoriza: acelerando y frenando, amagando ir para terminar volviendo, pidiéndola al pie, pero también al espacio… Caminando es imposible que nada de eso ocurra. Aunque seas un genio. Su falta de movilidad contrastó con la claridad mental y la calidad muscular que requirió la maniobra de su extraordinario gol en el minuto 91 frente a Irán. Pero lo cierto es que a Leo había que llevarle el balón a domicilio, y eso iba en contra de toda posibilidad de sorprender. Messi salvaba los partidos con goles prodigiosos que solo están a su alcance. A los demás se les comprimían los espacios por la poca dinámica de la circulación de la pelota, lo que terminaba asfixiando el juego colectivo.

Síntomas de transformación

En la defensa, había poco que reprochar. El equipo concedía un par de ocasiones por partido, que entra dentro de lo posible aun ante rivales modestos, pero siempre mundialistas. Además, lo que invitaba a soñar con el título era el nombre de sus delanteros, no de sus defensas. Pedirle a los del fondo que proyectaran a la Selección Argentina hacia la excelencia no parecía realista. A esas alturas, bastaba con que cumplieran.

¿Por dónde empezar a crear un equipo competitivo? ¿Cómo responder a tantas expectativas? ¿Cómo ganarse el respeto de los rivales? ¿Cómo disimular la falta de dinámica, de juego, de gol…? Hasta ese momento, la respuesta a todas las preguntas era una sola: Messi. Pero el nombre que ilusionaba a los argentinos y deslumbraba al mundo, frustraba al entrenador, que pretendía que el equipo fuera sólido por detrás de Leo para que se sintiera seguro, y que tuviera movilidad delante de él para darle opciones de asociación. Si el entrenador lograba esas actuaciones colectivas se podría confiar en el juego; de lo contrario, había que seguir esperando la jugada del 10.

El fútbol no hay quien lo entienda

Hay malos días para el talento, y eso puede ocurrir precisamente en los partidos más esperados. Fue un viernes cuando Alemania se enfrentó contra Francia y Brasil contra Colombia. Todos los goles llegaron con pelotas detenidas y los centrales se dieron un festín en el área contraria (Hummels, Thiago Silva y David Luiz marcaron 3 de los 4 goles de la tarde). Al final de la jornada, Neymar, el futbolista pop, y el delicioso y letal James, quedaron fuera del Mundial, uno por lesión y otro por eliminación. Terminaba así el peor día del mejor Mundial de los últimos tiempos.

Alemania-Francia

Alemania y Francia defraudaron. El partido, falto de imaginación, de gracia técnica y hasta de intensidad, no estuvo a la altura del Maracaná, una leyenda del fútbol sudamericano que pareció alérgico a una propuesta europea. El calor húmedo de la una de la tarde en Río de Janeiro no contribuyó al entusiasmo de los equipos, pero creo que esa falta de entrega estuvo más relacionada con la poca convicción respecto de una idea, que con factores externos. Sobre todo en el caso de Francia, que había estado tan preocupada en encontrar el equilibrio durante todo el campeonato, que los picos de buen fútbol de algunos partidos parecían preocupar a su entrenador. Cuando el resultado los obligó a atacar, se dieron cuenta de que les faltaba entrenamiento para el riesgo. En cuanto a Alemania, tuvo que elegir entre el volumen y el criterio de juego que aporta Lahm en el mediocentro (posición que «inventó» para él Guardiola en el Bayern), o la profundidad que aporta Lahm en el lateral. Eligió lo segundo, para comprobar que con menos juego hay menos de todo, incluida la profundidad. Ganó Alemania, lo que nos remitió más a su fiabilidad histórica, que a esa intención atrevida que había insinuado en varios partidos del Mundial. Un mal día lo tiene cualquiera.

Brasil-Colombia

Luego Brasil salió a atropellar a Colombia, y lo logró en un primer tiempo trepidante que tuvo poco que ver con el fútbol y que el árbitro no supo descifrar en ningún momento. Brasil seguía llevando los partidos al límite del reglamento, aprovechando la presión de su gente. Volvió a su mejor versión, que es la de la Copa Confederaciones, y que consiste en marcar un gol antes del cuarto de hora y en hacer más o menos 30 faltas por partido (en esta ocasión, fueron 31). A esa fiesta del exceso físico no fue invitado Neymar, que solo apareció en escena para salir en camilla cuando Colombia descubrió que había permiso para pegar y reclamó su parte de furia. Una pena para Brasil, que perdía a su jugador más optimista, y también para el campeonato, que perdía a uno de los escasos artistas que eliminan rivales por la vía del regate, recurso en extinción.

En ese Brasil de juego angustiado y febril, los centrales se convirtieron en pilares que comenzaron el Mundial gobernando su propia área, y se sintieron con autoridad para conquistar el área contraria con goles gritados como si se tratara de un exorcismo. Colombia demostró coraje, pero para aplacar la fiebre competitiva que proponía Brasil hacía falta juego. Fútbol. Y no se marchó del partido sin mostrar que lo tenía, pero al final, cuando cada minuto duraba treinta segundos. Porque Brasil, que había empezado el encuentro como si cada segundo fuera el último, terminó perdiendo tiempo y pidiendo la hora. Con 2 a 0 en contra, se rebeló James, para mí el mejor jugador del campeonato, que metió una pelota profunda y clara que Carlos Bacca buscó con desesperación para provocar penalti de Julio César. James lo tiró con categoría y desde ese momento puso a temblar a Brasil cada vez que su zurda tocaba la pelota como si fuera un violín. No bastaron ni la rebelión final de Colombia ni el magnífico talento de James ni el tiempo, que le perteneció siempre a Brasil. Cuando quiso lo aceleró y cuando quiso lo detuvo.

Lo que nos depararía Alemania (con su perfil abrasileñado) y Brasil (con su fútbol germanizado) era una incógnita. Visto lo visto en los dos partidos de cuartos, daban ganas de pedirles que se intercambiaran de nuevo los papeles.

Argentina-Bélgica

Parecía que el sábado iba a ser más generoso porque en el campo estaba Messi y porque, apenas iniciado el Argentina-Bélgica, Higuaín decidió hacer suya una pelota perdida. Todo empezó con una jugada en la que Leo burló a dos rivales a cámara lenta para terminar descargando en Di María, que pretendió alargar la jugada hacia el desmarque en profundidad de Zabaleta, pero se interpuso una pierna y la pelota salió hacia el área, sin dueño… Higuaín pasaba por ahí y se encontró un balón imprevisto, con el agravante de que el perfil le impedía la visión del arco. Quien pestañeara en ese momento, no habrá entendido el desenlace. Porque el Pipa hizo algo inesperado que me sobresaltó: tirar de primera con la fe de los iluminados a la portería que había en su imaginación, para clavar la pelota en un rincón inalcanzable para Courtois. Higuaín lo gritó con el alma. Creo que es un jugador importante para Argentina, aun sin meter goles, pero la celebración indica que él se sentía en deuda. Por fin un gol con pelota en movimiento en cuartos y apenas habían transcurrido ocho minutos.

Pero ahí acabó la fiesta y empezó un partido que hizo variar la percepción sobre Argentina, que invirtió la intención con que había llegado a Brasil. Poco después del gol de Higuaín y víctima del lógico cansancio muscular, cayó en acto de servicio el estajanovista Di María, que había contribuido como nadie a la vitalidad atacante del equipo, revolucionando los partidos con su velocidad y atrevimiento, y a compensar el centro del campo con su sentido solidario. Agüero ausente, Di María caído en combate y Messi a un cincuenta por ciento. Todo ello obligaba a repensar la relación de fuerzas de Argentina, que había llegado al Mundial con certezas arriba y dudas atrás.

El partido fue agrandando las figuras de Mascherano y Biglia, al tiempo que la defensa respondía con eficacia y sobriedad al bombardeo aéreo de una Bélgica repetitiva (esta solo fue agregando cabeceadores a su fórmula atacante: Lukaku, Fellaini, Van Buyten…), algo ingenua y demasiado respetuosa con el escudo que tenía delante. El partido terminó con un mano a mano que Messi perdió ante Courtois, y con una angustia más relacionada con el reloj (la fiebre del último minuto que desespera a ambos equipos) que con el peligro. Argentina siguió adelante con la alegría del sobreviviente más que la del triunfador, pero hallándose en casa ajena (Brasil es un enemigo futbolístico indiscutible), la afición albiceleste fue poniéndose épica y hasta un poco irrespetuosa con los hinchas locales («Brasil, decime qué se siente, tener en casa a tu papá…»), y parecía satisfecha con esa versión en la que se fortalecía la idea de equipo por encima de las individualidades.

Holanda-Costa Rica

En cuanto a Holanda, decidió honrar los cuartos y a sí misma con una actuación irreprochable. Se olvidó de la «inteligencia táctica» y acometió por todo el frente de ataque con una posesión de balón abusiva, que tuvo la virtud añadida de no conceder a la ordenada y heroica Costa Rica más que una ocasión en 120 intensos minutos. Costa Rica defendía con astucia, intentaba salir con pulcritud y no perdía su proverbial organización ni a pesar del cansancio ni de los cambios ni del acoso de una Holanda que parecía cada minuto más enérgica y confiada. Siempre comandada por un Robben al que el Mundial confirmó como velocista, consagró como futbolista y descubrió como líder.

Tuvimos el placer del reencuentro con una Holanda que tocó la pelota con ritmo, hizo el campo ancho para distraer y fue profunda en la incansable búsqueda del gol. Ante cada ocasión de gol, Keylor Navas respondía con una eficacia espectacular, que descorazonó a toda Holanda y hasta a la misma pelota: cuando superó a Navas, ya no tenía ánimos para entrar y se puso a pegar en el palo una, dos, tres veces… Cualquier cosa, menos gol. Ambos Keylor, el humano y el divino, fueron prolongando el mejor partido de cuartos hasta los penaltis. Ahí, Costa Rica y su portero tenían una cita con la gloria. Pero el Mundial se puso extravagante y Van Gaal ayudó con una decisión inesperada: cambiar a su portero en el minuto 119 para jugar a la lotería de los penaltis con un especialista. A Van Gaal le salió bien y Costa Rica se fue de Brasil viendo como el mundo aplaudía a un portero que había sido testigo desde el banquillo de los prodigios de Keylor Navas. Última prueba de unos cuartos en los que el fútbol se había vuelto definitivamente loco.

A esa gran Holanda la esperaba Argentina, mermada por las lesiones, en plena búsqueda de un nuevo equilibrio y con un Messi humano. Pero eso no era definitivo porque, desde hacía unos días, el fútbol no había quien lo entendiera.

La venganza de la pelota

Brasil empezó el Mundial confiando en los valores obtenidos en la Copa Confederaciones: poco juego, mucho corazón y, quiero insistir, 30 faltas por partido. El campeonato fue enfureciendo al equipo, que día a día parecía más convencido de que serían campeones gracias a la fuerza del empuje emocional y del atropello futbolístico. Cada vez más lejos de Neymar y más cerca de David Luiz, Brasil se olvidó de su esencia con la complicidad de un país que no se animaba a opinar contra el resultado. Lo clásico en estos tiempos. Frente a Colombia, sufrieron la desgraciada pérdida no de un crack, sino de dos: de Thiago Silva y Neymar. Por un lado, perdían al líder moral (aunque el Mundial debilitó su autoridad) y, por el otro, al líder técnico. Ante la desgracia, Brasil se encomendó al espíritu de Neymar, que estuvo presente toda la semana gracias a las declaraciones de los jugadores y hasta en el día del partido, cuando David Luiz hizo flamear su camiseta como si se tratara del alma invencible de su mejor guerrero. La sensación fue que Brasil puso tanta pasión en el himno, que vació su depósito de energía.

El milagro alemán

Alemania encontró el primer gol a la salida de un córner en el minuto 13 de un partido hasta el momento rutinario. Desde ese instante el equipo pareció bendecido por los caprichosos dioses del fútbol, que en esa tarde inolvidable decidieron ser alemanes. Manejando la pelota con convicción, criterio y profundidad, se propusieron fusilar a Julio César una y otra vez desde el punto de penalti, incluso desde más cerca.

De Neuer a Klose, todos jugaron por encima del notable. Supieron contener el primer atropello de Brasil, que suele ser el más peligroso, no tuvieron piedad cuando el rival se mostró débil y confundido y, cuando el partido tuvo tramos de paz, supieron trabajar, jugar y hasta descansar con la pelota. A Alemania le salía todo. Hasta Angela Merkel devolvía paredes desde el palco.

La pelota dijo basta

Pero vayamos a lo sustancial: el fútbol, haciendo justicia poética, decidió que Brasil fuera atropellado por la pelota. Precisamente por la pelota, el gran aliado histórico de su juego. Y la pelota se puso la camiseta de Alemania porque lleva años beneficiándose de dos grandes ventajas: la diversidad de un país que acogió a inmigrantes africanos y turcos que hoy se sienten orgullosamente alemanes, y una revolución formativa que hizo hincapié en la técnica colectiva. Esos procesos tienen altibajos y, como en toda transformación, Alemania había recibido críticas a veces despiadadas. Pero todos tuvimos la sensación de que lo sembrado durante años germinó en Belo Horizonte en seis minutos inolvidables. La víctima fue Brasil. Desde el segundo al quinto gol, estuvimos ante un espectáculo asombroso. La sensación era que Alemania pegaba y a Brasil le contaban hasta ocho, se levantaba y Alemania volvía a mandar a Brasil a la lona, y otra vez hasta ocho, y vuelta a empezar. Así hasta cuatro veces: 2 a 0, 3 a 0, 4 a 0, 5 a 0. Un round terrible. Si el reglamento lo hubiera permitido, Scolari hubiera tirado la toalla. Pero todos sabemos que el fútbol no tiene piedad con los humillados, y Brasil tuvo que salir a escena en el segundo tiempo con la vergüenza de un 5 a 0 en sus espaldas que dejaba pequeño el Maracanazo. A esas alturas el equipo no podía contar con su propia gente porque al proyecto de Scolari solo lo sostenía el resultado. Sin resultado, la nada.

En el segundo tiempo, Alemania marcó dos nuevos goles para llevar hasta siete la gesta. Nunca los dos extremos del fútbol han estado tan separados. Nunca la gloria ha sido tan grande para el triunfador ni el fracaso tan estrepitoso para el perdedor. Y nunca el fútbol ha dado una muestra tan rotunda de su poder de asombro.

Fue un día excepcional porque el fútbol demostró más cosas. Que su fuerza es superior a la de un país de 200 millones de personas. Que la fe es solo parte del juego, que la lucha es solo parte del juego, que el árbitro es solo parte del juego. Juramentarse para morir por la camiseta está muy bien. Pero al fútbol no se juega con una bandera, sino con una pelota. Y aquellos que la traicionan, tarde o temprano pagan las consecuencias.

No te preocupes, Brasil, tu infelicidad puede emprender el camino de vuelta. Mira tu historia. En ella quizá te reencuentres con la pelota, que es la solución a todos tus problemas. Y si no quieres mirar atrás, mira a Alemania, que señala el futuro.

Con M de Mascherano

Argentina llegó a Brasil amenazando al mundo con nombres propios. Uno decía «Messi, Higuaín, Di María y Agüero» y los rivales salían corriendo entre gritos de pánico. Pero los recursos fueron cayendo por lesiones, como Agüero o Di María, o palideciendo, como Messi, y el equipo cambió su línea de flotación. Abandonó la exhibición que prometían sus delanteros y se refugió en el sótano para asegurar la supervivencia. Partido a partido, la defensa y los mediocampistas, que habían llegado a Brasil siendo invisibles, asomaron tímidamente primero, ganándose el respeto luego y finalmente alcanzando la dimensión de héroes. Se llaman Romero, Garay o Mascherano y el Mundial los hizo grandes. Un mes después de empezar el campeonato ya no sabíamos cómo haría Argentina para marcar un gol, pero Alemania llegaba a la final preguntándose cómo se le metía uno a Argentina.

El proceso de transformación también afectó al centro del campo, que empezó asociando a Mascherano con Maxi Rodríguez en un primer partido en el que Argentina se presentó con cinco defensas ante Bosnia. La propuesta duró cuarenta y cinco minutos. Maxi fue sustituido por Gago en el siguiente partido, que a su vez tampoco se ganó la titularidad porque Argentina no acababa de encontrarse. Por fortuna, cuando Sabella estaba en plena búsqueda, los rivales eran menores: Bosnia, Irán, Nigeria, incluso Suiza. Las lesiones y los méritos confirmaron a Mascherano, que fue poniéndose el equipo al hombro con la ayuda de Biglia, que sacó nota alta frente a Bélgica y Holanda, y de Enzo Pérez, un buen sustituto de Di María, pero que definió la tracción trasera hacia la que evolucionó el equipo. Higuaín se agrandó en la misma medida en la que se redujo Messi, y Lavezzi lo hizo mejor como equilibrador que como desequilibrante. No me extraña. La energía que gasta por generosidad, la paga con falta de frescura en los últimos metros. Solo Di María podía, a la vez, correr como un mediocampista y amenazar como un delantero. Su ausencia fue una desgracia.

Entender el momento

La supervivencia requiere oficio, solidaridad, esfuerzo y también poco sentido del riesgo. Todo eso fue cultivándolo Argentina en un mes en el que fue retrasando su base de sustentación. Cuando el equipo dependía del talento atacante, la improvisación era responsable de muchos triunfos, pero si hablamos de una mejora del funcionamiento es hora de valorar a Sabella, un hombre tranquilo que supo intervenir con decisiones oportunas y que desde el partido frente a Suiza decidió sujetar el volante con ambas manos. En un Mundial son muy importantes los momentos, y Sabella acertó a interpretar las señales que iban mandándole los jugadores. Trabajó sobre realidades, no sobre ideales. No se puso a esperar la mejor versión de Messi, sino que se adaptó a esa evidencia tan difícil de explicar. Leo no lo desmintió frente a Holanda, de manera que tuvo la generosidad de comportarse como un soldado más de Mascherano antes que como un genial cuerpo extraño. Con esto quiero decir que las decisiones de Sabella nunca fueron contestadas en el campo por las actuaciones de los mejores jugadores, que fueron perdiendo protagonismo durante el campeonato. A esas alturas ya sabíamos que del momento de Messi no se podía esperar una gran actuación, sino una gran jugada. De modo que no es culpa de Sabella que el equipo haya tenido que retroceder alejándose del arco rival y de un juego más atractivo.

Masche

Mascherano, que se convirtió en líder, es también una unidad de medida. La toca mucho y la tiene poco, que es una gran virtud. Pero el equipo no arriesga colectivamente en la posesión y el juego se hace burocrático porque en el siguiente eslabón no hay un Modrić, un Cuadrado o un Di María para cambiar de ritmo, ni un James para regatear a su pareja (vimos muchos «mano a mano», por no decir «hombre a hombre», en este Mundial) y despejar el panorama. O pelota segura, o pelota larga. El precio de no ser sorprendido es no sorprender. Frente a Holanda vimos muy pocas ocasiones, pero la responsabilidad estuvo repartida entre los dos equipos. ¿Los espacios? No existían. ¿La pelota? En una caja fuerte. ¿Messi? Con De Jong. ¿El fútbol? Se había ido con Alemania a la otra semifinal... Más que buscar el peligro, los dos equipos huyeron de él, como esos chicos de buena familia que tienen prohibido ir a ciertos barrios.

Lo cierto es que Argentina se fue uniendo por el camino en lo espiritual, siempre con Mascherano como maestro de ceremonias hablando y moviendo el dedo como un profesor de escuela ante sus alumnos. En lo táctico, donde Mascherano es un eje que orienta a todos (yo juego a la derecha de Mascherano, yo a la izquierda, yo por detrás, yo por delante...), y en lo técnico, ya que es quien más la quita y también quien más la toca.

Argentina demostró menos cosas que Alemania, pero siempre creció a la altura de las dificultades que fue encontrando. Se encontró con Suiza, y ganó. Se midió con Bélgica, y pasó. Con Holanda, y también la superó. Tocaba Alemania. No iba a ser yo quien subestimara el oficio y la historia competitiva de Argentina. Esperaba que Mascherano y sus alrededores sostuvieran al equipo, para que Messi llegara a tiempo de conseguirnos otro campeonato.

El mejor

Alemania quería ganar y se le notó desde el primer minuto del campeonato. Pero la final se había aletargado, como si los penaltis fueran un destino inevitable para Alemania (que dominaba de un modo burocrático) y deseable para Argentina (que resistía sin muchas urgencias). Argentina se puso bien atrás, como lo había hecho contra Bélgica y Holanda. Pero en esta ocasión, ante un rival con mayor convicción y técnica colectiva. Alemania tenía la pelota en zonas no militarizadas del campo, avanzaba en grupo, pero chocaba una y otra vez contra los eficaces centrales argentinos, que parecían un muro. A cambio, cuando un jugador argentino recuperaba la pelota no encontraba compañeros para asociarse y la portería contraria le quedaba muy lejos. La aventura individual solía terminar en frustración.

Pero en la final de un Mundial hay jugadores de mucha categoría y Argentina, por las buenas (golpes de talento) o por las malas (golpes de orgullo), fue capaz de poner a tres jugadores delante del arco contrario. Las tres ocasiones fueron clarísimas y los jugadores que las protagonizaron serían los que yo hubiera elegido si hubiera tenido la responsabilidad de decidir: Higuaín, Messi y Palacios. No sé cuánto pesó la presencia de Neuer, para mi gusto el mejor portero del mundo, que siempre está en el sitio justo, lo cierto es que los tres tiros fueron desviados. Higuaín es de esos delanteros que son más letales cuanto menos tiempo tienen para pensar. A Palacios se le fue un poco largo el control y, cuando quiso reaccionar, el horizonte estaba lleno de Neuer. Messi, como es su costumbre, apuntó al segundo palo ajustando mucho el tiro. Generalmente esos balones pegan en el palo y entran; en esta ocasión, salió besando el poste, pero por fuera. Los tres lloran esas oportunidades perdidas. Argentina también. Mientras lloramos otro poco, les contaré un recuerdo.

Una historia muy alemana

Corría el año 1984 cuando llegué al Real Madrid y me encontré con el alemán Uli Stielike, «el otro» extranjero del club, pues entonces solo se admitían dos por equipo. Hicimos la pretemporada en Cabeza de Manzaneda, estación de montaña al norte de Galicia. Por las noches Amancio Amaro, el entrenador, nos reunía para explicarnos la actividad del día siguiente. En aquellos tiempos, los preparadores físicos habían decidido masacrar a los futbolistas con ideas procedentes del mundo del atletismo. La primera noche, el entrenador nos anunció que empezaríamos la jornada con diez series de 1.200 metros cada una, que debíamos hacer en un tiempo estipulado. Escuché, me mentalicé y acudí a tomar el último café con mis compañeros antes de retirarme. Estaba satisfecho de mi profesionalidad. Al rato vi a Stielike entrar en la cafetería, jadeante y sudado. Pensé que le ocurría algo, pero sus palabras me provocaron más estupor que preocupación: «Es muy dura», dijo. Tardé en darme cuenta de que se refería a las series. Había subido a la montaña, en plena noche y ayudándose solo de la luz de la luna, para comprobar el ritmo al que debía correr y calibrar la exigencia de la prueba. Mi profesionalidad quedó hecha trizas.

Pero la lección definitiva la aprendí al día siguiente. El preparador físico, un yugoslavo (recuerden: era 1984) de apellido Vorgic que todo lo ordenaba a gritos, puso un tronco de considerable tamaño a 600 metros. Se trataba de ir hasta esa señal y volver. El primero en salir fue Stielike, que completó el recorrido más rápido de lo exigido. Vorgic, que era desconfiado y tenía malas pulgas, le dijo algo así: «Alemán, hay que llegar hasta el tronco». Uli Stielike lo miró con desprecio. La siguiente serie la corrió aún más rápido, pero añadió un leve matiz: ¡volvió con el tronco entre los brazos! Sobre la escrupulosidad alemana tuve la constatación absoluta en la tercera carrera, en la que Uli devolvió el tronco a su lugar. Amigo como somos de los prejuicios, Uli no hizo más que confirmar los míos. Porque el fútbol alemán siempre ha supuesto exigencia, disciplina, orgullo, orden, eficacia, poderío físico... Todo llevado al extremo, incluso algo más allá, como me había demostrado Stielike. Quizá por eso se convirtieron en un referente del fútbol mundial.

El Mundial del cambio

Pero el país que solo sabía ganar, un día se puso a jugar. La paradoja es que, hoy, gana más que nunca. Todas las revoluciones tienen un inicio y el de Alemania comenzó en su propia casa en 2006, «el Mundial de la gente». Desde el principio del campeonato, un país que se reconocía frío y acomplejado ante cualquier exhibición patriótica, gritaba y ondeaba las banderas tras cada partido con un orgullo desconocido. Daba la impresión de que el fútbol estaba haciendo más por la unificación de las dos Alemanias que años de esfuerzos políticos y culturales. «La Alemania de las ideas» era la consigna de aquellos días. En la Alemania de las ideas, el de la idea futbolística era Jürgen Klinsmann, el entrenador que, ante la falta de imaginación individual, le dio al equipo un atrevimiento colectivo que apasionó a la gente.

Difícil tarea la de poner corazón y sentido estético a una máquina. La Selección Alemana siempre ha aprovechado sus viejos y temibles valores para alcanzar una simple ambición: ser la mejor. Solo con seguir girando esa manivela, la máquina hubiera continuado ganando. Pero Alemania decidió cambiar en el éxito, agregándole aventura a su fútbol industrial, y eso siempre es digno de admiración. Lo cierto es que en aquel Mundial me sorprendió que ya no fueran analizables como bloque, sino como individuos que jugaban juntos. Desde entonces, los individuos empezaron a tener nombres y apellidos célebres, como suele ocurrir cuando el fútbol alcanza la excelencia. Hoy suenan Müller, Schweinsteiger, Götze, Gündogan, Özil, Reus… Gente con imaginación, técnica y personalidad para desequilibrar cualquier partido. En 2006, esos jóvenes verían por televisión aquel Mundial en el que un grupo de futbolistas intentaban forzar un cambio de estilo. Hoy en día, ellos no fuerzan nada, porque han integrado con naturalidad ese juego a su patrón creativo.

En aquel Mundial, Alemania festejó el tercer puesto como si hubiera ganado el campeonato, cosa normal en una selección sin historia, pero insólita en un candidato al título que, además, tenía el privilegio de ser el equipo local. Pero los alemanes no estaban celebrando la clasificación, sino un redescubrimiento: habían entendido que ese equipo aspiraba a la grandeza y que querían seguir siendo representados de esa manera. El fútbol empezaba a ser reconocido como un vehículo de emociones que te lleva hacia la felicidad comunitaria. Y cuando se descubre algo así, los aficionados comienzan a exigirlo.

Muy bien hecho. No soporto que la gente sea tan conformista cuando el fútbol, posiblemente el juego más fascinante del mundo, convierte cada partido en un espectáculo tedioso al que justifica un buen resultado. Aquel Mundial cambió el sentido de las cosas. Me pareció muy interesante lo ocurrido porque tenía que ver con recuperar este deporte como fiesta y no como espectáculo dramático. Al cambio propuesto por Klinsmann, le siguió un plan. La Federación Alemana mandó a sus entrenadores a analizar las escuelas de fútbol más importantes del mundo. Uno de esos entrenadores se llamaba Uli Stielike.

La revolución

No fue un episodio aislado, sino el inicio de una tendencia apoyada en un método. Todos los clubes empezaron a trabajar responsablemente con las divisiones inferiores, supervisados y en muchos casos financiados por la misma Federación; se creó una estructura competitiva que no permitía que se perdieran talentos por el camino; y en los planes de entrenamiento la pelota se convirtió en una figura central. Además, fortalecieron el espectáculo vendiendo las entradas a un precio razonable para que los estadios reventaran de aficionados orgullosos. Los directivos, por su parte, empezaron a controlar el gasto a fin de escapar de los números rojos. Desde hace algunos años, entre partido y partido, son serios; y durante los partidos, son felices.

No se olvidan de ganar

Lo cierto es que siete años después de Alemania 2006, las punteras ligas española e inglesa vieron por televisión una final alemana de la Champions League. Y con toda justicia. Los dos representantes de la saludable Bundesliga llegaban con historias muy distintas pero, cada uno a su manera, reflejaban la transformación del fútbol alemán. Por un lado, el Bayern Munich, club de ambición imperialista, que tiene por costumbre histórica comprar todo los talentos que destacan en la Bundesliga para debilitar a los rivales y mantener su dominio. El Bayern, que construyó su celebridad a base de triunfos, descubrió que con ganar no bastaba y, respetando la tendencia, dio la bienvenida a otro fútbol. Guardiola es la prueba.

El otro finalista fue el Borussia Dortmund, y aún tenía más mérito. Venía de una gran crisis económica que había puesto en peligro su futuro deportivo, pero supo reinventarse confiando en sus jóvenes jugadores y en un entrenador inteligente y optimista capaz de decir: «Yo no solo quiero ganar, quiero sentir». Se llama Jürgen Klopp y es una bendición para el fútbol porque humaniza y le pone una sonrisa al juego. En lugar de martirizar a los aficionados con un ajedrez táctico en el que cada jugador parece una pieza, hace de cada partido una fiesta en la que están implícitos el orgullo competitivo, la calidad individual, el coraje estratégico… y el riesgo, componente fundamental de toda aventura. Ahora es la Premier quien se beneficia de la energía de su optimismo.

Es increíble que Uli Stielike haya sido uno de los responsables intelectuales de la revolución. O quizá un símbolo de cómo el fútbol alemán supo cambiar un tronco por una pelota de fútbol. El triunfo en Brasil en 2014 no fue más que la coronación de una idea. ¿Quién dijo que en el fútbol no hay lógica?

La coronación de la idea

La final tuvo fases, pero siempre respetó una tendencia: Alemania dominaba y Argentina resistía. Si a usted le preguntan dónde hace Alemania su mejor fútbol, conteste sin miedo: donde juega Lahm. Algún día lo pondrán en el banquillo y desde allí, sentado como un duque, devolverá paredes. En el segundo tiempo Özil tuvo la buena idea de acercarse a Lahm y Argentina sufrió sus peores momentos. Pero sobrevivió con entereza a los centros, a las pelotas que merodeaban por el área y a algunos tiros, no muchos, de media distancia. El sobreviviente quería llegar a los penaltis, donde el fútbol aplica leyes más caprichosas. Pero delante tenía a Alemania, con su histórica perseverancia, insistiendo una y otra vez; también con su histórica ambición dispuesta a ser la primera selección europea en levantar la Copa en Sudamérica. Lo que no es histórico es el fútbol que practica. Posiblemente el mejor que haya practicado nunca. Sin ninguna duda, el mejor del Mundial. Como España en Sudáfrica, una vez más, fue la pelota quien eligió al campeón.

En la final, por encima del cansancio, los nervios y la frustración, de pronto surgió el talento puro para conseguir lo que no había logrado el juego colectivo, nada menos que el gol consagratorio. Muchas veces el gol es un relámpago en medio de un día de sol.

Porque Götze salió de su escondite (su contribución durante el Mundial había sido poco brillante) para bajar una pelota como con la mano dentro del área («el gol es tanto hijo del control como del tiro», dicen los clásicos), girar y cruzarla con potencia y precisión desde un ángulo muy cerrado. Argentina entera entendió que los penaltis eran la anhelada orilla de una playa que nunca alcanzarían. No había tiempo ni energía ni siquiera fe para rebelarse.

Siendo argentino, desde el sentimiento no hay consuelo. Desde la razón, sí. Quien ganó fue el mejor a partir del primer minuto y hasta el final del campeonato. También en la gran final. Porque supo dominar cada partido moviendo la pelota con criterio, porque ocupó los espacios con inteligencia, porque quiso ganar de principio a fin sin especular… El fútbol decidió premiar el mérito y, por una vez que hace justicia, no voy a quejarme.

La Copa América

La copa nostra

La Copa América Chile 2015 arrancó con un reparto estelar de jugadores que, en su mayoría, venían de dar exhibiciones en Europa. Pensemos en Messi (Argentina), Neymar (Brasil), Cavani (Uruguay), Alexis Sánchez (Chile) o James (Colombia). Todos ellos de mucho prestigio y fichados por grandes equipos europeos, pero con la camiseta de sus selecciones y jugando en el continente que los vio nacer, se convierten en otras personas, en otros jugadores.

El espíritu amateur

Lo explicaré con imágenes. Tengo grabados en la retina a Messi y Neymar vestidos de futbolistas mientras bajan por una escalera mecánica en el Estadio Olímpico de Berlín para disputar la final de la Champions. Más que a jugar un partido, parecía que esas escaleras los llevaban de compras a unos grandes almacenes. No me los imagino en una situación parecida con la camiseta de sus selecciones. Y no solo porque en ningún estadio de Chile habrá una escalera mecánica, sino porque ese regreso a los orígenes, a un fútbol de naturaleza más silvestre, les devuelve el espíritu *amateur*. Cuando juegan la Copa América los visualizo con el sándwich y la Coca-Cola que asoma de la bolsa de deportes, que tomarán después del partido. Como cuando eran pequeños. También los himnos que suenan en los momentos previos los remiten a la infancia, cuando soñaban con momentos así al oír esas estrofas en alguna fiesta patria de la escuela. Más aún, me parece que las patadas que se pegan en América son un punto más salvajes que las que se pegan en Europa. Aunque las propinen los mismos jugadores.

La Copa América tiene el aire mundano del fútbol globalizado y economicista de estos días. Muchos jugadores de los que veríamos en Chile son figuras del primer mundo, varios directivos estaban en chirona por robar bajo el amparo de la FIFA y con el patrocinio de la CONMEBOL, y los partidos se televisaron para todo el planeta. El fútbol, como pueden ver, es bipolar. Mi percepción se relaciona con una pura cuestión psicológica. Estos jugadores, en su mayoría, emigraron a Europa muy jóvenes después de una formación que le deben a su barrio, a su colegio, a su club. En definitiva, a su país. Cuando los reclaman sus respectivas selecciones, el orgullo de pertenencia se acentúa por esa sensación de deuda. Quizá de culpa. El que regresa para ponerse la camiseta de su selección es el niño que, por un lado, siente el deseo de devolver lo que se llevó en términos de oficio futbolístico y, por el otro, es el hombre que quiere demostrar que el tiempo, la lejanía y la fama no han cambiado su personalidad. No cambiar es un punto muy sensible para los códigos de barrio donde crecieron.

¿Esto me pasaba cuando me ponía la camiseta de la Selección Argentina? No soy capaz de hacer esa proyección, pero si lo escribo es porque todo eso lo tengo guardado en algún lugar de mi propia experiencia. De lo que estoy seguro es de que, para mí, ponerse la camiseta de la Selección Argentina antes de un partido no se parece a ponerse ninguna otra camiseta. Hacerlo en América tiene todavía más fuerza representativa que en un Mundial, porque la cercanía, en fútbol, es un agravante de la competitividad. Además, la historia de estos vecinos está llena de afrentas que exigen revancha. Así es el fútbol en Sudamérica.

La evolución histórica

Aunque haya cambiado de formato muchas veces, la Copa América es el torneo de selecciones más antiguo del mundo, lo que nos da una idea del gran calado cultural que tiene el fútbol en Sudamérica. Desde 1916, cuando se jugó el primer campeonato en Argentina (con solo cuatro participantes), el continente ha vivido penurias de todo tipo y son mayoría los países víctimas de una larga decadencia. Pero el fútbol resiste como pasión, a veces como catalizador y otras como generador de violencia social, pero siempre como creador de un talento que crece espontáneo, fiero y atrevido dentro de la pobreza que no hemos sabido combatir y a la que el fútbol tanto debe. Por supuesto que este deporte es parte importantísima de la cultura popular y también de la cultura sin más adjetivos, gracias a intelectuales de la talla de Roberto Santoro, el Negro Fontanarrosa, Eduardo Galeano o Juan Villoro, que han sabido elevar hasta la dimensión que merece este juego volcánico y hermoso que enloquece a casi todo el mundo. Y, finalmente, el fútbol se ha fortalecido también como gran negocio, para que los malos directivos que nunca han sabido gestionar este tesoro tengan de dónde robar. Como pueden ver, en Sudamérica el fútbol no se priva de nada.

Y tampoco lo hizo en Chile, donde llegó con la fuerza de la ilusión, con el afán de revancha (por cualquier cosa) y con el deseo de gloria que le son comunes a todas las selecciones. Unas tenían más razones que otras para creer en el triunfo.

Una por una antes de empezar

A Uruguay lo avalaba la historia porque se trataba del país que más Copas América ha ganado: quince. Una barbaridad, si tenemos en cuenta sus 3,5 millones de habitantes, a los que hay que descontar mujeres, niños y mayores de treinta y cinco años. Un milagro. Llegó sin Suárez, pero con el fútbol austero, feroz y sin concesiones estilísticas que le conocemos. Para descubrirnos ante su autoridad futbolística no hace falta escarbar tanto en la historia: apareció en Chile como último campeón.

La razón que avalaba a Argentina tenía nombre propio: Messi. Había más: Mascherano, Di María, Agüero, Tévez, Higuaín, Pastore… Pero nadie intimidaba ni fascinaba tanto como Messi. Ni había nadie que necesitara un campeonato internacional con la camiseta de Argentina como él. Bueno, si hablamos de necesidad conviene recordar que Argentina hace veintidós años que no gana una Copa América. Fue precisamente en Chile en 1993. Messi tenía seis años y aún no podía culpársele de nada.

Brasil todavía arrastraba como una cruz los siete goles que le había marcado Alemania en el Mundial. Esos dramas suelen girar ciento ochenta grados los proyectos futbolísticos. En esta ocasión, el giro fue de trescientos sesenta, de modo que sigue en el mismo lugar. El cambio de Scolari a Dunga no transformó nada, solo fue una prolongación de ese fútbol recio que Neymar tenía que adornar, mientras los otros diez remaban hacia un título al que Brasil tiene la obligación de aspirar. ¿Y la belleza? Con el último Mundial fallido, con el último presidente de la Confederaciones en la cárcel y con las ideas de Dunga como declaración de principios, la pregunta sobra.

Colombia y Chile querían y tenían con qué derribar el castillo de los tres grandes de Sudamérica. Chile con la fe propia del equipo local, de Sampaoli y de once jugadores preparados para «ser protagonistas». A tanta ambición le faltaba un goleador, lo que suele convertir a los equipos ofensivos en inofensivos. Pero había organización, carácter y los goles, a veces, son más hijos del juego que de los especialistas. En cuanto a Colombia, había sido la revelación del último Mundial, honor que lo convertía en candidato porque al equipo se le sumaba Falcao, un socio espectacular para James. Según los pronósticos, el sentido común de Pekerman podía llevarlos hasta la final.

México no arrancó como favorito porque se trataba de la única selección que dividía por dos su numeroso plantel. Llegó a Chile con un equipo «B» al que el «Piojo» Herrera pretendía hacer creer que era «A». Esa fuerza anímica que le vimos en el Mundial debía hacer de la Selección Mexicana un batallón donde los veteranos gritarían, los jóvenes correrían y los talentosos jugarían. Suposiciones vanas. Porque lo cierto es que sus mejores jugadores se habían quedado en México esperando la Copa de Oro. La apuesta más alta para el campeonato más pequeño. Así no se mejora.

La verdad es que cuando empezó la Copa América en un continente donde el fútbol es pasión, picardía, bravura, arte, violencia, negocio y corrupción, todos tenían razones para la esperanza. Ahí estaba lo bueno y lo malo que hemos sabido crear, expresándose en un viejo y prestigioso trofeo.

Neymar contra la tendencia

En Sudamérica siempre hemos presumido de un fútbol imaginativo y técnico que contrasta con el europeo: fuerte y veloz. Pero las cosas no son tan simples, de modo que hay que reconocer que, desde siempre, nuestro juego ha requerido también de las virtudes de un mal ciudadano: habilidad para engañar, astucia para sacar ventaja, algo de violencia para que el talento al que nos enfrentamos no se sienta cómodo. La picardía, en la que somos una autoridad, es la que consigue que todo esto se haga sin saltarnos el reglamento. No es una crítica sino una constatación. Como bien se habrá dado cuenta Neymar después de jugar los dos primeros partidos de la Copa América, se trata de un fútbol mucho más árido y complejo que el europeo. Aunque ambos tienen algo en común: una creciente obsesión táctica.

Todos esos elementos definieron el juego desigual que vimos en la Copa América, siempre con resultados cortos (el 1 a 0 fue el más repetido) y en el que logramos deleitarnos con jugadas artísticas, tanto como aburrirnos con partidos planos, a veces insufribles.

Los entrenadores amantes del control prefieren ejércitos bien organizados con los que persiguen lo previsible: equipos simétricos, jugadas estudiadas de memoria, una disciplina férrea, una idea conservadora para tiempos de abundancia (cuando van ganando) y otra atrevida para tiempos de escasez (cuando van perdiendo). Se olvidan de meter en la ecuación un elemento sin el cual ningún futbolista sería tal cosa: el placer de jugar. La táctica es todo lo contrario de la libertad, y solo son capaces de desafiarla los jugadores con mucho poder. En todo caso, más poder que el entrenador. Son la excepción y necesitan de un talento casi sobrenatural.

Brasil como unidad de medida

Brasil, vieja bandera del buen fútbol, parece haber perdido el orgullo de sentirse diferente. Han decidido ponerse serios y cuando les va mal (como en el último Mundial), deducen que el problema es no haber sido aún más serios. Y doblan la apuesta. En los últimos ciclos, hemos visto al frente de la Selección Brasileña dos veces a Parreira, dos veces a Scolari y ahora es el segundo turno de Dunga. A ninguno hay que confundirlo con un poeta. El cálculo y el sacrificio son como pesadas piedras que han puesto encima del fútbol bello y eficaz que siempre ha practicado Brasil.

Decíamos que era el turno de Dunga, aquel jugador con un extraordinario sentido del deber que quitaba balones hasta con el páncreas para entregárselos luego a los Bebetos y Romarios de este mundo. Cada uno interpretaba tan bien su papel, que llegaron a ser campeones del mundo en Estados Unidos en 1994. Una minoría pensamos que gracias a la magia de Romario, pero la gran mayoría debe de creer que por el liderazgo de Dunga, ya que hay algo indiscutible: el control va ganando la discusión frente a la libertad.

Neymar: el terrorista

De pronto, en la Copa América apareció Neymar. Un chico joven que va a la peluquería para que lo despeinen, que aparece habitualmente cantando y bailando en las redes sociales y que se ríe sin parar. Vive para ser feliz y cuando juega prolonga la fiesta. Qué suerte. La mayoría de los jugadores de la Copa América, incluidos los de Brasil, son artistas sufrientes sin otra intención que la de complacer a su entrenador aplicándose en las obligaciones, corriendo más de la cuenta y apretando los dientes en cada jugada, como si el sacrificio fuera una cuestión central del fútbol y el juego, una cuestión secundaria. Neymar es un jugador divertido, pero que nadie se confunda: todo lo que intenta es sustancial. Sus pies son capaces de obedecer cuanto le ordena su imaginación; su cambio de ritmo funciona en ambos sentidos (pasa de 0 a 100 o de 100 a 0 en un segundo); sus pases son venenosos y a sus tiros solo le interesan los rincones de la portería. Como sus regates son originales, los marcadores se sienten humillados y suelen amenazarlo o vengarse con una buena patada. Eso es nuevo: ¿desde cuándo un caño o un amague es una falta de respeto? Son las armas desequilibrantes con las que el talento siempre ha dotado al crack. Esto nos ayuda a medir la valentía y personalidad de Neymar. Está sobrado de ambas, como ya había demostrado en el Santos desde niño y en la Selección brasileña desde joven. Acerca de su inteligencia no hay ninguna duda. Mientras se le hace la boca agua pensando en futuros Balones de Oro, no pierde la ocasión de repetir que Messi es el único que lo merece.

En un contexto tan vulgar, Neymar es un terrorista de la tendencia. Nos recuerda que frenar es tan importante como correr, que la pelota es una aliada y no una enemiga, que el pase es un medio de comunicación, como los pelotazos son un medio de discusión. Y, sobre todo, nos reafirma en que la belleza es una poderosa razón para seguir queriendo el juego. Pero además Neymar, con esa pinta de vivir y jugar en broma, es el encargado de ganar los partidos, relativizando la importancia de ese estricto reino del orden llamado «táctica», al que una técnica buena, atrevida y punzante puede hacer trizas.

Es fascinante ver el talento ganándole la batalla al orden. En el Brasil-Perú, la exhibición de Neymar fue emocionante porque realizó todo tipo de travesuras, entre ellas ganar el partido con un gol y una asistencia final que solo están al alcance de un crack. Para hacer cuanto hizo durante los noventa minutos no tuvo más socio que la pelota. Lo mejor que podemos decir de sus compañeros es que fueron unos honestos trabajadores que corrieron como salvajes y de vez en cuando tuvieron la delicadeza de pasar la pelota a Neymar.

Neymar como víctima

Contra Colombia fue otro cantar. Porque la famosa táctica se rearma y vuelve a atacar en cada partido. No olvidemos que es un arma colectiva que tiene, como uno de sus objetivos principales, neutralizar a los terroristas. Colombia, un equipo que suele dignificar el fútbol, llegó al partido con la necesidad de ganar y por primera vez en mucho tiempo empleó armas de destrucción que alteraron al pobre Neymar (del mal día de un gran artista siempre hay que compadecerse). El hombre que sonríe con todo el cuerpo (y sobre todo, con los pies) empezó sintiéndose incómodo, luego indignado y terminó expulsado. Esta vez la táctica y todas las sofisticadas picardías del fútbol sudamericano pudieron con el genio.

No sé a ustedes, pero a mí el fútbol me interesa porque enfrenta a dos inteligencias colectivas, me atrae como espectáculo dramático que me mantiene en vilo por la incertidumbre del resultado y me apasiona porque hay talentos superiores que rompen las reglas con decisiones sorprendentes. A estos tipos hay que protegerlos porque son el FÚTBOL, con mayúsculas. Sin dejar de reconocer a equipos admirables por su espíritu de superación, como el de Bolivia o Venezuela, a los que no les sobran recursos técnicos y que en la última Copa América hicieron del orgullo y la solidaridad una fortaleza digna de reconocimiento.

La táctica, que es la fórmula que elegimos para defender o atacar en manada, ha evolucionado más como candado que como arma. Está especializándose en minimizar riesgos incluso en el lenguaje: «marcaje zonal, al hombre o mixto», «presión baja, media o alta», «equipo corto»… Todos ellos, recursos para lograr que el talento carezca de espacios. Si los equipos solo se atuvieran a este libreto, el triunfo o la derrota sería la consecuencia de un error. Hay equipos pacientes que se especializan en esta materia. Yo, que soy impaciente, no los soporto. El gran talento, en cambio, rompe el blindaje con soluciones espontáneas y sorprendentes que justifican el precio de la entrada. O sea, Neymar.

Claro que hay equipos míticos por su armonía destructiva, pero los héroes de la historia del fútbol tienen nombres propios como Pelé o Maradona. En la última Copa América aún nos quedaban por ver carreras, luchas y algunas patadas. Pero encendimos el televisor para admirar a Neymar, James, Pastore, Alexis, Messi… revolucionarios que nos alegran la vida. Unas veces ganan y otras pierden, como le ocurrió a Neymar en la primera semana de la Copa América. Dado que la lucha entre el control y la libertad es tremenda, a la segunda hay que fortalecerla con rebeldía y aplaudirla con entusiasmo. De lo contrario, los aficionados serán cómplices del aburrimiento. Bastará con que aplaudan al ganador, sin importar los recursos que haya empleado.

Sin perdón

«Arte» y «conflicto» son términos que han viajado juntos para definir muchas cosas, entre ellas el fútbol. La Copa América no nos dejó utilizar la primera. Como mucho el fútbol de aquellos días fue «conflicto» y «conflicto».

En efecto, la Copa América fue avanzando lentamente como un viejo y feroz animal mitológico. No tuvo debilidades estéticas: la prueba es que apartó de la competición a un Neymar genial pero desquiciado en el segundo partido y dejó al vulgar Brasil actuar un rato más. En general, sacó de la excelencia a los talentos superiores que sin duda hay en la Copa, todos vulgarizados por el «otro fútbol», ese que privilegia las interrupciones constantes, la táctica especulativa, las provocaciones arteras. Hasta al pobre Arturo Vidal —que era de los pocos que estaban dando la medida de su categoría— lo sacó de la carretera (un accidente en estado de ebriedad con su Ferrari que dio mucho que hablar). Definitivamente, no hay piedad con el talento, y esa es la razón por la que Neymar se desquicia, Cavani se perturba o James se irrita…

El viejo monstruo tampoco siente compasión por los débiles, de modo que se libró de una Jamaica digna e ingenua; de Venezuela, que amaga pero no da; de Ecuador, que sigue perdiendo altura cuando no es el equipo local; de México, que le faltó el respeto al Torneo de Selecciones más antiguo del mundo con un equipo «B» que se comportó como un equipo «B».

Cuando el fútbol es fascinante, hasta los barras bravas se olvidan de ser violentos. Pero ante el mal fútbol, solo el conflicto y las polémicas que arrastra, al parecer tan entretenidas, sirven de antídoto. Si el conflicto va acompañado de malos resultados, la caza de culpables es implacable.

El caso Vidal

Recordemos a Arturo Vidal, que cometió varios errores en un día libre que concedió el técnico de Chile. Prolongó la noche de ese día, visitó un casino donde seguramente apostó al número equivocado, bebió más de la cuenta, estrelló su ostentoso Ferrari y terminó diciéndole a un carabinero que meterse con Vidal era meterse con Chile. Todo mal. El escándalo duró exactamente hasta el siguiente partido, donde la Selección Chilena salió al rescate de su mejor jugador con una goleada frente a Bolivia. Pero el caso siguió en observación. Si Chile se quedaba en el camino, hubiera vuelto el debate ético por la conducta de Vidal (como si los futbolistas fueran quienes tuvieran la responsabilidad de educar a la sociedad), se acusaría a Sampaoli por no haberlo apartado de la Selección para que aprendiera a comportarse (¿de verdad creen que la mejor manera de ayudar a un jugador con problemas es arrebatándole la profesión?) y se estigmatizaría a los futbolistas en general por no saber asimilar el largo paso de la pobreza a la gloria (a los acusadores quisiera verlos yo siendo el centro de las expectativas de un país). Pero, tranquilos: Chile salió campeón y la alegría convirtió en travesura la traumática noche de Vidal. Y si volviera al casino, más de cuatro detractores potenciales estarían dispuestos a pagarle la próxima copa (no la de América sino la de whisky). Así son las cosas en el excitante mundo del fútbol.

Un piojo guillotinado

Y también sabemos que la pasión no acostumbra resignarse. La eliminación de México trajo consecuencias muy desagradables para Miguel Herrera, su hombre más conocido. El Piojo estaba de luna de miel con la opinión pública desde el último Mundial. Se había convertido en modelo publicitario, en personaje mediático imprescindible, en conferenciante aclamado... Pero en el fútbol las expectativas las carga el diablo y como Herrera prometió demasiado, la derrota cayó sobre su figura con el peso y el filo de una guillotina. De un día para otro pasó a ser el único culpable del sentimiento de frustración de todo un país. No es un problema mexicano ni se debe a la expresiva personalidad del Piojo. Es una tormenta desproporcionada que suele abatirse sobre los entrenadores que, por eso mismo, suelen cobrar un sueldo también desproporcionado. Se llama «gajes del oficio». Es inútil proyectar, como hizo el Piojo, responsabilidades en los jugadores, árbitros o periodistas. No hay excusas que le valgan al perdedor. En la magnífica película *Sin per-*

dón, un Clint Eastwood que ya no tiene nada que perder se presenta ante el sheriff del pueblo, un miserable personaje que gobierna a golpe de terror y que acaba de matar a su mejor amigo. Tras un memorable tiroteo, Eastwood le apunta con su arma. El sheriff, desde el suelo y ya desarmado, pide clemencia: «No es justo, estaba terminando de construir mi casa…». Eastwood levanta el arma, le apunta directamente a la cabeza y dice: «Esto no tiene nada que ver con la justicia». Y entonces dispara.

Así de implacable se muestra la afición con el perdedor. Da igual lo que se alegue. Cuando se juega mal y se pierde, lo aconsejable es asumirlo en público, analizarlo en privado y esperar que vuelva la calma sin avivar el fuego mediático. Al fin y al cabo, en el fútbol no hay tiroteo que no sea con balas de fogueo. El conflicto es una parte sustancial de este deporte. No debemos asustarnos con sus oleadas. Al revés, a veces conviene llevarlo al límite porque, como dijo en alguna ocasión Arrigo Sacchi, «cuanto más grande es el conflicto, más cerca está la solución».

El candidato

El aficionado tiene siempre la potestad de ponerle un nombre propio al héroe o al villano. En la Argentina que jugó la final contra Chile había un solo candidato a ser culpable o inocente. Tanto el nombre de Messi como la fascinación que genera son tan enormes, que las grandes figuras que lo rodean se convierten en secundarias. A los detractores no les basta con todos los prodigios que ha hecho a lo largo de su carrera. Argentina no ganó, y Messi volvió a convertirse en el sospechoso habitual que no consigue emular el impacto emocional del mejor Maradona. No importa que tenga calambres en los brazos de levantar Copas ni que haya perdido la cuenta de los goles marcados en el Barça y con Argentina. Tampoco el cansancio al que tiene derecho después de jugar casi sesenta partidos oficiales. Si no gana la Copa América es porque es un «pecho frío». No basta con ofender, hay que humillar.

Parece ridículo. Pero ¿a quién se le ocurriría pedirle sentido común a los conflictos que genera el fútbol? Sobre todo en estos tiempos de fútbol calculador y gregario en que, hasta para el insulto, falta arte.

Esto es América

La Copa América terminó enfrentando a Chile y Argentina, las dos selecciones que, contando con gran talento ofensivo, más hicieron por mostrárselo al enemigo. En esta ocasión el fútbol decidió premiar las propuestas más valientes. No siempre ocurre. Menos aún en un torneo donde la técnica y la fantasía dejaron de ser signos distintivos. Chile y Argentina llegan para recordarnos que un modo valiente, noble y generoso de jugar al fútbol nunca merecerá la etiqueta de perdedor. Se enfrentaban dos equipos con distinto grado de madurez colectiva (tres años de trabajo de Sampaoli contra uno de Martino), con talentos filosos de mitad de campo para arriba y que, por distintas razones, ambicionaban un título como lobos hambrientos. Apuntaba una gran tarde de fútbol.

La primera obligación de un árbitro

Llegar hasta ahí no les resultó fácil a ninguno de los dos porque el torneo mismo, organizado por la CONMEBOL, un organismo corrupto y de apariencia invisible —los directivos que no fueron a la cárcel estuvieron escondidos durante todo el campeonato—, prefiere el mal al bien. Durante el campeonato los árbitros ayudaron a los violentos y castigaron a los talentosos. Efectivamente, no hay civilización, espectáculo ni negocio que resista a un sistema judicial que favorece al malo y castiga al bueno. Una policía que consagre tal estado de cosas es un peligro social. Los árbitros, al fin y al cabo un poco jueces y un poco policías, no entendieron su delicada misión en este complejo momento del fútbol sudamericano. Un encuentro es el centro emocional de un gran espectáculo en el que mucha gente paga su entrada o enciende su televisor para satisfacer dos grandes expectativas: que gane su equipo y que sea un buen partido. Ambos equipos tienen, entonces, intereses contrapuestos y cada nombre propio (Messi, Neymar, James, Arturo Vidal...) es una promesa de buen fútbol. El árbitro intercede en esta lucha de opuestos para aplicar el reglamento; ese es todo su cometido. Pero, cuidado, en su tarea están implícitas la preservación del espectáculo, la protección del talento y la limitación de la violencia, de la provocación o de la picardía.

La gran confusión

Olvidemos las expulsiones de Neymar y Cavani y tomemos un ejemplo de valor simbólico por su buen comportamiento en el último Mundial: el Colombia-Argentina de las semifinales de esta Copa América. Selecciones con una buena cantidad de jugadores de calidad. Sin embargo, el partido se fue agriando porque el árbitro se mostró muy laxo con aquellos que impedían la expresión del talento con excesiva agresividad. Eso es contagioso. Los jugadores más limitados tienen la tentación de explorar hasta dónde llega la permisividad arbitral y los jugadores de más clase se indignan y protestan por su indefensión. Cuando se deja de saber quiénes son los buenos y quienes los malos, puede ocurrir que cinco de los ocho futbolistas amonestados se llamen Messi, Agüero, James, Cuadrado y Falcao. Roberto García Orozco, el árbitro del partido, acuñó y repitió esa tarde una frase poco cabal: «Esto es América y aquí se juega así». Como si hablara con jugadores rusos. Debería haber agregado que se trata del continente con más índice de criminalidad del mundo y con un fútbol campeón en corrupción, para terminar diciendo que lo suyo no era más que un ejercicio de coherencia. Ahora bien, en una América que tiene en este deporte una de sus expresiones más genuinas y populares, en la que hay un legítimo orgullo por haberle regalado al mundo futbolistas geniales, no entender que lo que nos distingue es la fuerza del talento es el colmo de la confusión.

Con Bielsa al fondo

Chile y Argentina tenían en común, por tanto, las virtudes del superviviente. Pero algo más: las dos selecciones desafiaron esa corriente con una convicción no casual. El fútbol unas veces parece un centro de negocios, otras una organización mafiosa y en ocasiones un manicomio. Pero conviene no olvidar que también es una escuela. La diferencia entre una u otra percepción no es obra de la casualidad, sino de las personas, y tanto Sampaoli como Martino son discípulos aventajados de Marcelo Bielsa. Martino jugó a sus órdenes y Sampaoli, en la distancia, está influido por su estilo. Los dos le admiran y, como tantas veces hemos visto, la admiración va seguida de la imitación. Y Bielsa es un hombre que propone un juego metódico, atacante y vertiginoso, con un discurso ético que emociona a la gente sensible y que logra colocar el alocado mundo del fútbol en el digno lugar que merece. Hay algo de conquista social cuando este modo de hacer las cosas gana un campeonato de prestigio.

Análisis antes de la batalla

La pregunta estrictamente futbolística que debemos hacernos ante un partido de estas características es: ¿quién manda cuando los dos pretenden mandar? El que esté más convencido, el que sienta menos ansiedad, el que ponga más orden a su ambición, el que tenga la suerte de que el talento individual se despierte inspirado, el que resista más a la presión de una final… Pero el fútbol nunca es una constante. Más bien se trata de un juego de momentos, donde la calidad ha de demostrarse desequilibrando. No puede haber pronóstico cuando tantos jugadores (Messi, Alexis, Pastore, Valdivia, Di María, Arturo Vidal…) son minas errantes capaces de hacer estallar las previsiones en cualquier momento.

Los dos equipos habían ido acompasando sus virtudes a lo largo del campeonato: agresividad en la presión, largas posesiones, resucitación del 10, ambición atacante... Guardaban también semejanzas en sus desequilibrios: en general, tuvieron más juego que goles; sufrieron atrás ante las exigencias de equipos atrevidos o necesitados; el arriesgado plan que los caracteriza es deslumbrante en tiempos de abundancia y peligroso en tiempos de escasez. El cansancio les alarga el equipo y los desordena.

Chile había tenido un comportamiento más estable a lo largo del campeonato. En el equipo hay jugadores con sentido del deber e inteligencia táctica, como Aránguiz; seguros con la pelota y simples en la mejor de las acepciones, como Arturo Vidal; precisos y claros, como Valdivia; rápidos e incisivos, como Alexis; con habilidad para el desmarque y confianza ante el gol, como Vargas. Su alto ritmo de juego, capacidad de asociación e inteligencia colectiva les permiten explotar todo el ancho del campo. Su gran enemigo es la presión ambiental, que fue creciendo con el campeonato, acelerando en exceso su juego colectivo y enredando a algunos jugadores claves, como Alexis. Mal dato, porque el que no gana a su sistema nervioso no puede ganar una final.

En cuanto a Argentina, había hecho tramos fantásticos afeados por otros en los que el equipo pareció quebrarse, como si la mitad de los jugadores quisieran marcar más goles y la otra mitad, defender el resultado (su primer partido contra Paraguay). Con el transcurso del campeonato el equipo se hizo solidario atrás, inteligente para dosificar los esfuerzos y en el camino aparecieron pequeñas asociaciones deslumbrantes, como la que armaron Pastore y Messi para disfrute de la velocidad de Di María. En los dos últimos partidos mostraron el mejor juego con poca puntería (Colombia) y la mejor puntería con menos juego (Paraguay). En ambos casos el equipo convenció. Pero para llegar al nivel de Chile, juego y puntería tenían que ir de la mano.

Los jugadores hubieran debido de ser conscientes de que defendían algo más que un título en la gran final: el fútbol como un modo decente de vida. Me hubiera encantado que algo así ocurriera para que, al final de la tarde, alguien dijera: «Esto es América y aquí se juega así». O sea, bien. Pero las finales no están para dar lecciones. Demasiada presión. Demasiadas exigencias. Demasiados nervios…

Y llegó el día…

Y supimos que el fútbol no solo está sujeto a unas reglas, como todo juego, sino también, en los últimos años, sometido a métodos cada vez más estrictos impuestos por los entrenadores. Por otra parte, la importancia sociológica del fenómeno y el negocio que conlleva han crecido tanto, que el juego se ha hecho formal en exceso.

También en la final la tendencia ganó a las buenas intenciones, porque la terrible demanda pública que recae sobre la espalda de los protagonistas, sobre todo sobre la de los entrenadores, convierte la audacia en una irresponsabilidad. En contraste con las expectativas, el partido resultó un fiasco. Corrieron como animales, se pegaron algunas patadas, los mejores jugadores fueron actores secundarios y las fases de dominio se consiguieron más a base de empujones que de buen juego.

Jugar amenazados

Cuando se juegan partidos con tantos nervios, es normal que la pelota parezca más arisca, que los reflejos respondan con retardo y que el jugador esté más dispuesto a cumplir con las obligaciones que le han encomendado, que a dejarse llevar por el instinto. En general, tras los primeros minutos y dadas las propiedades liberatorias del juego, todos empiezan a soltarse. Y eso es lo que estuve esperando desde el comienzo del partido hasta el minuto 120. Pero aquello, lejos de mejorar, fue haciéndose cada vez más espeso, porque el tiempo que iba pasando aumentaba la sensación de amenaza. Un error podía costar un gol y cuanto más cerca se estaba del final, menos posibilidades de reacción había. Comenzó entonces algo que merece un estudio psicológico: «la dictadura de lo correcto». Consiste en minimizar los riesgos: jugar a no equivocarse, no exponer la pelota en zonas de peligro, rifarla antes que tocarla. En esa vulgarización de la aventura de jugar, empiezan a sobrar los mejores: en la final desapareció Messi, sustituyeron a Pastore en Argentina y a Valdivia en Chile... Además, para evitar reproches en caso de catástrofe, todos corrían más de lo aconsejable. Debo decir que, en mi opinión, en el sometimiento del instinto, en la intensidad que lleva a los jugadores a correr más que la pelota y en la contención de la enorme presión que ejerce la opinión pública, nadie tiene mayor responsabilidad que los entrenadores. Por ser las primeras víctimas de los resultados les cuesta muchísimo mantener un estilo, un compromiso con el buen fútbol. Todas las ideas que se les ocurren suelen ser conservadoras. ¿Para conservar qué? La cabeza.

Chile fue mejor

Chile tuvo más protagonismo. Su líbero fue un mediocampista más y, a partir de él, todos mostraron más ambición. Aunque el juego siguió trabado, el partido se sostenía por la emoción del resultado y por esa sospecha de que el fútbol siempre se guarda una sorpresa. Pero con el peso de la responsabilidad no pueden ni los imprevistos, y al partido solo lo sacó del aburrimiento la tanda de penaltis. Un juego distinto en el que la vida y la muerte dependen de una moneda al aire, de una bala perdida o, quizá, del buen manejo de los miedos.

Ganó Chile su primera Copa América en cien años, con todo lo que supone: Alexis Sánchez, la figura más mediocre de la Selección Chilena desde cuartos de final, se convirtió en héroe por marcar el último penalti; a Arturo Vidal los carabineros le perdonaron todos sus pecados; Sampaoli fue santificado y recibirá ofertas de muchos clubes; y ya nadie borrará a esta generación de la historia del fútbol chileno. Tanta felicidad justificaba tanto nerviosismo y todo un país loco de alegría hacía olvidar la mediocridad del encuentro.

¿Merece la pena ser Messi?

En cuanto a Argentina, la derrota confirmó la sensación de catástrofe, de tristeza infinita, de destino trágico de todo un país por obra y (des)gracia de la mala puntería al lanzar un penalti. Pero el fútbol, que distribuye felicidad entre muchos, suele concentrar la desgracia en uno solo. En Argentina, la mira telescópica del pueblo apuntó a Messi. Porque nunca ha jugado en el país, porque no corre lo suficiente, porque no canta el himno, porque la sombra de Maradona lleva puesta la camiseta de Argentina desde aquel partido ante Inglaterra en el 86, porque los héroes deben serlo a tiempo completo… En todo caso, la sensación de no haber cumplido con la patria futbolística que arrastraron los jugadores y los entrenadores de la Selección Argentina en los días que siguieron a la final, también explica la tensión paralizante con la que jugaron el partido.

La situación que vive Messi, mejor jugador del mundo y, al mismo tiempo, único responsable de la angustia futbolística de todo un país, necesita de alguna reflexión. La primera es: ¿merece la pena ser un héroe planetario? Por supuesto que Messi disfruta de muchos privilegios, pero a estas alturas ya debe de saber que los hinchas van al altar para adorar o para sacrificar. De ninguna de las dos peregrinaciones se sale indemne. No importa que sea más víctima que responsable de la actuación de Argentina. Llamarse Messi hoy en día significa hacerse cargo del resultado del partido, y tener que cumplir personalmente las expectativas de un juego colectivo, además de injusto, es de un peso psicológico inaguantable.

La Copa América nos confirmó una evidencia. Vivimos en el colmo de la contradicción: al tiempo que el fútbol se agiganta y que sus héroes alcanzan estaturas nunca vistas, el juego se vuelve más mediocre y los mejores jugadores se convierten en víctimas de las expectativas, del miedo, de las tácticas represivas y de algunos árbitros. Se le atribuye a Ancelotti la frase «si subimos un escalón en espectáculo, bajamos tres en competitividad». Visto lo visto, podríamos decir lo contrario: subiendo un escalón de la presunta competitividad, bajamos tres en espectáculo.

Epílogo

El juego infinito

¿Cuántas veces hemos visto partidos en los que tenemos la sensación de que se va a acabar el mundo? Como si de ese resultado dependiera el resto de nuestra vida. Lo esperamos con ansiedad, lo vivimos con tensión y, pase lo que pase al término del encuentro, nos queda una impresión de felicidad o infelicidad que parece definitiva. Parece. Porque, como si se tratara del festejo de un cumpleaños, cuando llega el final recogemos la mesa, guardamos la tarta que ha sobrado, fregamos la vajilla y hasta el próximo año. Pero el milagro del fútbol es que entre partido y partido apenas hay siete o tres días. Las ilusiones renacen a una velocidad insólita. Cada semana este deporte reinventa sus retos, sus pasiones, sus obsesiones. Las emociones de los partidos dejan un reguero de recuerdos y, además, algo que validar o que rectificar en la próxima ocasión. De manera que la máquina de renovar ilusiones se pone a funcionar de inmediato, en un bucle inacabable.

Por esa razón, me gusta descomponer la infinitud del fútbol en memoria (que nos señala el pasado), emoción (que es presente) y sueños (que apuntan al futuro).

Memoria

La fuerza de la memoria está en el inicio de nuestra fascinación por el fútbol. La apertura de un sobre de cromos, un gol en el recreo, la primera vez que vimos un partido de verdad, el poder mitológico de un ídolo, el recuerdo imbatible de un gol en el último minuto... El fútbol nos remite al pasado de nuestro club, pero también a nuestro propio pasado. Lo disfrutamos como practicantes, nos apasionamos como aficionados, nos vincula en condiciones de igualdad con los mayores (la opinión de un niño durante un partido tiene el mismo valor que la de un adulto; al menos, puede expresarla con igual desenfado). En el pasado podemos encontrar un material apasionante para las interminables conversaciones que el fútbol suscita. Las exageraciones no solo están permitidas sino que son obligatorias, porque las dispara la idealización.

Adolfo Pedernera, un histórico del fútbol argentino que le ponía cerebro a aquel gran equipo de River Plate conocido como «La Máquina», solía decir: «Todo lo que veo ahora ya lo había visto antes, y muchas cosas que había visto antes ya no las veo ahora». Seguro que Adolfo, como todos nosotros, agigantaba las virtudes del pasado. En el juego entre el antes y el ahora, casi siempre gana el antes. Es bastante frecuente que los hinchas más veteranos del Madrid me digan: «Ustedes sí que sentían la camiseta. Se mataban por el club en cada partido que jugaban». Suelo contestarles que «nos matábamos» corriendo menos. Lo demuestran los datos: en mi época, los jugadores corríamos 8 kilómetros por partido, cuando ahora cualquiera de ellos corre entre 10 y 12. La memoria es la escuela del periodista, del hincha, del jugador, y no siempre es objetiva porque se construye, sobretodo, en los impactos emocionales de cada partido.

Esta escuela debiera ser obligatoria porque el fútbol es un juego muy vengativo contra aquellos que no respetan el conocimiento acumulado a lo largo de la historia. Estoy cansado de ver a directivos de éxito en empresas de gran complejidad llegar al fútbol un poco tarde, hacerlo todo al revés y terminar estrellándose contra la aparente simpleza del juego. Gente inteligente que pretende conocer en tres días el delicado mecanismo de un juego que subestiman porque no lo conocen a fondo.

Emoción

El segundo capítulo es el de la emoción, el auténtico motor que pone en marcha el vínculo sentimental con un club, con un escudo, con un ídolo. El estado de exaltación con el que vemos un partido nos ata al presente, como si la vida misma estuviera en suspensión.

La emoción vinculada al fútbol tiene tres grandes impulsores: el sentido de pertenencia, la incertidumbre del resultado y la posibilidad artística.

El sentido de pertenencia

Sabemos que el sentido de pertenencia se afirma en la infancia, porque se suele ser aficionado de un equipo desde el principio y, generalmente, gracias a la influencia de un padre o un ser muy querido. Carlos Salvador Bilardo, con el sentido práctico que lo caracteriza, suele decir que no hay que regalar camisetas ni banderines ni siquiera una insignia a niños mayores de seis años porque es tirar el dinero. Si a esa edad han elegido colores, ya no hay manera de cambiarles la lealtad.

Se trata, por tanto, de un sentimiento que nos acompaña eternamente por muy lejos que nos lleve la vida. En la otra punta del mundo siempre hay alguien interesado por el resultado de un partido, por el autor del gol, por el lugar que «su» equipo ocupa en la tabla de clasificación. De modo que el sentido de pertenencia es parte de nuestra identidad cultural y se afianza tanto en el apego al lugar como en el respeto por las tradiciones. Lo cierto es que no solo el que juega, sino también el que mira, se siente representante de algo. Detrás de un escudo siempre hay una tribu: el colegio, el barrio, el pueblo, la provincia, el país… La fuerza de la identidad en el fútbol es tal que, aunque un club sea de un magnate nacido en el otro extremo del planeta y el equipo esté formado solo por extranjeros, el amor por el escudo seguirá intacto porque la identificación no es una cuestión étnica, sino simbólica.

La incertidumbre del resultado

El resultado: nada menos que el demonio del resultado. Un partido nos pone ante el honor del triunfo o la humillación del fracaso, razones suficientes para creer que la vida pende de un hilo. El nudo del partido puede estar en cualquier parte y el desenlace puede ser cosa de un segundo, pero también de un centímetro. En esa incertidumbre que cabe en una mínima fracción de tiempo y espacio puede encontrarse la gloria o la catástrofe. Un aficionado que no ha visto el partido y busca información, preguntará antes que nada «¿Cómo hemos quedado?», con la misma ansiedad con que grita «¡Árbitro, la hora!» aquel que tuvo la suerte de ver el encuentro. En las dos frases se halla implícita la terrorífica incertidumbre del resultado, que no nos deja vivir en paz.

La posibilidad artística

El último y más controvertido elemento que aviva la emoción es la posibilidad artística. Hay experiencias futbolísticas que nos acercan a la plenitud y otras que nos alejan. Si vemos una jugada original y precisa, si estamos ante un partido abierto y emotivo, si en la actitud de los jugadores reconocemos el orgullo y el atrevimiento, todo se intensifica: el balón es más balón, el jugador más jugador, el fútbol más fútbol y, todos nosotros, más aficionados. Si, por el contrario, la sensación es de aburrimiento, nos acordamos de que existe el paso del tiempo, la melancolía, la vida rutinaria que pretendíamos dejar fuera del estadio y que se nos filtra otra vez hasta el alma. La pasión estética no es una ingenuidad del pasado, como pretenden los apóstoles de la practicidad, sino uno de los motores indiscutibles del juego.

Se dice que las cosas hermosas no tienen por qué tener sentido; también en el mundo del fútbol, la belleza es solo una posibilidad que nunca sobra y ayuda a pagar la entrada del próximo partido. ¿Obvio? Pues no, porque en el fútbol son muchos los afiliados a la UENBE: «Unión de Enemigos de la Belleza», según la definición de ese escritor tan amigo de lo popular que fue Eduardo Galeano. A ese grupo pertenecen todos los convencidos de que lo que tiene valor debe dar pruebas fehacientes de rentabilidad para ser creíble. No son mayoría, solo gritan más.

Los sueños

Y llegamos a la última estación: los sueños. Los sueños del niño que quiere ser jugador, del jugador que quiere ser adorado por el público, del aficionado que quiere disfrutar como si volviera a ser un niño. Los sueños son la esperanza y la amenaza que se activan desde el momento en que acaba un partido, hasta que empieza el siguiente. Da igual el último resultado: en el apasionante mundo del fútbol, el honor siempre tendrá algo que enmendar o corroborar.

En la sala de espera del próximo partido siempre habitan los sueños. Mientras ejercí la profesión de futbolista, soñé con miles de goles espectaculares, hermosos y míos. Pero los sueños también se desatan en la sala de espera del siguiente campeonato. Razón que explica los desvelos de los Florentino Pérez de este mundo, siempre dispuestos a renovar los sueños de sus aficionados con la compra de grandes jugadores.

Conviene aclarar que los sueños no definen a un iluso sino a un inconformista, a alguien que siempre desea más, de modo que es un factor de motivación que aviva las emociones desde el primer jugador hasta el último hincha.

Y aquí termina el viaje del juego infinito, pero solo para acabar este libro, porque mañana el fútbol volverá a empezar para revolucionar la memoria, las emociones y los sueños de millones de personas.

Agradecimientos

Para empezar debo agradecer la confianza de tres medios de comunicación que abrieron sus páginas a mis opiniones. Porque parte de algunos de estos capítulos fueron publicados en el diario *Récord* de México (con una frecuencia semanal), *El País* de España (durante el Mundial de Brasil) y en la revista *Cromos* de Colombia (esporádicamente), en artículos que acompañan la actualidad del fútbol, un fenómeno en continuo movimiento. Esos artículos (en algunos casos respetados y en otras modificados para dar unidad a la obra) fueron la patada inicial de este libro.

Agradecido a mi hijo Jorge, corrector que ilumina y ordena muchas de mis ideas con su admirable inteligencia. También a mi hija Naiara, que con su sentido práctico nos pone firmes a su hermano y a mí para que deliremos lo justo y entreguemos a tiempo.

Carlos Martínez es un editor que tiene el vicio de la insistencia, y sin su profesionalidad es muy probable que este libro se hubiera quedado empantanado en algún recodo de mis dudas.

Finalmente, gracias al guionista que escribe los argumentos de los partidos de fútbol, que nunca defrauda, siempre sorprende y nos sirve temas apasionantes para el análisis.

Sin ellos no habría libro.

Futbol: El juego infinito de Jorge Valdano
se terminó de imprimir en marzo de 2020
en los talleres de
Impresora Tauro, S.A. de C.V.
Av. Año de Juárez 343, col. Granjas San Antonio,
Ciudad de México